CAT+CJAT
CJ제일제당

종합적성검사

PREFACE

우리나라 기업들은 1960년대 이후 현재까지 비약적인 발전을 이루었다. 이렇게 급속한 성장을 이룰 수 있었던 배경에는 우리나라 국민들의 근면성 및 도전정신이 있었다. 그러나 빠르게 변화하는 세계 경제의 환경에 적응하기 위해서는 근면성과 도전정신 이외에 또 다른 성장 요인이 필요하다.

한국기업들이 지속가능한 성장을 하기 위해서는 혁신적인 제품 및 서비스 개발, 선도 기술을 위한 R&D, 새로운 비즈니스 모델 개발, 효율적인 기업의 합병·인수, 신사업 진출 및 새로운 시장 개발 등 다양한 대안을 구축해 볼 수 있다. 하지만, 이러한 대안들 역시 훌륭한 인적자원을 바탕으로 할 때에 가능하다. 최근으로 올수록 기업체들은 자신의 기업에 적합한 인재를 선발하기 위해 기존의 학벌 위주의 채용을 탈피하고 기업 고유의 인·적성검사 제도를 도입하고 있는 추세이다.

CJ제일제당에서도 업무에 필요한 역량 및 책임감과 적응력 등을 구비한 인재를 선발하기 위하여 고유의 인·적성검사인 CAT & CJAT를 치르고 있다. 본서는 CJ제일제당 채용에 대비하기 위한 필독서로 CJ제일제당 인·적성검사의 출제경향을 철저히 분석하여 응시자들이 보다 쉽게 시험유형을 파악하고 효율적으로 대비할 수 있도록 구성하였다.

신념을 가지고 도전하는 사람은 반드시 그 꿈을 이룰 수 있습니다. 처음에 품은 신념과 열정이 취업 성공의 그 날까지 빛바래지 않도록 서원각이 수험생 여러분을 응원합니다.

Company Introduction

CJ제일제당 소개

건강, 즐거움, 편리를 창조하는 글로벌 생활문화기업 CJ제일제당입니다.

CJ제일제당은 끊임없는 도전과 혁신을 통해 글로벌 식품, BIO 기업으로 도약하고 있습니다. 변화와 혁신의 DNA로 소비자중심경영을 실천하며, 건강, 즐거움, 편리를 창조하는 글로벌 생활문화기업으로 발전해 나가겠습니다.

(1) 세계인의 식탁에 맛있는 즐거움을 전합니다.

현지음식과 한식을 결합한 K-Food로 한국의 맛을 세계화하고, 건강하고 편리한 라이프스타일을 나누고자 합니다.

(2) Green BIO 기술 혁신으로 글로벌 친환경 시대를 열어갑니다.

자연에서 얻고 자연으로 돌려주는 기술, 지속 가능한 삶과 건강한 지구 이것이 CJ제일제당이 생각하는 BIO 사업의 철학입니다.

(3) 글로벌 지역사회와 함께 성장하는 세상을 만듭니다.

CJ제일제당이 가장 잘 할 수 있고 사회적 관심이 필요한 영역에서 더불어 사는 사회를 구현하고자 '국민 건강식생활 증진', '지역사회의 환경 생태계 보존' 그리고 '청소년 꿈 실현'을 목표로 사회공헌 활동을 실천하고 있습니다.

경영이념

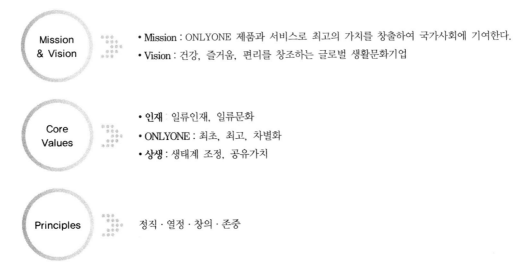

Mission & Vision
- Mission : ONLYONE 제품과 서비스로 최고의 가치를 창출하여 국가사회에 기여한다.
- Vision : 건강, 즐거움, 편리를 창조하는 글로벌 생활문화기업

Core Values
- 인재 : 일류인재, 일류문화
- ONLYONE : 최초, 최고, 차별화
- 상생 : 생태계 조정, 공유가치

Principles
정직 · 열정 · 창의 · 존중

생산직 채용안내

① **모집부문** : 공무, 생산, 품질분석, 환경
② **전형절차** : 입사지원→면접 전형→건강검진 및 에세이 전형→TEST전형 및 최종합격자 발표→입사
③ **지원자격**

　㉠ **공통사항**

　　• 병역필 또는 면제자

　　• 해외여행에 결격사유가 없는 자

　　• 고졸 이상

　　• 나이, 성별 등 기타 제한 사항 없음

　　• 보훈대상자 및 장애인은 관련법에 의거 우대

　　• 배치부서에 따라 일부 교대근무 시행

　㉡ **직무별 소개 및 지원자격**

　　• 생산 : 우리제품의 탄생 과정을 직접 운영할 현장 전문가

　　– 관련 전공 : 기계/전기/식품/화학공학 등 관련 학과

STRUCTURE

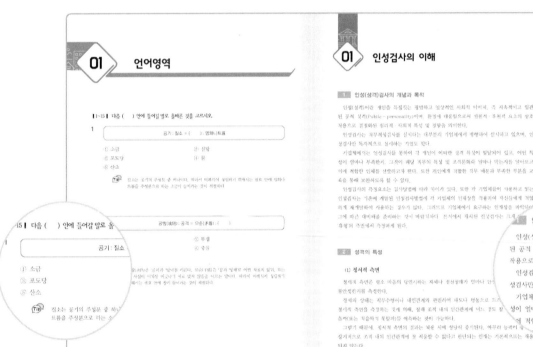

출제예상문제 + 실전 모의고사

다양한 유형의 출제예상문제를 다수 수록하였으며 실제 시험과 동일한 문항으로 구성된 모의고사를 실어 실전에 완벽하게 대비할 수 있습니다.

상세한 해설

문제의 핵심을 꿰뚫는 명쾌하고 자세한 해설로 수험생들의 이해를 돕습니다.

인성검사 및 면접

인성검사의 이해와 실전 인성검사로 다양한 유형의 인성검사를 대비할 수 있습니다. 성공취업을 위한 면접의 기본과 면접기출을 수록하여 취업의 마무리까지 깔끔하게 책임집니다.

CONTENTS

PART

I

CAT 출제예상문제

|1~15| 다음 ( ) 안에 들어갈 말로 올바른 것을 고르시오.

1

> 공기 : 질소 = ( ) : 염화나트륨

① 소금　　　　　　　　　　② 설탕
③ 포도당　　　　　　　　　④ 물
⑤ 산소

> (Tip) 질소는 공기의 주성분 중 하나이다. 따라서 비례식이 성립하기 위해서는 괄호 안에 염화나트륨을 주성분으로 하는 소금이 들어가는 것이 적절하다.

2

> 공방(攻防) : 공격 = 모순(矛盾) : ( )

① 방어　　　　　　　　　　② 투쟁
③ 창　　　　　　　　　　　④ 충돌
⑤ 역설

> (Tip) 공방(攻防)은 '공격'과 '방어'를 이른다. 모순(矛盾)은 '창'과 '방패'로 어떤 사실의 앞뒤, 또는 두 사실이 이치상 어긋나서 서로 맞지 않음을 이르는 말이다. 따라서 비례식이 성립하기 위해서는 괄호 안에 창이 들어가는 것이 적절하다.

3

> 러시아 : 캐나다 = 중국 : (　　　)

① 대한민국　　　　　　② 인도
③ 일본　　　　　　　　④ 미국
⑤ 영국

 러시아는 세계에서 가장 면적이 넓은 국가이고, 캐나다는 그 다음으로 넓은 국가이다. 중국은 세계에서 인구가 가장 많은 국가로, 비례식이 성립하기 위해서는 괄호 안에 다음으로 인구가 많은 국가인 인도가 들어가는 것이 적절하다.

4

> 김밥 : 단무지 = 잡채 : (　　　)

① 음식　　　　　　　　② 잔치
③ 당면　　　　　　　　④ 한식
⑤ 요리

 단무지는 김밥에 들어가는 재료 중 하나이다. 따라서 비례식이 성립하기 위해서는 괄호 안에 잡채의 재료 중 하나인 당면이 들어가는 것이 있다.

5

> 시계 : 시간 = (　　　) : 날짜

① 요일　　　　　　　　② 날씨
③ 온도계　　　　　　　④ 달력
⑤ 기압

 시계는 시간을 알려주는 도구이다. 따라서 비례식이 성립하기 위해서는 괄호 안에 날짜를 알려주는 도구인 달력이 들어가는 것이 적절하다.

Answer ↦ 1.① 2.③ 3.② 4.③ 5.④

6

> 넝쿨 : 덩굴 = (   ) : 쪽

① 짝   ② 켠
③ 편   ④ 치
⑤ 녘

 넝쿨과 덩굴은 유의 관계에 있는 복수 표준어이다. 따라서 비례식이 성립하기 위해서는 괄호 안에 쪽과 유의 관계에 있는 복수 표준어인 편이 들어가는 것이 적절하다.

※ '쪽'과 '편'이 모두 널리 쓰이므로 둘 다 표준어로 삼는다. '쪽'의 의미로 '짝, 켠'을 쓰는 경우가 있으나 '쪽'만 표준어로 삼는다〈표준어 규정 3장 5절 26항, 표준어 규정 2장 4절 17항, 표준어 규정 3장 4절 25항〉.

7

> 척추동물 : 포유류 = 무척추동물 : (   )

① 조류   ② 파충류
③ 양서류   ④ 갑각류
⑤ 어류

 포유류는 척추동물이다. 따라서 비례식이 성립하기 위해서는 괄호 안에 무척추동물에 해당하는 갑각류가 들어가는 것이 적절하다. 조류, 파충류, 양서류, 어류는 모두 척추동물이다.

8

> 갤럭시 : 아이폰 = (   ) : 모차르트

① 살리에리   ② 다빈치
③ 피카소   ④ 비발디
⑤ 교향곡

 삼성의 갤럭시와 애플의 아이폰은 휴대전화업계의 대표적인 라이벌이다. 따라서 비례식이 성립하기 위해서는 괄호 안에 모차르트의 라이벌로 유명한 살리에리가 들어가는 것이 적절하다.

9

> 기획재정부 : 국세청 = ( ) : 소방청

① 국토교통부   ② 통계청
③ 행정안전부   ④ 경찰청
⑤ 대통령

> (Tip) 국세청은 기획재정부 소속이다. 따라서 비례식이 성립하기 위해서는 괄호 안에 소방청이 속해 있는 행정안전부가 들어가는 것이 적절하다.

10

> 봉지 : 봉다리 = ( ) : 정구지

① 배추   ② 부추
③ 부엌   ④ 정수리
⑤ 아궁이

> (Tip) 봉지와 봉다리는 표준어와 방언 관계이다. 따라서 비례식이 성립하기 위해서는 괄호 안에 정구지의 표준어인 부추가 들어가는 것이 적절하다.

11

> 위 : 아래 = 부모 : ( )

① 부자   ② 혈연
③ 책임   ④ 자식
⑤ 모정

> (Tip) 위의 반의어는 아래이다. 부모의 반의어는 자식이 된다.

Answer ☞ 6.③   7.④   8.①   9.③   10.②   11.④

12

> 물리학 : 학문 = 개구리 : (   )

① 뱀
② 양서류
③ 파충류
④ 봄
⑤ 올챙이

Tip 물리학은 학문에 포함되며, 개구리는 양서류에 포함된다.

13

> 수리(修理) : 수선(修繕) = 질투하다 : (   )

① 쑥쓰러워하다
② 붉어지다
③ 시기하다
④ 벌어지다
⑤ 격투하다

Tip 수리(修理)와 수선(修繕)은 고장나거나 허름한 데를 손보아 고치는 것을 뜻하는 유의관계이다. '질투하다'와 '시기하다' 역시 유의관계이다.

14

> 하차(下車) : 강차(降車) = 강요(强要) : (   )

① 탄식
② 억지
③ 거짓
④ 박복
⑤ 강화

Tip '하차(下車)'와 '강차(降車)'는 '타고 있던 차에서 내림'을 뜻하는 동의관계이다. '강요(强要)'는 억지로 또는 강제로 요구하는 것을 뜻하는 단어로 억지와 동의관계이다.

15

> 개시 : 종료 = 해방 : (　　)

① 속박   ② 제한

③ 규제   ④ 제약

⑤ 규칙

 개시의 반의어는 종료이고, 해방의 반의어는 속박이다.

║16~30║ 다음 (　　) 안에 들어갈 말을 순서대로 나열한 것을 고르시오.

16

> 궁책(窮策) : 말계(末計) = (　　) : (　　)

① 교섭(交涉), 절충(折衝)   ② 영식(令息), 영애(令愛)

③ 백발(白髮), 홍안(紅顔)   ④ 졸렬(拙劣), 교묘(巧妙)

⑤ 음영(陰影), 흑백(黑白)

 궁책과 말계는 어쩔 수 없는 상황에서 구차하게 생각해낸 꾀 또는 계책을 말한다. 유의어 관계이다. 교섭은 어떤 일을 이루기 위하여 서로 의논하고 절충한다는 뜻으로 절충과 유의어 관계이다.

17

> 부딪다 : 부딪히다 = (　　) : (　　)

① 막다, 막히다   ② 괴롭다, 괴롭히다

③ 맞다, 맞히다   ④ 먹다, 먹이다

⑤ 익다, 익히다

 '부딪다'와 '부딪히다'는 피동 관계이다. '막다'와 '막히다'는 피동관계이다.
②③④⑤ 사동 관계이다.

Answer ┌→ 12.②   13.③   14.②   15.①   16.①   17.①

18

중국 : ( ) = 이탈리아 : ( )

① 달러, 루블　　　　　　　　② 위안, 페소

③ 파운드, 프랑　　　　　　　④ 위안, 리라

⑤ 실링, 레바

(Tip) 중국의 화폐 단위는 '위안'이며, 이탈리아의 화폐 단위는 '리라'이다.

19

문화 : ( ) = 밤 : ( )

① 가꾸다, 밝히다　　　　　　② 피다, 새우다

③ 습득하다, 은닉하다　　　　④ 일으키다, 드러내다

⑤ 흔들다, 벌이다

(Tip) 문화를 좋은 상태로 만들려고 보살피고 꾸려 가는 것을 '문화를 가꾸다'라고 하며, 자지 않고 지새우는 것을 '밤을 밝히다'라고 한다.

20

가난 : ( ) = 문제 : ( )

① 먹다, 풀다　　　　　　　　② 굶주리다, 해결하다

③ 쪼들리다, 오해하다　　　　④ 구제하다, 붙이다

⑤ 걱정하다, 들어가다

(Tip) '가난에 굶주리다', '문제를 해결하다'와 같이 서로 호응되는 단어와 서술어를 찾으면 된다.

21

> 팽창 : 수축 = ( ) : ( )

① 방해, 훼방　　　　　　② 손해, 결점

③ 단점, 약점　　　　　　④ 달변, 눌변

⑤ 꽃, 장미

 '팽창'은 '부풀어서 부피가 커짐'을 뜻하고, '수축'은 '부피나 규모가 줄어듦'을 뜻하므로 반의
관계이다. '달변'은 '능숙하여 막힘이 없음'을 뜻하고, '눌변'은 '더듬거리는 서툰 말솜씨'를 뜻
하므로 반의 관계이다.

22

> 실로폰 : 마림바 = ( ) : ( )

① 걸작, 졸작　　　　　　② 기린, 원숭이

③ 강등, 좌천　　　　　　④ 승진, 연봉

⑤ 무례, 불순

 실로폰과 마림바는 모두 타악기이다. 기린과 원숭이는 모두 동물이다.

23

> ( ) : ( ) = 입석 : 좌석

① 추위, 더위　　　　　　② 흑자, 적자

③ 다수, 소수　　　　　　④ 구두, 서면

⑤ 길다, 짧다

 입석과 좌석은 중간의미가 없는 모순관계이다. 구두와 서면은 중간의미가 없는 모순관계이
다.

Answer↱ 18.④　19.①　20.②　21.④　22.②　23.④

24

> 명함 : 자기소개 = ( ) : ( )

① 희곡, 문학 ② 현미경, 관찰

③ 절약, 정신 ④ 수화기, 전화기

⑤ 경찰, 경찰차

 명함은 자기를 소개하기 위한 수단이다. 현미경은 관찰을 하기 위한 수단이다.

25

> 프랑스 : 파리 = ( ) : ( )

① 괭이, 호미 ② 배, 돛대

③ 컴퓨터, 키보드 ④ 자동차, 오토바이

⑤ 얼굴, 미간

 파리는 프랑스의 일부이다. 얼굴은 미간의 일부이다.

26

> 소설 : 문학 = ( ) : ( )

① 남자, 여자 ② 우유 : 치즈

③ 야구, 운동 ④ 모래, 바람

⑤ 책, 독서

 소설은 문학의 종류이고, 야구는 운동의 종류이다.

27

낯 : 얼굴 = ( ) : ( )

① 기쁨, 환희   ② 오다, 가다

③ 검소, 사치   ④ 흔적, 흥미

⑤ 여성, 부모

(Tip) 낯의 유의어는 얼굴이고, 기쁨의 유의어는 환희이다.

28

두부 : 모 = ( ) : ( )

① 도자기, 축   ② 종이, 포기

③ 가방, 벌   ④ 나무, 그루

⑤ 가위, 다스

(Tip) 두부의 세는 단위는 모이고, 나무의 세는 단위는 그루이다.

29

고구려 : 장수왕 = ( ) : ( )

① 문무왕, 가야   ② 근초고왕, 발해

③ 무령왕, 백제   ④ 소수림왕, 신라

⑤ 진흥왕, \고려

(Tip) 장수왕은 고구려 왕이고, 무령왕은 백제 왕이다.

Answer ↳ 24.② 25.⑤ 26.③ 27.① 28.④ 29.③

30

$$두부 : 콩 = (\quad) : (\quad)$$

① 김치, 포기　　　　　　　② 도자기, 철

③ 꽃, 피다　　　　　　　　④ 옷, 의상

⑤ 타이어, 고무

(Tip) 두부는 콩으로 만들고, 타이어는 고무로 만든다.

31 다음 문장들의 빈칸에 들어갈 속담으로 가장 적절한 것은?

> • 전에부터 이 힘든 일을 그만 두고 싶은 마음이 굴뚝 같았지만, (　　㉠　　)(이)라 어찌 해 볼 도리가 없었습니다.
> • 아무리 고생스러워도 죽는 것보다야 살아 있는 것이 백 번 좋지 않겠습니까? 그래서 (　　㉡　　)(이)라는 속담도 있지 않겠습니까?
> • 문제의 근원을 밝혀 뿌리를 뽑지 않고 미봉책을 쓰는 것은 그야말로 (　　㉢　　) 입니다.

① ㉠ 목구멍이 포도청
　㉡ 개똥 밭에 굴러도 이승이 좋다
　㉢ 아랫돌 빼서 윗돌 괴기

② ㉠ 내 코가 석 자
　㉡ 문턱 밑이 저승이다
　㉢ 모기 보고 칼 빼기

③ ㉠ 빛 좋은 개살구
　㉡ 하나는 알고 둘은 모른다
　㉢ 우물에 가 숭늉 찾는다

④ ㉠ 지성이면 감천
　㉡ 바늘 구멍으로 하늘 보기
　㉢ 꿀 먹은 벙어리

⑤ ㉠ 금강산도 식후경
　㉡ 산 개가 죽은 정승보다 낫다
　㉢ 가물에 돌 친다

㉠ 생계 때문에 하기 싫은 일을 끝까지 해야 하는 상황이므로 먹고살기 위하여, 해서는 안 될 짓까지 하지 않을 수 없는 상황을 빗댄 '목구멍이 포도청'이라는 속담이 적절하다.
㉡ '살아 있는 것이 죽은 것보다는 낫다'라는 내용이 들어가야 하므로 '개똥 밭에 굴러도 이 승이 좋다'는 속담이 적절하다.
㉢ '아랫돌 빼서 윗돌 괴기'는 임시변통으로 이리저리 돌려서 겨우 유지하여 가는 것을 비 유적으로 이르는 말로 '미봉책'과 어울리는 속담이다.

32 다음 글의 주제로 가장 적절한 것은?

> 진화론자는 어떠한 한 종에 대해 과거의 진화적 내용을 증명하거나 앞으로의 진 화를 예견할 수 없고 단지 어떤 사실을 해석하거나 이에 대하여 이야기를 만들 뿐 이다. 왜냐하면 과거 일회성의 사건은 반복되거나 실험적으로 검증할 수 없고 예견 은 검증된 사실로부터 가능하기 때문이다. 이러한 관점에서 보면 진화론자와 역사학 자는 닮은 점이 있다. 그러나 진화론자는 역사학자보다는 상당히 많은 과학적 이점 을 가지고 있다. 즉, 상호 연관성을 가진 생물학적 법칙, 객관적 증거인 상동 기관, 일반적인 과학의 법칙 등으로부터 체계를 세울 수 있다. 상동 기관은 다양한 생물이 전혀 별개로 형성되었다기보다는 하나의 조상으로부터 출발하였다는 가설을 뒷받침 하는 좋은 증거이기 때문이다. 진화론은 생물의 속성에 대해 일반적으로 예견할 수 있지만, 아직까지 진화론에는 물리학에 견줄 수 있는 법칙이 정립되어 있지 않다. 이것은 진화론이 해결할 수 없는 본질적인 특성에 기인한다.

① 진화론은 인문 과학의 속성과 자연 과학의 속성을 모두 지니고 있다.
② 진화론은 객관적 증거들을 이용하여 생명 현상의 법칙을 세운다.
③ 진화론이 과학으로서 인정을 받기 위해서는 법칙의 정립이 시급하다.
④ 진화론은 과거의 사실을 검증함으로써 진화 현상에 대한 예측을 가능하게 한다.
⑤ 진화론이 법칙의 체계가 되기 위해서는 역사학과의 상호 연관성을 배제해야 한다.

 '진화론자와 역사학자는 닮은 점이 있으나 진화론자는 역사학자보다는 상당히 많은 과학적 이점을 가지고 있다'는 것을 통해 ①이 주제문임을 알 수 있다.

33 다음 글의 내용에 부합하지 않는 것은?

> 책은 인간이 가진 그 독특한 네 가지 능력의 유지, 심화, 계발에 도움을 주는 유효한 매체이다. 하지만, 문자를 고안하고 책을 만들고 책을 읽는 일은 결코 '자연스러운' 행위가 아니다. 인간의 뇌는 애초부터 책을 읽으라고 설계된 것이 아니기 때문이다. 문자가 등장한 역사는 6천 년, 지금과 같은 형태의 책이 등장한 역사 또한 6백여 년에 불과하다. 책을 쓰고 읽는 기능은 생존에 필요한 다른 기능들을 수행하도록 설계된 뇌 건축물의 부수적 파생 효과 가운데 하나이다. 말하자면 그 능력은 덤으로 얻어진 것이다.
>
> 그런데 이 '덤'이 참으로 중요하다. 책이 없이도 인간은 기억하고 생각하고 상상하고 표현할 수 있기는 하나 책과 책 읽기는 인간이 이 능력을 키우고 발전시키는 데 중대한 차이를 낳기 때문이다. 또한 책을 읽는 문화와 책을 읽지 않는 문화는 기억, 사유, 상상, 표현의 층위에서 상당한 질적 차이를 가진 사회적 주체들을 생산한다. 그렇기는 해도 모든 사람이 맹목적인 책 예찬자가 될 필요는 없다.
>
> 그러나 중요한 것은, 인간을 더욱 인간적이게 하는 소중한 능력들을 지키고 발전시키기 위해서 책은 결코 희생할 수 없는 매체라는 사실이다. 그 능력을 지속적으로 발전시키는데 드는 비용은 적지 않다. 무엇보다 책 읽기는 결코 손쉬운 일이 아니기 때문이다. 책 읽기에는 상당량의 정신 에너지와 훈련이 요구되며, 독서의 즐거움을 경험하는 습관 또한 요구 된다.

① 책 읽기는 훈련이나 노력이 필요한 행위이다.
② 책을 쓰고 읽는 기능은 인간 뇌의 본래적 기능은 아니다.
③ 책과 책 읽기는 인간의 기억, 사유, 상상 등과 관련된 능력을 키우는 중요한 변수로 작용한다.
④ 독서 문화는 특정 층위에서 사회적 주체들의 질적 차이를 유발한다.
⑤ 책 읽기를 하지 않으면 인간의 독특한 능력을 계발할 수 없다.

 ⑤ 책이 인간의 독특한 능력을 계발하는데 도움을 주는 매체라고는 했으나, 책 읽기를 하지 않는다고 인간의 독특한 능력을 계발할 수 없다는 것은 글의 내용과 부합하지 않는다.

34 다음 글의 중심 내용으로 가장 적절한 것은?

> 서로 공유하고 있는 이익의 영역이 확대되면 적국을 뚜렷이 가려내기가 어려워진다. 고도로 상호 작용하는 세계에서 한 국가의 적국은 동시에 그 국가의 협력국이 되기도 한다. 한 예로 소련 정부는 미국을 적국으로 다루는 데 있어서 양면성을 보였다. 그 이유는 소련이 미국을 무역 협력국이자 첨단 기술의 원천으로 필요로 했기 때문이다.
>
> 만일 중복되는 국가 이익의 영역이 계속 증가하게 되면 결국에 한 국가의 이익과 다른 국가의 이익이 같아질까? 그건 아니다. 고도로 상호 작용하는 세계에서 이익과 이익의 충돌은 사라지는 것이 아니라, 단지 수정되고 변형될 뿐이다. 이익이 자연스럽게 조화되는 일은 상호 의존과 진보된 기술로부터 나오지는 않을 것이다. 유토피아란 상호 작용 또는 기술 연속체를 한없이 따라가더라도 발견되는 것은 아니다. 공유된 이익의 영역이 확장될 수는 있겠지만, 가치와 우선 순위의 차이와 중요한 상황적 차이 때문에 이익 갈등은 계속 존재하게 될 것이다.

① 주요 국가들 간의 상호 의존적 국가 이익은 미래에 빠른 속도로 증가할 것이다.

② 국가 간에 공유된 이익의 확장은 이익 갈등을 변화시키기는 하지만 완전히 소멸시키지는 못한다.

③ 국가 이익은 기술적 진보의 차이와 상호 작용의 한계를 고려할 때 궁극적으로는 실현 불가능할 것이다.

④ 세계 경제가 발전해 가면서 더 많은 상호 작용이 이루어지고 기술이 발전함에 따라 국가 이익들은 자연스럽게 조화된다.

⑤ 국가 이익이 보다 광범위하게 정의됨에 따라, 한 국가의 이익은 점차 다른 국가들이 넓혀 놓았던 이익과 충돌하게 될 것이다.

 Tip '첫째 문단에서는 공유된 이익이 확장되면 적국과 협력국의 구별이 어려워진다는 과제를 제시하였고, 마지막 문장에서 이러한 이익 갈등은 계속 존재하게 될 것이라고 하였다. 따라서 ②가 글의 중심 내용으로 적절하다.

Answer 33.⑤ 34.②

35 다음 글에서 알 수 있는 내용으로 적절하지 않은 것은?

> 　20세기 들어서기 전에 이미 영화는 두 가지 주요한 방향으로 발전하기 시작했는데, 그것은 곧 사실주의와 형식주의이다. 1890년대 중반 프랑스의 뤼미에르 형제는 '열차의 도착'이라는 영화를 통해 관객들을 매혹시켰는데, 그 이유는 영화에 그들의 실생활을 거의 비슷하게 옮겨 놓은 것처럼 보였기 때문이다. 거의 같은 시기에 조르주 멜리에스는 순수한 상상의 사건인 기발한 이야기와 트릭 촬영을 혼합시켜 '달세계 여행'이라는 판타지 영화를 만들었다. 이들은 각각 사실주의와 형식주의 영화의 전통적 창시자라 할 수 있다.
>
> 　대체로 사실주의 영화는 현실 세계에서 소재를 선택하되, 왜곡을 최소화하여 현실 세계의 모습을 그대로 재현하고자 한다. 주된 관심은 형식이나 테크닉이 아니라 오히려 내용이다. 사실주의 영화에서 관객은 영화의 스타일을 눈치챌 수 없다. 이 계열의 감독들은 영상을 어떻게 조작할 것인가 보다는 오히려 무엇을 보여줄 것인가에 더 많은 관심을 갖고 있기 때문이다. 따라서 영상을 편집하고 조작하기보다는 현실을 드러내는 것을 중시하며, 극단적인 사실주의 영화는 실제 사건과 사람을 촬영하는 다큐멘터리를 지향하기도 한다. '영상이 지나치게 아름다우면, 그것은 잘못된 것이다.'라는 말은 현실 세계 그대로의 사실적 재현을 가장 우위에 놓는 사실주의 영화의 암묵적 전제로 통용된다. 그렇다고 해서 사실주의 영화에 예술적인 기교가 없다는 것은 아니다. 왜냐하면 사실주의 영화일수록 기교를 숨기는 기술이 뛰어나기 때문이다.
>
> 　반면, 형식주의 영화는 스타일 면에서 화려하다. 형식주의 영화는 현실에 대한 주관적 경험을 표현하는 데 관심을 기울인다. 정신적이고 심리적인 진실의 표현에 가장 큰 관심을 두는 형식주의자들은 물질 세계의 표면을 왜곡시킴으로써 이것을 가장 잘 전달할 수 있다고 여긴다. 때문에 현실의 소재를 의도적으로 왜곡하고 사건의 이미지를 조작한다. 이런 스타일의 가장 극단적인 예는 아방가르드 영화에서 찾아볼 수 있다. 이와 같은 영화 중에는 색, 선, 형태로만 표현된, 완전히 추상적인 것도 있다.
>
> 　그러나 실제의 영화는 완전히 사실주의 영화도 형식주의 영화도 드물다. 사실주의와 형식주의는 절대적인 개념이라기보다는 상대적인 개념이기 때문이다. 한마디로 환상적인 재료를 사실주의적인 스타일로 표현하는 것도 가능하며, 마찬가지로 현재의 현실 세계에 근거한 재료를 형식주의적인 스타일로 표현하는 것도 충분히 가능하다. 또한 물리적인 현실 세계는 사실주의 영화이든 형식주의 영화이든 모든 영화의 소재가 된다. 이 두 영화 사조의 차이는 오히려 영화의 소재인 물리적인 현실 세계를 가지고 '어떻게 조형하고 조작하는가', '스타일상의 강조점이 어디에 있는가' 등에 달려 있다.

① 사실주의 영화는 형식보다 내용을 중시한다.

② 형식주의 영화는 비현실적인 소재를 활용한다.

③ 조르주 멜리에스는 형식주의 영화를 제작했다.

④ 사실주의 영화에서 편집은 현실을 재현하기 위해 동원된다.

⑤ 형식주의 영화는 소재에 대한 주관적 표현에 관심을 갖는다.

Tip 형식주의 영화는 소재를 의도적으로 왜곡하고, 사건의 이미지를 조작하지만 현실 세계의 소재를 활용한다.

36 다음 글의 중심 화제로 가장 적절한 것은?

도덕적 선택의 순간에 직면했을 때 상대방에게 개인적 선호(選好)를 드러내는 행동이 과연 도덕적으로 정당할까? 도덕 철학자들은 이 물음에 대해 대부분 부정직 반응을 보이며 도덕적 정당화의 조건으로 공평성(impartiality)을 제시한다. 공평주의자들의 관점에서 볼 때 특권을 가진 사람은 아무도 없다. 사람들은 인종, 성별, 연령에 관계없이 모두 신체와 생명, 복지와 행복에 있어서 동일한 가치를 지닌다. 따라서 어떤 개인에 대해 행위자의 선호를 표현하는 도덕적 선택은 결코 정당화될 수 없다. 공평주의자들은 사람들 간의 차별을 인정하지 않기 때문에 개인이 처해 있는 상황이 어떠한가에 따라 행동의 방향을 결정해야 한다고 말한다.

그런데 우리 모두는 특정 개인과 특별한 친분 관계를 유지하면서 살아간다. 상대가 가족인 경우는 개인적 인간관계의 친밀성과 중요성이 매우 강하다. 가족 관계라 하여 상대에게 특별한 개인적 선호를 표현하는 행동이 과연 도덕적으로 정당화될 수 있을까? 만약 허용된다면 어느 선까지 가능할까? 다음 두 경우를 생각해 보자.

철수는 근무 중 본부로부터 긴급한 연락을 받았다. 동해안 어떤 항구에서 혐의자 한 명이 일본으로 밀항을 기도한다는 첩보가 있으니 그를 체포하라는 것이었다. 철수가 잠복 끝에 혐의자를 체포했더니, 그는 하나밖에 없는 친형이었다. 철수는 고민 끝에 형을 놓아주고 본부에는 혐의자를 놓쳤다고 보고했다.

민수는 두 사람에게 각각 오천만 원의 빚을 지고 있었다. 한 명은 삼촌이고 다른 한 명은 사업상 알게 된 영수였다. 공교롭게도 이 두 사람이 동시에 어려운 상황에 처해서 오천만 원이 급히 필요하게 되었고, 그보다 적은 돈은 그들에게 도움이 될 수 없는 상황이었다. 이를 알게 된 민수는 노력한 끝에 오천만 원을 마련하였고, 둘 중 한 명에게 빚을 갚을 수 있게 되었다. 민수는 삼촌의 빚을 갚았다.

철수의 행동은 도덕적으로 정당화될 수 있는가? 혐의자가 자신의 형임을 알고 놓아주었으므로 그의 행동은 형에 대한 개인적 선호를 표현한 것이다. 따라서 그는 모든 사람의 복지와 행복을 동일하게 간주해야 하는 공평성의 기준을 지키지 않았다. 그의 행동은 도덕적으로 정당화되기 어려워 보인다.

그렇다면 민수의 행동은 정당화될 수 있는가? 그는 분명히 삼촌에 대한 개인적 선호를 표현했다. 민수가 공평주의자라면 삼촌과 영수의 행복이 동일하기 때문에 오직 상황을 기준으로 판단해야 한다. 만약 영수가 더 어려운 상황에 빠져 있고 삼촌이 어려운 상황이 아니었다면, 선택의 여지가 없이 영수의 빚을 갚아야 한다. 그러나 삼촌과 영수가 처한 상황이 정확하게 동일하기 때문에 민수에게는 개인적 선호가 허용된다.

강경한 공평주의자들은 이런 순간에도 주사위를 던져서 누구의 빚을 갚을지 결정해야 한다고 주장한다. 이는 개인적 선호를 완전히 배제하기 위해서이다. 반면 온건한 공평주의자들은 이러한 주장이 개인에 대한 우리의 자연스러운 선호를 반영하지 못하기 때문에 그것을 고려할 여지를 만들어 놓을 필요가 있다고 생각한다. 이러한 여지가 개인적 선호의 허용 범위라는 것이다. 그들은 상황적 조건이 동일한 경우에 한정하여 개인적 선호를 허용할 수 있다고 주장한다.

① 공평주의의 종류
② 공평주의의 적용 방식
③ 도덕적 정당성의 의미
④ 공평주의의 개념과 의의
⑤ 개인적 선호의 도덕적 정당성

 전체적으로 선택의 순간에서 개인적인 선호를 드러내는 행동이 도덕적으로 정당한가를 묻고 있으며, 또한 첫째 문단의 '도덕적 선택의 순간에 직면했을 때 상대방에게 개인적 선호(選好)를 드러내는 행동이 과연 도덕적으로 정당할까'란 문장을 통해 이 글의 중심 화제가 개인적 선호의 도덕적 정당성이라는 것을 알 수 있다.

37 다음 글의 내용과 일치하지 않는 것은?

쇼윈도는 소비 사회의 대표적인 문화적 표상 중의 하나이다. 책을 읽기 전에 표지나 목차를 먼저 읽듯이 우리는 쇼윈도를 통해 소비 사회의 공간 텍스트에 입문할 수 있다. '텍스트'는 특정한 의도를 가지고 소통할 목적으로 생산한 모든 인공물을 이르는 용어이다. 쇼윈도는 '소비 행위'를 목적으로 하는 일종의 공간 텍스트이다. 기호학 이론에 따르면 '소비 행위'는 이런 공간 텍스트를 매개로 하여 생산자와 소비자가 의사소통하는 과정으로 이해할 수 있다.

옷 가게의 쇼윈도에는 마네킹이 멋진 목걸이를 한 채 붉은 색 스커트를 날씬한 허리에 감고 있다. 환한 조명 때문에 마네킹은 더욱 선명해 보인다. 길을 걷다가 환한 불빛에 이끌려 마네킹을 하나씩 살펴본다. 마네킹의 예쁜 모습을 보면서 나도 모르게 이야기를 시작한다. '참 날씬하고 예쁘기도 하네. 저 비싸 보이는 목걸이는 어디서 났을까. 짧은 스커트가 눈부시네……. 나도 저 마네킹처럼 되고 싶다.'라는 생각에 곧 옷 가게로 들어간다.

이와 같은 일련의 과정은 소비자가 쇼윈도라는 공간 텍스트를 읽는 행위로 이해할 수 있다. 공간 텍스트는 세 개의 층위(표층, 심층, 서사)로 존재한다. 표층 층위는 쇼윈도의 장식, 조명, 마네킹의 모습 등과 같은 감각적인 층위이다. 심층 층위는 쇼윈도의 가치와 의미가 내재되어 있는 층위이다. 서사 층위는 표층 층위와 심층 층위를 연결하는 층위로서 이야기 형태로 존재한다.

서사 층위에서 생산자와 소비자는 상호 작용을 한다. 생산자는 텍스트에 의미와 가치를 부여하고 이를 이야기 형태로 소비자에게 전달한다. 소비자는 이야기를 통해 텍스트의 의미와 가치를 해독한다. 이런 소비의 의사소통 과정은 소비자의 '서사 행로'로 설명될 수 있다. 이 서사 행로는 다음과 같은 네 가지 과정을 거쳐 진행된다.

첫 번째는 소비자가 제품에 관심을 갖기 시작하는 과정이다. 이때 소비자는 쇼윈도 앞에 멈추어 공간 텍스트를 읽을 준비를 한다. 두 번째는 소비자가 상품을 꼼꼼히 관찰하는 과정이다. 이 과정에서 소비자는 쇼윈도와 쇼윈도의 구성물들을 감상한다. 세 번째는 소비자가 상품에 부여된 가치를 해독하는 과정이다. 이 과정에서 소비자는 쇼윈도 텍스트에 내재된 가치들을 읽어 내게 된다. 네 번째는 소비자가 상품에 대한 최종적인 평가를 내리는 과정이다.

이 네 과정을 거치면서 소비자는 구매 여부를 결정하게 된다. 서사 행로는 소비자의 측면에서 보면 이 상품이 꼭 필요한지, 자기가 그 상품을 살 능력을 갖고 있는지 등을 면밀히 검토하는 과정이라고 할 수 있다.

① 쇼윈도는 소비자를 소비 공간으로 유인한다.
② 소비자는 서사 행로를 통해 구매 여부를 결정한다.
③ 책을 읽는 능력은 공간 텍스트 해독에 도움을 준다.
④ 마네킹을 통해서 소비자는 생산자와 의사소통을 한다.
⑤ 공간 텍스트에는 생산자가 부여한 의미가 담기게 된다.

Tip 책의 표지나 목차 이야기는 쇼윈도의 역할을 비유적으로 설명하기 위한 것이지, 책을 읽는 능력이 공간 텍스트를 해독하는 데 도움을 준다는 것은 아니다.

38 다음 글의 내용과 부합하지 않는 것은?

> 현존하는 족보 가운데 가장 오래된 것은 성종 7년(1476)에 간행된 안동 권씨의 「성화보(成化譜)」이다. 이 족보의 간행에는 달성 서씨인 서거정이 깊이 관여하였는데, 그가 안동 권씨 권근의 외손자였기 때문이다. 조선 전기 족보의 가장 큰 특징을 바로 여기에서 찾을 수 있다. 「성화보」에는 모두 9,120명이 수록되어 있는데, 이 가운데 안동 권씨는 9.5퍼센트인 867명에 불과하였다. 배우자가 다른 성씨라 하더라도 절반 정도는 안동 권씨이어야 하는데 어떻게 이런 현상이 나타났을까?
>
> 그것은 당시의 친족 관계에 대한 생각이 이 족보에 고스란히 반영되었기 때문이다. 우선 「성화보」에서는 아들과 딸을 차별하지 않고 출생 순서대로 기재하였다. 이러한 관념이 확대되어 외손들도 모두 친손과 다름없이 기재되었다. 안동 권씨가 당대의 유력 성관이고, 안동 권씨의 본손은 물론이고 인척 관계의 결연으로 이루어진 외손까지 상세히 기재하다보니, 조선 건국에서부터 당시까지 과거 급제자의 절반 정도가 「성화보」에 등장한다.
>
> 한편 「성화보」의 서문에서 서거정은 매우 주목할 만한 발언을 하고 있다. 즉 "우리나라는 자고로 종법이 없고 족보가 없어서 비록 거가대족(巨家大族)이라도 기록이 빈약하여 겨우 몇 대를 접할 뿐이므로 고조나 중조의 이름과 호(號)도 기억하지 못하는 이가 있다."라고 한 것이다. 「성화보」 역시 시조 쪽으로 갈수록 기록이 빈약한 편이다.
>
> 「성화보」 이후 여러 성관의 족보가 활발히 편찬되면서 양반들은 대개 족보를 보유하게 되었다. 하지만 가계의 내력을 정확하게 파악할 수 있는 자료가 충분하지 않아서 조상의 계보와 사회적 지위를 윤색하거나 은폐하기도 하였다. 대다수의 양반 가계가 족보를 편찬하면서 중인 물론 평민들도 족보를 보유하고자 하였다.

① 「성화보」에서 수록된 사람 중 안동 권씨는 10%도 되지 않는다.
② 태조부터 성종까지 과거 급제자의 절반 정도가 「성화보」에 등장하였다.
③ 조선 후기의 족보는 친손과 외손의 차별 없이 모두 수록하고 있다.
④ 가계의 내력을 정확하게 파악할 수 없기 때문에 조상의 지위를 윤색하기도 하였다.
⑤ 서거정은 안동 권씨 권근의 외손자이다.

Tip ③ 조선 전기에 아들과 딸을 구별하지 않고 출생 순서대로 기재하였다.

Answer → 37.③ 38.③

1894년, 화성에 고도로 진화한 지적 생명체가 존재한다는 주장이 언론의 주목을 받았다. 이러한 주장은 당시 화성의 지도들에 나타난, '운하'라고 불리던 복잡하게 얽힌 선들에 근거를 두고 있었다. 화성의 '운하'는 1878년에 처음 보고된 뒤 거의 30년간 여러 화성 지도에 계속해서 나타났다. 존재하지도 않는 화성의 '운하'들이 어떻게 그렇게 오랫동안 천문학자들에게 받아들여질 수 있었을까?

19세기 후반에 망원경 관측을 바탕으로 한 화성의 지도가 많이 제작되었다. 특히 1877년 9월은 지구가 화성과 태양에 동시에 가까워지는 시기여서 화성의 표면이 그 어느 때보다도 밝게 보였다. 영국의 아마추어 천문학자 그린은 대기가 청명한 포르투갈의 마데이라 섬으로 가서 13인치 반사 망원경을 사용해서 화성을 보이는 대로 직접 스케치했다. 그린은 화성 관측 경험이 많았으므로 이전부터 이루어진 자신의 관측 결과를 참고하고, 다른 천문학자들의 관측 결과까지 반영하여 당시로서는 가장 정교한 화성 지도를 제작하였다.

그런데 이듬해 이탈리아의 천문학자인 스키아파렐리의 화성 지도가 나오면서 이 지도의 정확성이 도전받았다. 그린과 같은 시기에 수행한 관측을 토대로 제작한 스키아파렐리의 지도에는, 그린의 지도에서 흐릿하게 표현된 지역에 평행한 선들이 그물 모양으로 교차하는 지형이 나타나 있었기 때문이었다. 스키아파렐리는 이것을 '카날리(canali)'라고 불렀는데, 이것은 '해협'이나 '운하'로 번역될 수 있는 용어였다.

절차적 측면에서 보면 그린이 스키아파렐리보다 우위를 점하고 있었다. 우선 스키아파렐리는 전문 천문학자였지만 화성 관측은 이때가 처음이었다. 게다가 그는 마데이라 섬보다 대기의 청명도가 떨어지는 자신의 천문대에서 관측을 했고, 배율이 상대적으로 낮은 8인치 반사 망원경을 사용했다. 또한 그는 짧은 시간에 특징만을 스케치하고 나중에 기억에 의존해 그것을 정교화했으며, 자신만의 관측을 토대로 지도를 제작했던 것이다.

그런데도 승리는 스키아파렐리에게 돌아갔다. 그가 천문학계에서 널리 알려진 존경받는 천문학자였던 것이 결정적이었다. 대다수의 천문학자들은 그들이 존경하는 천문학자가 눈에 보이지도 않는 지형을 지도에 그려 넣었으리라고는 생각하기 어려웠다. 게다가 스키아파렐리의 지도는 지리학의 채색법을 그대로 사용하여 그린의 지도보다 호소력이 강했다. 그 후 스키아파렐리가 몇 번 더 '운하'의 관측을 보고하자 다른 천문학자들도 '운하'의 존재를 보고하기 시작했고, 이후 더 많은 '운하'들이 화성 지도에 나타나게 되었다.

일단 권위자가 무엇인가를 발견했다고 알려지면 그것이 존재하지 않는다는 것을 입증하기란 쉽지 않다. 더구나 관측의 신뢰도를 결정하는 척도로 망원경의 성능보다 다른 조건들이 더 중시되던 당시 분위기에서는 이러한 오류가 수정되기 어려웠다. 성능이 더 좋아진 대형 망원경으로는 종종 '운하'가 보이지 않았는데, 놀랍게도 '운하' 가설 옹호자들은 이것에 대해 대형 망원경이 높은 배율 때문에 어떤 대기 상태에서는 오히려 왜곡이 심해서 소형 망원경보다 해상도가 떨어질 수 있다고 '해명'하곤 했던 것이다.

① 관측에서 사용하는 과학 장비의 우수성이 논쟁에서 승리를 보장하지 못하는 경우도 있군.
② 과학적 관찰 결과가 이론의 진위를 판단하는 기준 역할을 하지 못하는 경우도 있군.
③ 어떠한 표현 방식을 채택하는가에 따라 과학적 주장의 설득력이 달라지기도 하는군.
④ 과학자들과 일반 대중의 인식 차이로 인해 과학적 논쟁이 벌어지기도 하는군.
⑤ 지금 널리 받아들여지는 과학 이론도 미래에는 틀린 것으로 밝혀질 수 있겠군.

> (Tip) 대다수의 천문학자, 즉 과학자들이 스키아파렐리의 주장만을 인정함으로써 일어난 문제이지 일반 대중의 인식이 개입된 상황은 없다.

Answer ⌐→ 39.④

40 다음 글의 짜임으로 볼 때, (개)의 역할로 적절하지 않은 것은?

(개) 꼭 필요한 사람이 되라는 의미로 쓰이는 '소금 같은 사람이 되어라.'라는 말이 있을 정도로 소금은 우리의 건강이나 식생활과 밀접한 관련을 맺고 있다. 이제부터, 조그마한 흰 알갱이에 불과한 소금이 우리의 몸과 생활에 어떤 영향을 미치는지 자세히 알아보도록 하자.

(나) 소금은 짠맛을 지닌 백색의 물질로 나트륨 원자 하나가 염소 원자 하나와 결합한 분자들의 결정체이다. 사람에게 필요한 소금의 양은 하루에 3그램 정도로 적지만, 소금이 우리 몸에 들어가면 나트륨이온과 염화이온으로 나뉘어 생명 유지는 물론, 신진대사를 촉진시키기 위한 많은 일들을 한다. 예를 들어, 소금은 혈액과 위액 등 체액의 주요 성분일 뿐만 아니라 우리 몸에 쌓인 각종 노폐물을 배출시킴으로써 생리 기능을 조절하는 역할을 한다. 그러므로 사람뿐만 아니라 모든 동물이 소금 없이는 생명을 유지할 수 없는 것이다.

(다) 소금은 음식 본래의 맛과 어울려 맛을 향상시키는 작용을 한다. 소금은 고기뿐만 아니라 곡식, 채소 등 다양한 재료와 어울리며 우리의 입맛을 돋운다. 그냥 먹으면 너무 짜고 쓰기까지 하지만 다른 맛과 적절히 어울리면 기가 막힌 맛을 내는 것이 바로 소금이다. 실제로 우리가 먹는 음식 가운데 차, 커피, 과일과 같은 몇몇 기호 식품을 빼고는 거의 모든 음식에 소금을 넣는다.

(라) 생선을 소금에 절이면 보존 기한이 매우 길어진다. 그 이유는 소금이 음식을 썩게 하는 미생물의 발생을 막기 때문이다. 냉장 시설이 발명되기 전까지는 생선에 소금을 뿌려 보존한 덕분에 내륙 사람들도 생선 맛을 볼 수 있었던 것이다. 냉장 시설이 없던 옛날에는 생선뿐만 아니라 고기를 보존할 때도 소금이 꼭 필요했다. 고기를 소금에 절여 보관하거나 소금에 절인 고기를 연기에 익혀 말리는 방식인 훈제 등을 통해 고기를 오랫동안 보존할 수 있었기 때문이다.

(마) 소금은 우리 몸을 위해서, 또 맛이나 식량의 보존을 위해서 중요한 역할을 한다. 이뿐만 아니라 소금은 그 불순물까지도 요긴하게 사용된다. 정제 과정을 거치지 않은 소금 중에 천일염은 바닷물을 햇볕과 바람에 증발시켜 만든 소금으로, 그 안에 마그네슘, 칼륨, 칼슘과 같은 미네랄이 많이 포함되어 있다. 이처럼 정제되지 않은 소금은 오히려 우리 몸에 미네랄을 공급해 줄 수 있기 때문에, 최근에는 천일염에 대한 관심이 매우 높아지고 있다.

① 글을 쓴 동기를 밝힌다.

② 독자의 호기심을 유발한다.

③ 설명하고자 하는 대상을 소개한다.

④ 설명 대상에 대해 구체적으로 설명한다.

⑤ 앞으로 나올 글의 내용을 요약적으로 제시한다.

 (가)는 전체 중 도입부에 해당하는 부분으로 설명 대상에 대해 구체적인 설명보다는 간단한 안내가 제시된다.

Answer♪ 40.④

다음 글의 내용과 일치하는 것은?

많은 미술가들은 대중 매체를 조작이나 선전의 혐의가 있는 것으로 불신하며, 대중문화를 천박한 것으로 간주한다. 그들은 여러 가지 방식으로 자신들의 생각을 표현해 왔다. 예를 들어 샌들은 「자유를 위한 힘찬 일격」이라는 조각 작품에서 힘찬 몸짓으로 텔레비전을 부수고 있는 인물을 형상화하여 대중 매체에 대한 부정적 태도를 노골적으로 드러냈다. 그러나 그저 전면적인 비난과 거부로는 대중 매체의 부정적 측면을 폭로하거나 비판하려는 목적을 제대로 달성하기 어렵다. 작품만으로 작가가 왜 그처럼 분개하는지 알 수 없기 때문이다. 사실 텔레비전 수상기 몇 대가 부수어진들 대중 매체에는 아무 변화도 없을 것이기에, 이 힘찬 조각은 오히려 무력해 보이기도 한다.

대중 매체에 대한 부정적 태도는 소위 '근본주의 회화'에서도 찾을 수 있다. 이 경향의 미술가들은 회화 예술만의 특성, 즉 '회화의 근본'을 찾아내려고 고심했다. 그들은 자신들의 목표를 극단으로 추구한 나머지 결국 회화에서 대상의 이미지를 제거해 버렸다. 그것이 이미지들로 가득 차 있는 사진, 영화, 텔레비전 같은 대중 매체를 부정하는 길이라고 생각했기 때문이다. 사물의 이미지와 세상의 여러 모습들이 사라져 버린 회화에서는 전통적인 의미에서의 주제나 내용을 발견할 수 없었다. 대신 그림을 그리는 과정과 방식이 중요해졌고, 그 자체가 회화의 주제가 되어 버렸다. 이것은 대중 매체라는 위압적인 경쟁자에 맞서 회화가 택한 절박한 시도였다. 그 결과 회화는 대중 매체와 구별되는 자신을 찾았지만, 남은 것은 회화의 빈곤을 보여 주는 텅 빈 캔버스뿐이었다.

회화의 내용을 포기하지 않으면서도 대중 매체를 성공적으로 비판한 경우는 없었을까? '팝 아트'는 대중문화의 산물들을 적극적으로 이용하면서 그 속에서 대중 매체에 대한 비판을 수행하고 있다는 점에서 흥미롭다. 이는 특히 영국의 초기 팝 아트에서 두드러진다. 그들은 대중문화의 이미지를 차용하여 그것을 맥락이 다른 이미지 속에 재배치함으로써 생겨나는 새로운 의미에 주목하였다. 이를 통해 그들은 비판적 의도를 표출했는데, 대중문화에 대한 비판도 같은 방식으로 이루어졌다. 이후 미국의 팝 아트는 대중문화에 대한 부정도 긍정도 아닌 애매한 태도나 낙관주의를 보여 주기도 하지만, 거기에도 비판적 반응으로 해석될 수 있는 작품들이 있다. 리히텐슈타인이 대중문화의 하나인 만화의 양식을 본떠 제작한 「꽈광!」과 같은 작품이 그 예이다.

리히텐슈타인은 색이나 묘사 방법 같은 형식적 요소들 때문에 만화에 관심을 갖게 되었다. 만화가 세계를 '어떻게' 재현하는지에 주목한 것이다. 예를 들어 만화가 전쟁을 다룰 경우, 전쟁의 공포와 고통은 밝고 경쾌한 만화의 양식으로 인해 드러나지 않게 된다. 「꽈광!」에서 리히텐슈타인은 만화에서 흔히 보는 공중전 장면을 4미터가 넘는 크기로 확대하여 과장하고, 색도 더욱 장식적으로 사용함으로써 만화의 재현 방식 자체를 주제로 삼았다. 이 점에서 「꽈광!」은 추상화처럼 형식에 주목하기를 요구하는 그림이다. 그러나 내용도 역시 작품의 감상에 중요한 요소로 관여한다. 관람객들이 「꽈광!」의 폭력적인 내용과 명랑한 묘사 방법 간의 모순이 섬뜩한 것임을 알아차릴 때 비로소 작가의 비판적인 의도가 성취되기 때문이다.

① 대중 매체에 대한 비판으로는 전면적인 거부가 가장 효과적이다.
② 근본주의 화가들은 처음부터 자신들의 목표를 달성할 수 없음을 알고 있었다.
③ 영국의 팝 아트는 미국에 비해 비판적 시각이 부족했다.
④ 미국의 팝 아트는 대중문화에 대해 다양한 태도를 보였다.
⑤ 리히텐슈타인의 미술은 근본주의 회화가 미국에서 성공한 사례이다.

 3문단에서 '미국의 팝 아트는 대중문화를 부정도 긍정도 아닌 애매한 태도나 낙관주의를 보여주기도 하지만, 거기에는 비판적 반응으로 해석될 수 있는 작품들도 있다'는 설명을 하고 있다. 이 부분을 바탕으로 보면, 미국의 팝 아트는 대중문화를 긍정도 부정도 아닌 애매한 태도를 보이는 작품, 대중문화를 낙관적으로 바라보는 작품, 대중문화를 비판적으로 인식하는 작품 등 다양함을 알 수 있다. 따라서 정답은 ④이다.

Answer⟶ 41.④

42 다음 중 샤이블러의 업적을 바르게 말한 것은?

소리굽쇠는 굵기가 일정한 금속 사각 막대를 U자형으로 구부리고 아래쪽에 쇠기둥을 단단하게 용접한 것으로, 작은 망치로 때리면 일정한 진동수의 음을 발생시키는 장치이다. 일반적으로 소리굽쇠는 작을수록 높은 음을 낸다. 원래 소리굽쇠는 1711년에 영국의 트럼펫 연주자인 존 쇼어가 악기를 조율할 때 기준음을 내는 도구로 개발한 것이었다. 처음에 사람들은 소리굽쇠가 건반악기의 어떤 음을 낸다는 것은 알았지만, 그것이 정확하게 초당 몇 회의 진동을 하는지는 알지 못했다. 이렇게 만들어진 소리굽쇠로 악기를 조율하였기에 지역마다 연주자마다 악기들은 조금씩 다른 기준음을 가졌다. 소리굽쇠가 정확하게 얼마의 진동수를 갖는지를 알아내는 것은 정확한 측정 장치가 없는 당시로서는 매우 어려운 문제처럼 보였다. 이 문제는 독일의 음향학자인 요한 샤이블러에 의해 1834년에 명쾌하게 해결되었다.

샤이블러는 이 문제를 풀기 위해 다른 진동음을 내는 두 개의 소리굽쇠가 만들어 내는 맥놀이 진동수를 세는 방법을 사용했다. 맥놀이란 진동수가 약간 다른 두 개의 소리가 간섭을 일으켜 소리가 주기적으로 세어졌다 약해졌다 하는 현상이다. 서로 다른 진동수를 갖는 두 음이 함께 울릴 때 생기는 맥놀이의 진동수는 두 음의 진동수의 차에 해당한다. 맥놀이 진동수는 초당 4회, 즉 4Hz(헤르츠) 정도일 때 귀로 들으면서 측정하기에 적당하다.

샤이블러의 실험에는 여러 개의 소리굽쇠가 필요했다. 그는 어떤 건반악기의 A음과 같은 음을 내도록 만든 1번 소리굽쇠와 그것보다 약간 크게 만든 2번 소리굽쇠 사이의 맥놀이 진동수가 4Hz가 되게 하였다. 이것은 1번 소리굽쇠의 고유 진동수가 2번 소리굽쇠의 고유 진동수보다 4Hz만큼 큼을 의미한다. 그 다음에 샤이블러는 좀 더 큰 3번 소리굽쇠를 만들어서 2번 소리굽쇠와 함께 울렸을 때 역시 초당 4회의 맥놀이가 일어나도록 조절하였다. 이렇게 해서 3번 소리굽쇠는 1번 소리굽쇠에 비하여 8Hz만큼 낮은 진동수의 음을 내게 되었다. 샤이블러는 이런 방법으로 1번 소리굽쇠보다 정확하게 한 옥타브 낮은 음을 내는 소리굽쇠가 만들어질 때까지 계속 새로운 소리굽쇠를 만들었다. 그랬더니 56번 소리굽쇠가 1번 소리굽쇠보다 정확하게 한 옥타브 낮은 음을 내었다. 샤이블러는 56번 소리굽쇠가 1번 소리굽쇠에 비하여 4Hz×55, 즉 220Hz만큼 낮은 진동음을 낸다는 것을 계산할 수 있었다.

한 옥타브만큼 차이 나는 두 음 중 높은 음의 진동수는 낮은 음의 진동수의 두 배가 된다는 것은 이미 알려져 있었으므로, 이로부터 샤이블러는 소리굽쇠의 고유 진동수를 계산해 낼 수 있었다. 1번 소리굽쇠의 고유 진동수는 56번 소리굽쇠의 고유 진동수의 두 배이고 그 차이는 220Hz이므로, 1번 소리굽쇠의 고유 진동수는 440Hz, 56번 소리굽쇠의 고유 진동수는 220Hz임을 쉽게 알 수 있었다.

이러한 성과에 의지하여 샤이블러는 1834년에 독일의 슈투트가르트에서 열린 과학자들의 회의에서 건반의 A음을 440Hz로 삼아 음 높이의 기준을 삼을 것을 제안하였다. 이렇게 해서 만들어진 '슈투트가르트 피치'는 이후 유럽 여러 나라에서 조율의 기준음으로 한 동안 널리 쓰였다.

① 맥놀이 현상을 최초로 발견하였다.
② 악기의 기준음의 정확한 진동수를 구하였다.
③ 음 높이가 높아질수록 진동수도 커짐을 발견했다.
④ 악기의 조율에 사용하기 위해 소리굽쇠를 발명했다.
⑤ 소리굽쇠를 음향학 연구를 위한 실험 도구로 채택했다.

 샤이블러가 실험한 내용을 정확히 이해하고, 그 실험에 담긴 의의가 무엇인지를 파악할 것을 요구하였다. 한 옥타브만큼 차이 나는 두 음 중 높은 음의 진동수는 낮은 음 진동수의 두 배가 된다는 기존의 이론을 활용하고, 소리굽쇠 진동수의 차이와 음의 관계를 이용하여 악기 기준음의 정확한 진동수를 구한 것이 샤이블러의 업적이다.

43 다음 글을 통해 알 수 있는 내용이 아닌 것은?

　　많은 학자들이 뇌의 신비를 밝히기 위해 노력해 왔지만 뇌는 좀처럼 자신의 온전한 모습을 드러내지 않고 있다. 인간의 뇌가 외부에서 받아들인 기억 정보를 어떻게, 어디에 저장하는지 알아낸다면 뇌의 비밀에 좀 더 가깝게 다가설 수 있지 않을까?

　　기억 정보가 뇌에 저장되는 방식에 대해서는, 최근 많은 학설이 나왔지만, 그 중 뉴런(신경세포) 간 연결 구조인 시냅스의 물리·화학적 변화에 의해 이루어진다는 학설이 가장 설득력을 얻고 있다. 인간의 뇌에는 약 1천억 개의 뉴런이 존재하는데 뉴런 1개당 수천 개의 시냅스를 형성한다. 시냅스는 신호를 발생시키는 시냅스 전(前) 뉴런과 신호를 받아들이는 시냅스 후(後) 뉴런, 그리고 두 뉴런 사이의 좁은 간격, 곧 20~50나노미터 정도 벌어진 시냅스 틈으로 구성된다. 시냅스 전 뉴런에서 전기가 발생하면 그 말단에서 시냅스 틈으로 신경전달물질이 분비되고, 이 물질은 시냅스 후 뉴런의 수용체─신호를 받아들이는 물질─를 자극해 전기를 발생시킨다. 뇌가 작동하는 것은 시냅스로 이뤄진 신경망을 통해 이렇게 신호가 전달되어 정보 처리가 이루어지기 때문이다.

　　뇌가 받아들인 기억 정보는 그 유형에 따라 각각 다른 장소에 저장된다. 우리가 기억하는 것들은 크게 서술 정보와 비서술 정보로 나뉜다. 서술 정보란 학교 공부, 영화 줄거리, 장소나 위치, 사람 얼굴처럼 말로 표현할 수 있는 정보이다. 반면 비서술 정보는 몸으로 습득하는 운동 기술, 습관, 버릇, 반사적 행동 등과 같이 말로 표현할 수 없는 정보이다. 이 중에서 서술 정보를 처리하는 중요한 기능을 담당하는 것은 뇌의 내측두엽에 있는 해마로 알려져 있다. 교통사고를 당해 해마 부위가 손상된 이후 서술 기억 능력이 손상된 사람의 예가 그 사실을 뒷받침한다. 그렇지만 그는 교통사고 이전의 오래된 기억을 모두 회상해냈다. 해마가 장기 기억을 저장하는 장소는 아닌 것이다.

　　서술 정보가 오랫동안 저장되는 곳으로 많은 학자들은 대뇌피질을 들고 있다. 내측두엽으로 들어온 서술 정보는 해마와 그 주변 조직들에서 일시적으로 머무는 동안 쪼개져 신경정보신호로 바뀌고 어떻게 나뉘어 저장될 것인지가 결정된다. 내측두엽은 대뇌피질의 광범위한 영역과 신경망을 통해 연결되어 이런 기억 정보를 대뇌피질의 여러 부위로 전달한다. 다음 단계에서는 기억과 관련된 유전자가 발현되어 단백질이 만들어지면서 기억 내용이 공고해져 오랫동안 저장된 상태를 유지한다.

　　그러면 비서술 정보는 어디에 저장될까? 운동 기술은 대뇌의 선조체나 소뇌에 저장되며, 계속적인 자극에 둔감해지는 '습관화'나 한 번 자극을 받은 뒤 그와 비슷한 자극에 계속 반응하는 '민감화' 기억은 감각이나 운동 체계를 관장하는 신경망에 저장된다고 알려져 있다. 감정이나 공포와 관련된 기억은 편도체에 저장된다.

① 기억 정보의 유형에 따라 저장되는 뇌 부위가 달라진다.

② 비서술 정보는 자극의 횟수에 의해 기억 여부가 결정된다.

③ 장기 기억되는 서술 정보는 대뇌피질에 분산되어 저장된다.

④ 서술 정보와 비서술 정보는 말로 표현할 수 있느냐의 여부에 따라 구분된다.

⑤ 시냅스 전 뉴런에서 시냅스 후 뉴런으로의 신호 전달은 매개물을 통해 이루어진다.

 이 글에는 정보의 기억 여부를 결정하는 기준에 대한 진술은 없고, 기억되는 장소에 대한 진술만 있다. ②에서 언급한 비서술 정보의 경우도 그 유형에 따라 기억되는 장소가 다름을 진술하였지(마지막 문단) 기억 여부를 결정한다고 하지는 않았다.

Answer ➔ 43.②

44 다음 중 밑줄 친 부분에 해당하지 않는 것은?

끝없이 빌진하고 있는 과학 기술은 어릴 적 환상의 한 부분을 점차 현실로 만들어 가고 있다. '위그(WIG, Wing-In-Ground)선'이 그 가운데 하나다. 위그선은 날개로 수면 위에 떠서 빠른 속도로 물 위를 스치듯 날아가는 배다. 이 배가 처음 개발된 것은 1960년대이지만, 실제로 모습을 드러낸 것은 미국의 스파이 위성이 카스피 해에서 시속 550km로 움직이는 괴물체를 발견한 1976년의 일이다. 이 괴물체는 뒤에 소련의 위그선으로 밝혀졌는데, 당시의 기술 수준으로 볼 때 배가 그렇게 빠른 속도로 달린다는 것은 불가능한 일이었기 때문에 이 위그선을 '바다 괴물'이라고 불렀다.

위그선의 가장 큰 특징은 수면 위에 낮게 떠서 비행한다는 점이다. 일반적으로 공중을 비행하는 날개 끝에서는 빠르게 회전하는 유동적(流動的)인 소용돌이 현상인 와류(渦流)가 강하게 발생하는데, 이로 인해 날개가 전진하는 데 더 많은 에너지가 필요하게 되어 결국 선체는 큰 저항을 받게 된다. 하지만 수면 가까이 날아갈 경우 날개 끝에 생기는 와류가 현격히 줄어든다. 수면과 날개 사이의 간격이 좁아 와류가 잘 발달되지 않기 때문이다. 따라서 위그선처럼 수면에서 5m 이내로 조금만 떠올라 날아가는 경우 날개가 받는 양력, 즉 상승력은 공중을 비행하는 경우보다 대단히 높아지게 된다.

배는 수면에 닿아 있어 이로 인해 생기는 선체 저항을 피할 수 없지만, 위그선은 이런 선체 저항이 없기 때문에 수중 날개로 활주하는 초고속선보다 더 빨리 갈 수 있다. 이처럼 물속에 있는 날개는 수면에 근접할수록 효율이 떨어지지만, 수면 위에 있는 날개는 수면에 가까워질수록 효율이 향상되는데, 이를 '지면 효과(ground effect)'라고 한다. 위그선은 이러한 효과를 이용해 선체를 수면 위에 띄운 뒤 항공기용 프로펠러 엔진으로 전진한다. 위그선이 물 위를 달리는 항주 속도는 시속 100km에서 최고 500km에 달한다. 이런 장점들 때문에 위그선은 일반 항공기나 초고속선에 비해 더욱 경제적이고 효율적인 운송 수단이 될 수 있다. 또 해상에서 바로 활주하기 때문에 활주로를 건설할 필요도 없다. 따라서 연안의 작은 섬이나 해안의 작은 도시처럼 공항 시설을 건설하기 어려운 지역에서는 위그선이 효율적인 운송 수단이 될 수 있다.

위그선에 관한 가장 큰 난제는 파랑(波浪) 중 이착수(離着水) 문제다. 파랑이 없는 수면에서의 효율성이 높은 부양 방식들이 개발되어 있지만, 파랑이 있는 수면에서 효율적으로 이착수할 수 있는 방식은 거의 없는 실정이다. 이를 해결하기 위해서는 여러 가지 선체 형상 및 제어 방식에 대한 연구가 수반되어야 한다.

위그선은 일반 항공기와는 달리 해수의 영향을 받으므로 하부 선체의 구조 강도가 항공기에 비해 상당히 높게 설정돼야 한다. 즉, 구조 강도를 높이면서도 경량화되어야 위그선이 효율적으로 운항될 수 있다. 이를 위해서는 높은 강도가 필요한 부분은 금속 자재를 사용하고 강도에 문제가 없는 부분은 과감히 신소재를 사용해야 한다.

또한 위그선은 항공기와 운항 영역 및 고도가 다르므로 항공기에서 사용하는 값비싼 항해 장비를 그대로 사용할 필요가 없다. 이러한 장비들이 운항 특성에 맞게 새로이 개발되어야 한다. 무엇보다도 선가(船價)가 적정한 가격대로 형성되어야 실용화가 가능하기 때문이다.

위그선의 실용화를 위해서는 앞으로 여러 가지 기술적 문제들이 해결되어야 한다. 이를 위해 그 동안의 연구 결과를 충분히 활용함은 물론 위그선에 관심을 보이고 있는 운항 선사와 지방자치 단체, 외국 기관들도 처음부터 연구 개발 사업에 참여하게 하면 최종 실용화까지의 기간을 단축할 수 있을 것이다.

① 파랑이 없는 수면에서의 이착수가 가능한 위그선
② 시속 100km~500km의 빠른 속도로 달리는 위그선
③ 교각 등과 같은 장애물에 영향을 받지 않는 위그선
④ 수면과의 마찰이 없는 상태에서 운항할 수 있는 위그선
⑤ 하부선체의 구조 강도를 높이면서도 경량화가 가능한 위그선

Tip ①은 넷째 문단에서 보완해야 할 문제로, ②와 ④는 셋째 문단에서 위그선의 장점으로, ⑤는 다섯째 문단에서 보완해야 할 문제로 다루었다.

Answer﹜→ 44.③

45 다음 글의 논지 전개 방식으로 가장 적절한 것은?

> 언젠가부터 우리 바다 속에 해파리나 불가사리와 같이 특정한 종들만이 크게 번창하고 있다는 우려의 말이 들린다. 한마디로 다양성이 크게 줄었다는 이야기다. 척박한 환경에서는 몇몇 특별한 종들만이 득세한다는 점에서 자연 생태계와 우리 사회는 닮은 것 같다. 어떤 특정 집단이나 개인들에게 앞으로 어려워질 경제 상황은 새로운 기회가 될지도 모른다. 하지만 이는 사회 전체로 볼 때 그다지 바람직한 현상이 아니다. 왜냐하면 자원과 에너지 측면에서 보더라도 이들 몇몇 집단들만 존재하는 세계에서는 이들이 쓰다 남은 물자와 이용하지 못한 에너지는 고스란히 버려질 수밖에 없고 따라서 효율성이 극히 낮기 때문이다.
>
> 다양성 확보는 사회 집단의 생존과도 무관하지 않다. 조류 독감이 발생할 때마다 해당 양계장은 물론 그 주변 양계장의 닭까지 모조리 폐사시켜야 하는 참혹한 현실을 본다. 단 한 마리 닭이 걸려도 그렇게 많은 닭들을 죽여야 하는 이유는 인공적인 교배로 인해 이들 모두가 똑같은 유전자를 가졌기 때문이다. 따라서 다양한 유전 형질을 확보하는 길만이 재앙의 확산을 막고 피해를 줄이는 길이다.
>
> 이처럼 다양성의 확보는 자원의 효율적 사용과 사회 안정에 중요하지만 많은 비용이 들기도 한다. 예를 들어 출산 휴가를 주고, 노약자를 배려하고, 장애인에게 보조 공학 기기와 접근성을 제공하는 것을 비롯해 다문화 가정, 외국인 노동자를 위한 행정 제도 개선 등은 결코 공짜가 아니다. 그럼에도 불구하고 다양성 확보가 중요한 이유는 우리가 미처 깨닫고 있지 못하는 넓은 이해와 사랑에 대한 기회를 사회 구성원 모두에게 제공하기 때문이다.

① 다양성 확보의 중요성에 대해 관점이 다른 두 주장을 대비하고 있다.
② 다양성 확보의 중요성에 대해 유추를 통해 설명하고 있다.
③ 다양성이 사라진 사회를 여러 기준에 따라 분류하고 있다.
④ 다양성이 사라진 사회의 사례들을 나열하고 있다.
⑤ 다양성이 사라진 사회에 대해 반박을 하면서 주장하고 있다.

(Tip) 바다 속 생태계나 닭들의 사례를 통해 우리 사회의 다양성 확보의 중요성에 대해서 설명하고 있다. 따라서 ②가 옳은 설명이다.

46 다음 글의 중심 내용으로 가장 적절한 것은?

화이트(H. White)는 19세기의 역사 관련 저작들에서 역사가 어떤 방식으로 서술되어 있는지를 연구했다. 그는 특히 '이야기식 서술'에 주목했는데, 이것은 역사적 사건의 경과 과정이 의미를 지닐 수 있도록 서술하는 양식이다. 그는 역사적 서술의 타당성이 문학적 장르 내지는 예술적인 문체에 의해 결정된다고 보았다. 이러한 주장에 따르면 역사적 서술의 타당성은 결코 논증에 의해 결정되지 않는다. 왜냐하면 논증은 지나간 사태에 대한 모사로서의 역사적 진술의 '옳고 그름'을 사태 자체에 놓여 있는 기준에 의거해서 따지기 때문이다.

이야기식 서술을 통해 사건들은 서로 관련되면서 무정형적 역사의 흐름으로부터 벗어난다. 이를 통해 역사의 흐름은 발단·중간·결말 인위적으로 구분되어 인식 가능한 전개 과정의 형태로 제시된다. 문학 이론적으로 이야기하자면, 사건 경과에 부여되는 질서는 '구성'(plot)이며 이야기식 서술을 만드는 방식은 '구성화'(emplotment)이다. 이러한 방식을 통해 사건은 원래 가지고 있지 않던 발단·중간·결말 성격을 부여받는다. 또 사건들은 일종의 전형에 따라 정돈되는데, 이러한 전형은 역사가의 문화적인 환경에 의해 미리 규정되어 있거나 경우에 따라서는 로맨스·희극·비극·풍자극과 같은 문학적 양식에 기초하고 있다.

따라서 이야기식 서술은 역사적 사건의 경과 과정에 특정한 문학적 형식을 부여할 뿐만 아니라 의미도 함께 부여한다. 우리는 이야기식 서술을 통해서야 비로소 이러한 역사적 사건의 경과 과정을 인식할 수 있게 된다는 말이다. 사건들 사이에서 만들어지는 관계는 사건들 자체에 내재하는 것이 아니다. 그것은 사건에 대해 사고하는 역사가의 머릿속에만 존재한다.

① 역사의 의미는 절대적인 것이 아니라 현재 시점에서 새롭게 규정되는 것이다.

② 역사가가 속한 문화적인 환경은 역사와 문학의 기술 내용과 방식을 규정한다.

③ 역사적 사건에서 객관적으로 드러나는 발단에서 결말까지의 일정한 과정을 서술하는 일이 역사가의 임무이다.

④ 이야기식 역사 서술이란 사건들 사이에 내재하는 인과적 연관을 찾아내는 작업이다.

⑤ 이야기식 역사 서술은 문학적 서술 방식을 원용하여 역사적 사건의 경과 과정에 의미를 부여한다.

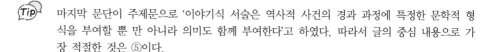
Tip 마지막 문단이 주제문으로 '이야기식 서술은 역사적 사건의 경과 과정에 특정한 문학적 형식을 부여할 뿐 만 아니라 의미도 함께 부여한다'고 하였다. 따라서 글의 중심 내용으로 가장 적절한 것은 ⑤이다.

Answer 45.② 46.⑤

47 다음 글의 전개 방식에 대한 설명으로 가장 적절한 것은?

우리나라 금속 공예 역사의 시작은 청동기가 사용되기 시작한 기원전 약 10세기 즈음으로 보고 있다. 그 후 철기 시대를 거쳐 삼국 시대로 들어오면서 기술이 절정에 이르게 되는데, 특히 금으로 된 신라의 장신구들은 문양이 정밀하게 새겨져 예술적 가치를 지닌 것으로 평가된다.

'일본서기'에는 신라를 '눈부신 황금의 나라'로 표현하고 있다. 이 표현에 딱 맞는 유물이 바로 금으로 만든 허리띠이다. 이 허리띠는 금관보다도 두세 배나 많은 금을 들여 만들었는데, 풀잎무늬를 새겨 넣고 그 아래로 여러 줄의 드리개*를 길게 늘어뜨렸다. 드리개 끝에는 약통이나 물고기, 숫돌, 족집게, 굽은옥, 손칼, 살포** 등의 도안이 사실적으로 표현되어 있다.

원래 허리띠에 물건을 주렁주렁 매달고 생활하는 방식은 북방 유목 민족의 풍습이었다. 그들은 손칼이나 약통 등 평소 즐겨 사용하던 물건을 매달고 다녔는데, 중국의 남북조 시대부터 우리나라에 전래되었다. 그 후 원래 가지고 있던 실용성은 사라지고 비실용품으로 전환되면서 여러 가지 상징적인 의미를 지닌 장식품들이 부착된다. 이 장식품들 가운데 약통은 질병의 치료를, 굽은옥은 생명의 존귀함을, 물고기는 식량을, 살포는 농사를 나타내며, 숫돌과 족집게는 칠기를 만들 때 사용하는 도구를 나타낸다. 허리띠의 주인공들이 당시의 왕이나 제사장들이었다는 사실을 감안한다면, 이들 장식품들에는 그들이 관장했던 많은 일들이 상징적으로 나타나 있음을 알 수 있다.

많은 장식품들이 부착된 허리띠는 평소에 사용할 수 없을 정도로 구조적으로 약하다. 이들 허리띠를 의식용이나 장례용품으로 간주하는 이유도 여기에 있다. 실제로 금으로 만든 허리띠의 경우 신라 고분에서 발견될 때는 왕이나 왕비의 허리춤에서 마치 황금빛 스커트를 입은 것처럼 화려하게 착장된 채 출토된다. 이 금제 허리띠는 얇게 금판을 오리고, 좌우 대칭으로 문양을 꾸미거나 풀잎 무늬를 뚫어 장식하여 매우 정교하고 화려하다. 이는 현세의 삶이 내세까지 이어진다는 사실을 굳게 믿고 사후의 안식처인 무덤 속으로 자신의 권세와 부를 그대로 가져가려 한 신라인들의 모습을 잘 보여준다.

‘삼국사기’에 따르면 신라인들은 신분에 따라 각기 다른 재질의 허리띠를 착용했다고 한다. 주로 가죽이나 천으로 만들었는데, 고분에서 출토될 때에는 천과 가죽 부분은 모두 썩어 없어지고, 표면에 부착하였던 금속품인 허리띠 장식들만 출토된다. 허리띠 장식을 금속으로 꾸며 사용한 시기는 내물왕 때부터인데, 북쪽의 고구려나 선비족의 영향을 받은 것으로 알려져 있다. 처음 시작은 고구려나 선비족의 디자인을 모방하는 수준이었지만 차츰 신라화 되어 매우 화려해진다. 5세기에는 주로 인동초를 간략화한 풀잎 무늬를 표현하였고, 이 장식은 약 100여 년간 널리 유행하다가 6세기 초 신라의 사회 변화와 함께 점차 소멸되어 간다. 율령 반포를 계기로, 국가 제도와 관리들의 의복 제도가 정비되면서 복잡하고 화려한 장식이 대거 생략되고, 실용적이면서 간소한 구조의 허리띠 장식만 남게 된다. 그 후, 허리띠 장식은 왕족의 전유물로만 쓰이지 않고, 관리들까지로 그 범위가 확대되는 경향을 보인다.

　이렇듯 금제 허리띠 하나에서도 신라인들의 화려한 문화를 읽을 수 있다. 따라서 금제 허리띠는 신라 고분군에서 출토되는 다른 황금 유물들과 함께 신라의 찬란한 문화의 실상을 유감없이 보여주는 사료라고 할 수 있다.

* 드리개 : 매달아서 길게 늘이는 물건.
** 살포 : 논에 물꼬를 트거나 막을 때 쓰는 삽 모양의 농기구.

① 다른 대상과 비교하여 상호 보완점을 제시하고 있다.
② 대상의 특성을 분석하여 대상의 장단점을 설명하고 있다.
③ 통시적 방법을 사용하면서 대상의 범위를 확장하고 있다.
④ 구체적인 사례를 통하여 대상의 원리를 이끌어내고 있다.
⑤ 대상의 특징을 서술하면서 대상이 지닌 가치를 드러내고 있다.

 이 글은 금제 허리띠의 재질, 드리개, 드리개에 달린 장식품, 용도, 디자인 등 여러 가지 특징을 설명하면서, 신라의 역사를 품고 있는 금제 허리띠의 사료로서의 가치를 드러내고 있다.

48 다음 글의 글쓰기 전략으로 적절하지 않은 것은?

언어는 배우는 아이들이 있어야 지속된다. 그러므로 성인들만 사용하는 언어가 있다면 그 언어의 운명은 어느 정도 정해진 셈이다. 언어학자들은 이런 방식으로 추리하여 인류 역사에 드리워진 비극에 대해 경고한다. 한 언어학자는 현존하는 북미 인디언 언어의 약 80%인 150개 정도가 빈사 상태에 있다고 추정한다. 알래스카와 시베리아 북부에서는 기존 언어의 90%인 40개 언어, 중앙아메리카와 남아메리카에서는 23%인 160개 언어, 오스트레일리아에서는 90%인 225개 언어, 그리고 전 세계적으로는 기존 언어의 50%인 대략 3,000개의 언어들이 소멸해 가고 있다고 한다. 사용자 수가 10만 명을 넘는 약 600개의 언어들은 비교적 안전한 상태에 있지만, 세계 언어 수의 90%에 달하는 그 밖의 언어는 21세기가 끝나기 전에 소멸할지도 모른다.

언어가 이처럼 대규모로 소멸하는 원인은 중첩적이다. 토착 언어 사용자들의 거주지가 파괴되고, 종족 말살과 동화(同化) 교육이 이루어지며, 사용 인구가 급격히 감소하는 것 외에 '문화적 신경가스'라고 불리는 전자 매체가 확산되는 것도 그 원인이 된다. 물론 우리는 소멸을 강요하는 사회적, 정치적 움직임들을 중단시키는 한편, 토착어로 된 교육 자료나 문학 작품, 텔레비전 프로그램 등을 개발함으로써 언어 소멸을 어느 정도 막을 수 있다. 나아가 소멸 위기에 처한 언어라도 20세기의 히브리 어처럼 지속적으로 공식어로 사용할 의지만 있다면 그 언어를 부활시킬 수도 있다.

합리적으로 보자면, 우리가 지구상의 모든 동물이나 식물 종들을 보존할 수 없는 것처럼 모든 언어를 보존할 수는 없으며, 어쩌면 그래서는 안 되는지도 모른다. 여기에는 도덕적이고 현실적인 문제들이 얽혀 있기 때문이다. 어떤 언어 공동체가 경제적 발전을 보장해 주는 주류 언어로 돌아설 것을 선택할 때, 그 어떤 외부 집단이 이들에게 토착 언어를 유지하도록 강요할 수 있겠는가? 또한, 한 공동체 내에서 이질적인 언어가 사용되면 사람들 사이에 심각한 분열을 초래할 수도 있다. 그러나 이러한 문제가 있더라도 전 세계 언어의 50% 이상이 빈사 상태에 있다면 이를 그저 바라볼 수만은 없다.

왜 우리는 위험에 처한 언어에 관심을 가져야 하나? 언어적 다양성은 인류가 지닌 언어 능력의 범위를 보여 준다. 언어는 인간의 역사와 지리를 담고 있으므로 한 언어가 소멸한다는 것은 역사적 문서를 소장한 도서관 하나가 통째로 불타 없어지는 것과 비슷하다. 또 언어는 한 문화에서 시, 이야기, 노래가 존재하는 기반이 되므로, 언어의 소멸이 계속되어 소수의 주류 언어만 살아남는다면 이는 인류의 문화적 다양성까지 해치는 셈이 된다.

① 실태를 생생하게 전달하기 위해 구체적인 수치를 제시하고 있다.

② 문제의 복잡성을 드러내기 위해 관점이 다른 견해도 소개하고 있다.

③ 대책의 신뢰성을 높이기 위해 권위 있는 전문가의 견해에 기대고 있다.

④ 독자의 관심을 환기하기 위해 묻고 답하는 방식으로 주장을 제시하고 있다.

⑤ 문제의 심각성을 드러내기 위해 예측할 수 있는 미래 상황을 제시하고 있다.

Tip 글쓴이는 세계의 수많은 언어가 빈사 상태에 처해 있다는 문제적 상황과 원인 분석, 극복 방안 및 극복 이유 등을 제시하고는 있으나, 자신의 생각을 강화하기 위하여 권위 있는 전문가의 말을 인용하거나 빌려오지 않았다.

Answer 48.③

49 주시경의 국어 연구에 대한 설명으로 볼 수 없는 것은?

한힌샘 주시경은 국어학자이면서 국어 교육자이다. 그는 과학적이고 독창적인 국어 연구를 통해 국어학을 하나의 학문으로 정립시켰을 뿐 아니라 국어 교육의 필요성을 널리 인식시키기 위해 노력하였다. 또한 맞춤법의 통일 같은 국어 정책의 수립에도 관심을 갖고 참여하였다.

국어학자로서 주시경은 근대 국어학의 기틀을 세운 선구적인 인물이었다. 과학적 연구 방법이 전무하다시피 했던 국어학 연구에서, 그는 단어의 원형을 밝혀 적는 형태주의적 입장을 가지고 독자적으로 문법 현상을 분석하고 이론으로 체계화하는 데 힘을 쏟았다. 이를 위해 순수 고유어를 사용하여 학술 용어를 만들기도 했다. 오늘날의 관점에서 보면 모호하거나 엄밀하지 못한 부분이 있는 것도 사실이지만, 그의 연구는 체계적이고 분석적이었을 뿐 아니라 놀라운 통찰력을 보여 주는 것이었다. 특히 '늣씨'와 '속뜻'의 개념을 도입한 것은 주목할 만하다.

그는 단어를 뜻하는 '씨'를 좀 더 작은 단위로 분석하면서 여기에 '늣씨'라는 이름을 붙였다. 예컨대 '해바라기'를 '해^바라^기', '이더라'를 '이^더라'처럼 늣씨 단위로 분석했다. 이는 그가 오늘날 '형태소'라 부르는 것과 유사한 개념을 인식하고 있었음을 보여 준다. 이것은 1930년대에 언어학자 블룸필드가 이 개념을 처음 사용하기 훨씬 이전이었다. 또한 그는 숨어 있는 구조인 '속뜻'을 통해 겉으로는 구조를 파악하기 어려운 문장을 분석했고, 말로 설명하기 어려운 문장의 계층적 구조는 그림을 그려 풀이하는 방식으로 분석했다. 이러한 방법은 현대 언어학의 분석적인 연구 방법과 유사하다는 점에서 연구사적 의의가 크다.

주시경은 국어학사에서 길이 기억될 연구 업적을 남겼을 뿐 아니라, 국어 교육자로서도 큰 공헌을 하였다. 그는 언어를 민족의 정체성을 나타내는 징표로 보았으며, 국가와 민족의 발전이 말과 글에 달려 있다고 생각하여 국어 교육에 온 힘을 다하였다. 여러 학교에서 우리말을 가르쳤을 뿐만 아니라, 국어 강습소를 만들어 장차 교사가 될 사람들에게 국어 문법을 체계적으로 교육하였다. 이러한 교육은 그의 국어학 연구가 없었더라면 불가능한 일이었다. 세종대왕이 훈민정음을 창제하였다면, 주시경은 '한글'이라는 용어를 만들고 우리말과 글을 바르게 보급하는 일에 앞장섰던 인물이었다.

그는 맞춤법을 확립하는 정책에도 자신의 학문적 성과를 반영하고자 했다. 이를 위해 연구 모임을 만들어 맞춤법의 이론적 근거를 확보하기 위한 논의를 지속해 나갔다. 그리고 1907년에 설치된 '국문 연구소'의 위원으로 국어 정책을 수립하는 일에도 적극 참여하였다. 그의 이러한 노력은 오늘날 우리에게 지대한 영향을 미치고 있다. 우리가 사용하고 있는 현행 '한글 맞춤법'도 일찍이 주시경이 취했던 형태주의적 입장으로부터 영향을 받은 바 크다.

① 고유어를 활용하여 학술 용어를 창안했다.

② 문장의 계층적 구조를 쉽게 설명하려고 했다.

③ 겉으로 드러나지 않는 문장의 구조를 밝히려 했다.

④ 단어보다 더 작은 문법 단위가 필요함을 인식했다.

⑤ 단어의 의미 변화 과정을 통시적으로 밝히려 했다.

> (Tip) 주시경은 국어학자로서 다양한 업적을 남겼다. 그러나 주어진 자료에서는 '단어의 의미 변화 과정을 통시적으로 밝히려'한 것에 대한 언급은 하지 않고 있다.

다음 글에서 언급되지 않은 내용은?

한국사 연구에서 임진왜란만큼 성과가 축적되어 있는 연구 주제는 많지 않다. 하지만 그 주제를 바라보는 시각은 지나치게 편향적이었다. 즉, 온 민족이 일치단결하여 '국난을 극복'한 대표적인 사례로만 제시되면서, 그 이면의 다양한 실상이 제대로 밝혀지지 않았다. 특히 의병의 봉기 원인은 새롭게 조명해 볼 필요가 있다.

종래에는 의병이 봉기한 이유를 주로 유교 이념에서 비롯된 '임금에 대한 충성'의 측면에서 해석해 왔다. 실제로 의병들을 모으기 위해 의병장이 띄운 격문(檄文)의 내용을 보면 이러한 해석이 일면 타당하다. 의병장은 거의가 전직 관료나 유생 등 유교 이념을 깊이 체득한 인물들이었다. 그러나 이러한 해석은 의병장이 의병을 일으킨 동기를 설명하는 데에는 적합할지 모르지만, 일반 백성들이 의병에 가담한 동기를 설명하는 데에는 충분치 못하다.

미리 대비하지 못하고 느닷없이 임진왜란을 당했던 데다가, 전쟁 중에 보였던 조정의 무책임한 행태로 인해 당시 조선 왕조에 대한 민심은 상당히 부정적이었다. 이러한 상황에서 백성들이 오로지 임금에 충성하기 위해서 의병에 가담했다고 보기는 어렵다. 임금에게 충성해야 한다는 논리로 가득한 한자투성이 격문의 내용을 백성들이 얼마나 읽고 이해할 수 있었는지도 의문이다. 따라서 의병의 주축을 이룬 백성들의 참여 동기는 다른 데서 찾아야 한다.

의병들은 서로가 혈연(血緣) 혹은 지연(地緣)에 의해 연결된 사이였다. 따라서 그들은 지켜야 할 공동의 대상을 가지고 있었으며 그래서 결속력도 높았다. 그 대상은 멀리 있는 임금이 아니라 가까이 있는 가족이었으며, 추상적인 이념이 아니라 그들이 살고 있던 마을이었다. 백성들이 관군에 들어가는 것을 기피하고 의병에 참여했던 까닭도, 조정의 명령에 따라 이리저리 이동해야 하는 관군과는 달리 의병은 비교적 지역 방위에만 충실하였던 사실에서 찾을 수 있다. 일부 의병을 제외하고는 의병의 활동 범위가 고을 단위를 넘어서지 않았으며, 의병들 사이의 연합 작전도 거의 이루어지지 않았다.

의병장의 참여 동기도 단순히 '임금에 대한 충성'이라는 명분적인 측면에서만 찾을 수는 없다. 의병장들은 대체로 각 지역에서 사회·경제적 기반을 확고히 갖춘 인물들이었다. 그러나 전쟁으로 그러한 기반을 송두리째 잃어버릴 위기에 처하게 되었다. 이런 상황에서 의병장들이 지역적 기반을 계속 유지하려는 현실적인 이해관계가 유교적 명분론과 결합하면서 의병을 일으키는 동기로 작용하게 된 것이다. 한편 관군의 잇단 패배로 의병의 힘을 빌리지 않을 수 없게 된 조정에서는 의병장에게 관직을 부여함으로써 의병의 적극적인 봉기를 유도하기도 했다. 기본적으로 관료가 되어야 양반으로서의 지위를 유지할 수 있었던 당시의 상황에서 관직 임명은 의병장들에게 큰 매력이 되었다.

① 의병의 참여 동기
② 의병장의 이념적 기반
③ 의병장과 조정의 관계
④ 의병의 전투 활동 실태
⑤ 의병 활동의 공간적 범위

 ① 2, 3, 4문단에 걸쳐 의병의 참여 동기에 대한 논의가 나타나 있다.

② 2문단과 5문단에 언급되어 있다. 특히 2문단에 '의병장은 거의가 전직 관료나 유생 등 유교 이념을 깊이 체득한 인물들이었다'라는 내용이 나타나 있다.

③ 5문단에 의병장과 조정의 상호 이해 관계에 의한 관계 형성이 언급되어 있다.

⑤ 4문단에 의병의 참여 동기와 의병 활동의 공간적 범위가 구체적으로 제시되어 있다.

Answer ⤷ 50.④

02 수리영역

∥1~10∥ 다음 빈칸에 들어갈 수를 찾으시오.

1

$$16 \times (\quad) = 80$$

① 3 　　　　　　　　　　② 4
③ 5 　　　　　　　　　　④ 6
⑤ 7

> (Tip) $16 \times 5 = 80$

2

$$3 \times (\quad) + 2 = 11$$

① 2 　　　　　　　　　　② 3
③ 4 　　　　　　　　　　④ 5
⑤ 6

> (Tip) $3 \times 3 + 2 = 11$

3

$$25 \div 5 - (\quad) = 4$$

① 1 ② 2
③ 3 ④ 4
⑤ 5

(Tip) $25 \div 5 - 1 = 4$

4

$$21 \times 3 \div (\quad) = 21$$

① 6 ② 5
③ 4 ④ 3
⑤ 2

(Tip) $21 \times 3 \div 3 = 21$

5

$$54 \div (\quad) - 5 = 13$$

① 2 ② 3
③ 4 ④ 5
⑤ 6

(Tip) $54 \div 3 - 5 = 13$

Answer⌐ 1.③ 2.② 3.① 4.④ 5.②

6

$$82 \times (\quad) \div 41 = 10$$

① 3   ② 4

③ 5   ④ 6

⑤ 7

(Tip) $82 \times 5 \div 41 = 10$

7

$$9 \times 2 + (\quad) = 125$$

① 107   ② 108

③ 109   ④ 110

⑤ 111

(Tip) $9 \times 2 + 107 = 125$

8

$$5 \times 21 - (\quad) = 0$$

① 75   ② 85

③ 95   ④ 105

⑤ 115

(Tip) $5 \times 21 - 105 = 0$

9

$$22 \times 4 \div (\quad) = 44$$

① 4　　　　　　　　　　② 3

③ 2　　　　　　　　　　④ 1

⑤ 0

 $22 \times 4 \div 2 = 44$

10

$$(\quad) \div 5 - 7 = 31$$

① 150　　　　　　　　　② 160

③ 170　　　　　　　　　④ 180

⑤ 190

 $190 \div 5 - 7 = 31$

11 갑, 을, 병 각자는 동일한 개수의 풍선을 불고 있다. 갑이 모든 풍선을 다 불었을 때, 을은 30개, 병은 42개가 남아 있었다. 을이 모든 풍선을 다 불었을 때, 병은 아직 18개가 남아 있었다. 각각 작업의 속도가 일정하다고 할 때, 처음 풍선의 개수는 총 몇 개였는가?

① 150개   ② 210개

③ 250개   ④ 270개

⑤ 300개

> (Tip) 풍선의 개수를 x라 하면,
> 갑이 작업을 바쳤을 때 을은 $x-30$, 병은 $x-42$개가 된다.
> 을이 남은 30개를 다 부는 동안 병은 24개의 풍선을 불었으므로
> $x-30 : x-42 = 30 : 24$
> $\therefore x = 90$
> $90 \times 3 = 270$이다.

12 티셔츠 7장을 7달러 98센트를 주고 샀다. 티셔츠 한 장의 가격은 얼마인가?

① 104센트   ② 1달러 4센트

③ 1달러 14센트   ④ 124센트

⑤ 130센트

> (Tip) 7달러 98센트 = 798센트
> $798 \div 7 = 114$(센트)
> $\therefore$ 티셔츠 한 장의 가격은 114센트이다.

13 어른 한명이 하면 8일이 걸리고, 어린이 한 명이 하면 12일이 걸려서 끝낼 수 있는 일이 있다. 어른과 어린이를 합하여 10명이 이 일을 하루 만에 끝내려고 할 때, 어른은 몇 명 이상이 필요한가?

① 3명   ② 4명

③ 5명   ④ 6명

⑤ 7명

전체 일의 양을 1이라 하면

어른 1명이 하루에 할 수 있는 일의 양은 $\frac{1}{8}$이고, 어린이 1명이 하루에 할 수 있는 양은 $\frac{1}{12}$이다.

어른이 x명이라고 하면

$\frac{1}{8}x + \frac{1}{12}(10-x) \geq 1$

$\therefore x \geq 4$

14 길이가 300m인 화물열차가 어느 다리를 건너는 데 60초가 걸리고, 길이가 150m인 새마을호는 이 다리를 화물열차의 2배의 속력으로 27초 안에 통과한다. 이 때, 다리의 길이는?

① 1km

② 1.2km

③ 1.4km

④ 1.5km

⑤ 2km

 열차의 속력 x, 다리의 길이 y

$60x = 300 + y$

$2 \times 27x = 150 + y$

$\therefore y = 1,200\,(\text{m})$

15 정가가 x원인 식품을 15% 할인한 가격이 3,400원이라고 한다. 정가는 얼마인가?

① 1,250원

② 2,800원

③ 3,500원

④ 4,000원

⑤ 4,200원

 $x - \left(x \times \frac{15}{100}\right) = 3,400$

$x - 0.15x = 3,400$

$0.85x = 3,400$

$\therefore x = 4,000\,(\text{원})$

Answer ↪ 11.④   12.③   13.②   14.②   15.④

16 축척이 $\frac{1}{500}$인 축도에서 가로가 4cm, 세로가 5cm인 직사각형 모양의 땅이 있다. 이 땅의 실제 넓이는?

① 200㎠　　　　　　　　　　② 200㎡

③ 500㎠　　　　　　　　　　④ 500㎡

⑤ 700㎠

 실제의 길이 = 축도에서의 길이 ÷ 축척

가로 길이 $= 4 \div \frac{1}{500} = 2,000 = 20 \, (\mathrm{m})$

세로 길이 $= 5 \div \frac{1}{500} = 2,500 = 25 \, (\mathrm{m})$

$20 \times 25 = 500 \, (\mathrm{m}^2)$

17 연필 한 자루의 가격은 30센트이고, 공책 한 권의 가격은 45센트이다. 가지고 있는 돈이 5달러일 때, 연필 2자루와 공책 3권을 사고 남은 돈은 얼마인가?

① 3달러　　　　　　　　　　② 3달러 5센트

③ 3달러 50센트　　　　　　　④ 4달러

⑤ 4달러 50센트

 $30 \times 2 = 60$(센트)

$45 \times 3 = 135$(센트)

$60 + 135 = 195$(센트)

1달러 = 100센트이므로, 가지고 있는 돈은 500센트가 된다.

$500 - 195 = 305$(센트)

∴ 3달러 5센트가 남는다.

18 세 명이 CGV에 영화를 보러 갔다. 세 명의 영화 티켓 가격이 9달러 12센트였다면, 티켓 한 장의 가격은 얼마인가?

① 3달러 4센트   ② 3달러 44센트

③ 4달러 3센트   ④ 4달러 4센트

⑤ 5달러 3센트

 세 명의 영화 티켓은 912센트이다.

$912 \div 3 = 304$(센트)

∴ 티켓 한 장의 가격은 3달러 4센트이다.

19 CJ 홈쇼핑에서 바지 5벌을 9달러를 주고 샀다. 바지 한 벌의 가격은 얼마인가?

① 1달러 8센트   ② 1달러 15센트

③ 1달러 50센트   ④ 1달러 80센트

⑤ 2달러

 1달러 = 100센트이므로, 바지 5벌의 가격은 900센트이다.

$900 \div 5 = 180$(센트)

∴ 바지 한 벌의 가격은 1달러 80센트이다.

Answer ↱ 16.④   17.②   18.①   19.④

20 10개의 제비 중 3개의 당첨 제비가 들어있다. 세 명이 순서대로 제비를 뽑을 때, 적어도 한 명은 당첨될 확률은? (단, 뽑은 제비는 다시 넣지 않는다)

① $\dfrac{5}{12}$

② $\dfrac{7}{12}$

③ $\dfrac{2}{3}$

④ $\dfrac{17}{24}$

⑤ $\dfrac{5}{6}$

$$\frac{7}{10} \times \frac{6}{9} \times \frac{5}{8} = \frac{210}{720} = \frac{7}{24}$$

$$1 - \frac{7}{24} = \frac{17}{24}$$

21 12명의 학생이 있다. 이 가운에 9명의 점수의 총합은 630이고, 나머지 3명 중 두 명의 평균은 84, 다른 한 명의 점수가 11명의 평균보다 16점이 높다고 한다. 학생 12명의 평균 점수는 약 얼마인가?

① 70점

② 74점

③ 86점

④ 90점

⑤ 95점

나머지 한 명의 점수를 x라 하면 $x = \dfrac{630 + (84 \times 2)}{11} + 16$

$\therefore x \fallingdotseq 88.5$

그러므로 학생 12명의 평균점수는 $\dfrac{630 + 168 + 88.5}{12} = 73.875$이다.

22 어떤 모임에서 참가자에게 귤을 나누어 주는데 1명에게 5개씩 나누어 주면 3개가 남고, 6개씩 나누어주면 1명만 4개보다 적게 받게된다. 참가자는 적어도 몇 명인가?

① 2인   ② 6인

③ 9인   ④ 10인

⑤ 12인

(Tip) 참가자의 수를 x라 하면
전체 귤의 수는 $5x+3$, 6개씩 나누어 주면 1명만 4개보다 적게 되므로
$(5x+3) - \{6 \times (x-1)\} < 4$
$-x < -5$
$x > 5$
∴ 참가자는 적어도 6인이 있다.

23 어느 버스 터미널에서 A버스는 12분마다, B버스는 18분마다 출발한다. 운행시간이 7~9시일 때 두 버스가 동시에 출발하는 것은 몇 번인가?

① 2번   ② 3번

③ 4번   ④ 5번

⑤ 6번

(Tip) A버스는 12분마다, B버스는 18분마다 출발하므로 12와 18의 최소공배수를 구하면 36이 된다. 오전 7시에서 9시까지의 시간이 $2 \times 60 = 120$분이므로 같이 출발하는 것은 4번이다(7시, 7시 36분, 8시 12분, 8시 48분).

24 A명이 36시간 동안 해야 끝나는 작업을 12시간 안에 마치려고 한다. 이때 필요한 인원수는?

① A ② $2A$

③ $3A$ ④ $6A$

⑤ $10A$

(Tip) 작업시간이 36시간에서 12시간으로 $\frac{1}{3}$로 단축되므로 인원은 그 3배가 동원되어야 한다.

Answer → 20.④   21.②   22.②   23.③   24.③

25 일정한 속력으로 달리는 버스가 Am의 터널을 통과하는데 5초 걸리고, Bm의 철교를 지나는데 9초가 걸린다. 이때 버스의 길이는?

① $\dfrac{A+B}{13}$

② $\dfrac{5(A+B)}{4}$

③ $\dfrac{5B-9A}{4}$

④ $\dfrac{9B-5A}{4}$

⑤ $\dfrac{8B-3A}{4}$

> **Tip** 버스의 길이를 x m라 할 때, 버스가 터널을 통과할 때 가는 거리는 $(x+A)$m이고, 철교를 지날 때 가는 거리는 $(x+B)$이다.
>
> ㉠ 터널을 지날 때의 속력 : $\dfrac{x+A}{5}$ (m/s)
>
> ㉡ 철교를 지날 때의 속력 : $\dfrac{x+B}{9}$ (m/s)
>
> 버스의 속력이 일정하므로 $\dfrac{x+A}{5}$ (m/s) $= \dfrac{x+B}{9}$ (m/s)
>
> $\therefore x = \dfrac{5B-9A}{4}$

26 A%의 설탕물 Bg에 설탕 Cg을 넣었을 경우 농도는 얼마인가?

① $\dfrac{AB+100C}{B+C}$

② $\dfrac{100ABC}{B+C}$

③ $\dfrac{(A+B+C)100}{B}$

④ $\dfrac{AC+BC}{B+C}$

⑤ $\dfrac{AB+BC}{B+C}$

> **Tip** A% 설탕물 Bg의 설탕 양은 $\dfrac{A}{100} \times B = \dfrac{AB}{100}$이며, Cg의 설탕을 더 넣은 설탕물의 농도는 $\dfrac{AB+100C}{B+C}$ 이다.

27 1개의 동전을 A번 던졌을 때 A번 모두 앞면이 나올 확률은?

① $\dfrac{1}{2}A$

② $A^{\frac{1}{2}}$

③ A^2

④ $\left(\dfrac{1}{2}\right)^A$

⑤ $\left(\dfrac{1}{3}\right)^A$

> **Tip** 동전의 앞면이 나올 확률은 $\dfrac{1}{2}$ 이다.
>
> ∴ A번 연속으로 나올 확률은 $\left(\dfrac{1}{2}\right)^A$

28 두 사람의 작업자가 어떤 일을 하는데, A는 숙련자이기 때문에 X시간이 걸리지만, B는 비숙련 자이기 때문에 Y시간이 걸린다고 할 때 두 사람이 그 일을 가장 짧은 시간에 끝내기 위해서 같이 일을 한다면 몇 분만에 끝마칠 수 있겠는가?

① $\dfrac{XY}{X+Y}+30(X+Y)$

② $30(X+Y)$

③ $\dfrac{X^2+2XY+Y^2}{XY}$

④ $\dfrac{60XY}{X+Y}$

⑤ $\dfrac{45XY}{X+Y}$

> **Tip** 분당 A의 일의 양은 $\dfrac{1}{60X}$, 분당 B의 일의 양은 $\dfrac{1}{60Y}$이므로 A와 B가 함께 일한다면
>
> $\dfrac{1}{60X}+\dfrac{1}{60Y}=\dfrac{X+Y}{60XY}$이다.
>
> ∴ 걸린 시간은 $\dfrac{1}{\frac{X+Y}{60XY}}=\dfrac{60XY}{X+Y}$

Answer → 25.③ 26.① 27.④ 28.④

29 현재 우리나라의 연간 용수 공급량은 X톤이며, 용수 수요량은 Y톤이라고 한다. 그러나, 용수 공급량은 매년 A톤씩 감소하는 반면에, 용수 수요량은 매년 B톤씩 증가한다고 할 때, 용수 공급량이 용수 수요량보다 부족하여 물 부족이 예상되는 시기는 앞으로 몇 년 후인가?

① $\dfrac{X-Y}{A+B}$　　　　　　　② $\dfrac{X-Y}{B}$

③ $\dfrac{X-Y}{A}$　　　　　　　　④ $\dfrac{X+Y}{A+B}$

⑤ $\dfrac{2X+2Y}{A+B}$

 수요량과 공급량이 같아지는 때를 구하여야 하므로 구하고자 하는 연도를 a라 하면
$(aB+Y)-(X-aA)=0$
$a(B+A)=X-Y$
$\therefore a=\dfrac{X-Y}{(A+B)}$

30 A, B, C 세 사람이 한 시간 동안 일을 하는데, A와 B가 함께 일을 하면 X개의 제품을 생산하고, A와 C가 함께 일을 하면 Y개의 제품을 생산하며, B와 C가 함께 일을 하면 Z개의 제품을 생산한다고 한다. A, B, C가 같이 일을 한다면 한 시간 동안 생산하는 제품의 수는?

① $X+Y+Z$　　　　　　　　② $\dfrac{(X+Y+Z)}{2}$

③ $\dfrac{(X+Y+Z)}{3}$　　　　　　④ $\dfrac{(2X+2Y+2Z)}{3}$

⑤ $\dfrac{3(X+Y+Z)}{2}$

 주어진 조건에 따라 작업량을 구해보면
$A+B=X, \ A+C=Y, \ B+C=Z$
$X+Y+Z=A+B+A+C+B+C$
$X+Y+Z=2(A+B+C)$
$\therefore A+B+C=\dfrac{X+Y+Z}{2}$

31 다음은 우리나라의 농경지의 면적과 전체 논의 면적에 대한 수리답의 비율(수리답률)을 나타낸 자료이다. 다음 자료를 올바르게 해석한 것은?

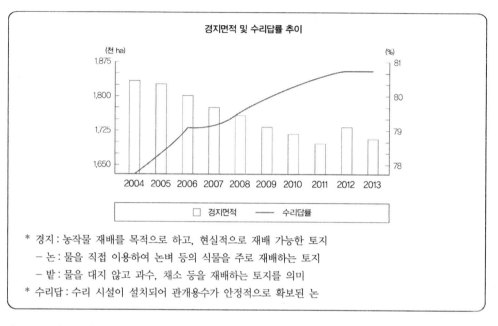

* 경지 : 농작물 재배를 목적으로 하고, 현실적으로 재배 가능한 토지

 － 논 : 물을 직접 이용하여 논벼 등의 식물을 주로 재배하는 토지

 － 밭 : 물을 대지 않고 과수, 채소 등을 재배하는 토지를 의미

* 수리답 : 수리 시설이 설치되어 관개용수가 안정적으로 확보된 논

① 2006년 우리나라의 논에는 수리답이 거의 없었다.

② 2006년의 수리답률이 79.2%일 때, 수리답의 면적은 약 1,425,600ha이다.

③ 2004년에 비해 2012년은 수리답의 비율이 증가하였으나, 전체 경지의 면적은 절반 가까이 감소하였다.

④ 시간이 지날수록 대체로 논벼의 재배를 위한 관개용수의 공급이 원활해졌다.

⑤ 경지면적은 해가 지날수록 감소하였다.

 ① 2006년 수리답률은 약 79%이다.
③ 전체 경지의 면적은 1,825,000ha에서 1,725,000ha로 감소하였다.
④ 주어진 자료로는 알 수 없다.
⑤ 2012년에는 경지면적이 2011년에 비해 증가하였다.

Answer ➭ 29.① 30.② 31.②

|32~33| 다음 표는 기업의 연도별 성별 성과금에 관한 자료이다. 물음에 답하시오.

〈연도별 성별 성과금〉

(단위 : 천 원)

성별 \ 년도	1996	1997	1998	1999	2000
남자	1,500	1,640	1,725	1,955	2,148
여자	1,460	1,374	1,687	1,895	2,111

32 다음 표는 기업의 연도별 성별 성과금의 비교표이다. 다음 중 옳게 해석한 것을 모두 고른 것은?

> ㉠ 여자의 성과금은 매년 전년대비 증가하고 있다.
> ㉡ 1997년 남자의 성과금은 전년대비 9.3% 증가하였다.
> ㉢ 2000년 여자의 성과금은 2000년 남자의 성과금보다 높은 편이다.

① ㉠   ② ㉡

③ ㉢   ④ ㉠, ㉡

⑤ ㉡, ㉢

 ㉠ 1997년에는 1996년에 비해 감소했다.
㉢ 2000년 여자의 성과금은 2000년 남자의 성과금보다 낮다.

33 다음 중 여자의 성과금 중 전년 대비 가장 높은 증가를 기록한 연도는?

① 1996년   ② 1997년

③ 1998년   ④ 1999년

⑤ 2000년

 ① 전년도 성과금을 알 수 없다.
② -86(천 원)
③ +313(천 원)
④ +208(천 원)
⑤ +216(천 원)

| 34~35 | A, B, C, 세 공장의 근로자 2인당 제품 생산량과 공장 전체의 1일 총생산량을 정리한 것이다. 물음에 답하시오.

구분	근로자 2인당 1일 생산량(개)	총생산량(개)
A	28	252
B	㉠	384
C	32	256

34 다음 중 공장 A, C의 근로자 수로 옳은 것은?

① A : 16, C : 18

② A : 16, C : 16

③ A : 18, C : 16

④ A : 18, C : 18

⑤ A : 18, C : 20

 A : $252 \div 28 = 9$

$9 \times 2 = 18$(명)

C : $256 \div 32 = 8$

$8 \times 2 = 16$(명)

35 C공장의 근로자 수와 B공장의 근로자 수의 비가 1 : 2일 때 ㉠에 들어갈 알맞은 수치는?

① 12개

② 16개

③ 20개

④ 22개

⑤ 24개

 C공장의 근로자는 16명이므로, B공장의 근로자는 32명이다.

$384 \div ㉠ = 16$

㉠ $= 24$

Answer ↪ 32.② 33.③ 34.③ 35.⑤

▮36~38▮ 다음은 우리나라의 선진화지수를 나타낸 것이다. 물음에 답하시오.

구분	OECD 평균	한국
정치	87.6	75.1
사회	67.5	48.1
경제	55.4	46.5
국제화	38.3	20.1
문화	26.6	19.4
평균	55.5	㉠

36 각 분야별 지수 중에서 한국이 지수 값으로 OECD 평균과 가장 크게 차이가 나는 것은 어떤 분야인가?

① 정치 ② 사회
③ 경제 ④ 국제화
⑤ 문화

Tip ① 정치 : 12.5
② 사회 : 19.4
③ 경제 : 8.9
④ 국제화 : 18.2
⑤ 문화 : 7.2

37 각 분야별 지수 중에서 한국이 상대적으로 OECD 전체 평균과 가장 차이가 나는 것은 어떤 분야인가?

① 정치 ② 사회
③ 경제 ④ 국제화
⑤ 문화

Tip 문화 : $55.5 - 19.4 = 36.1$

38 ㉠에 들어갈 값은 얼마인가?

① 41.8

② 42.5

③ 43.8

④ 44.5

⑤ 45.6

Tip

$$\frac{75.1+48.1+46.5+20.1+19.4}{5}=41.84$$

39 장난감 가게의 장난감 한 개에 들어 있는 건전지의 수를 조사하여 나타낸 막대그래프이다. 오늘 팔린 장난감 배에 들어 있는 건전지가 모두 72개라면 오늘 팔린 장난감 배는 몇 개인가?

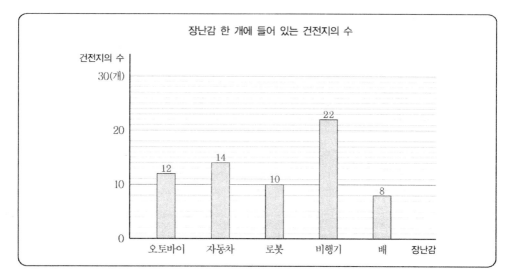

① 9개

② 10개

③ 11개

④ 12개

⑤ 13개

Tip 장난감 배 한 개에 들어가는 건전지는 8개이다. 72개가 들어있다고 했으므로 총 9개가 팔렸다.

Answer 36.② 37.⑤ 38.① 39.①

|40~41| 다음 표는 A 자동차 회사의 고객만족도 조사결과이다. 다음 물음에 답하시오.

(단위 : %)

구분	1 ~ 12개월 (출고 시기별)	13 ~ 24개월 (출고 시기별)	고객 평균
안전성	41	48	45
A/S의 신속성	19	17	18
정숙성	2	1	1
연비	15	11	13
색상	11	10	10
주행 편의성	11	9	10
차량 옵션	1	4	3
계	100	100	100

40 출고시기에 관계없이 전체 조사 대상 중에서 1,350명이 안전성을 장점으로 선택했다면 이번 설문에 응한 고객은 모두 몇 명인가?

① 2,000명 ② 2,500명
③ 3,000명 ④ 3,500명
⑤ 4,000명

 $45:1350 = 100:x$
$45x = 135000$
$\therefore x = 3000$

41 차를 출고 받은 지 12개월 이하 된 고객 중에서 30명이 연비를 선택했다면 정숙성을 선택한 고객은 몇 명인가?

① 2명 ② 3명
③ 4명 ④ 5명
⑤ 6명

 $30:15 = x:2$
$15x = 60$
$\therefore x = 4$

42 다음은 판매업체별 A핸드폰과 B핸드폰의 판매정보를 나타낸 표이다. A와 B핸드폰은 소비자에게 동일한 만족을 준다고 했을 때 합리적 선택을 모두 고르면?

구분	X판매업체		Y판매업체		Z판매업체	
	A핸드폰	B핸드폰	A핸드폰	B핸드폰	A핸드폰	B핸드폰
가격	36만 원	36만 원	38만 원	37만 원	39만 원	38만 원
배송료	2만 원		없음		2만 원	
판매업체 신뢰도	하		상		상	

> ㉠ A핸드폰을 구입하려면 Y 판매업체에서 구입하여야 한다.
> ㉡ B핸드폰을 구입하려면 Z 판매업체에서 구입하여야 한다.
> ㉢ 최소 비용으로 최대 만족을 얻으려면 B핸드폰을 구입하여야 한다.

① ㉠

② ㉡

③ ㉠, ㉡

④ ㉠, ㉢

⑤ ㉡, ㉢

(Tip) ㉡ B핸드폰을 구입하려면 Y 판매업체에서 구입하여야 한다.

43 다음은 N 고등학교 1학년 학생 160명이 공부하고 있는 제2외국어 현황을 정리한 표이다. N 고등학교 1학년 학생 중 제2외국어로 독일어를 공부하고 있는 학생의 비율을 구하면?

일본어	중국어	프랑스어	독일어
40명	70명	26명	24명

① 20%

② 17.5%

③ 15%

④ 12.5%

⑤ 10%

(Tip) $\frac{24}{160} \times 100 = 15\,(\%)$

Answer ⟶ 40.③ 41.③ 42.④ 43.③

44 다음 표는 B 중학교 학생 200명의 통학수단을 조사한 것이다. 이 학교 학생 중 지하철로 통학하는 남학생의 비율은?

(단위 : 명)

통학수단	버스	지하철	자전거	도보	합계
여학생	44	17	3	26	90
남학생	45	22	17	26	110
합계	89	39	20	52	200

① 11% ② 16%

③ 20% ④ 22%

⑤ 31%

(Tip) $\dfrac{22}{200} \times 100 = 11\,(\%)$

┃45~46┃ 다음은 국민연금 부담에 대한 인식을 취업자와 실업 및 미취업자로 나타낸 그래프이다. 그래프를 보고 물음에 답하시오.

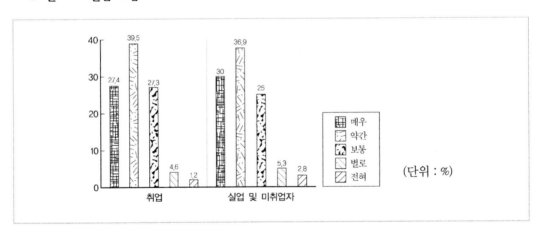

45 취업자 가운데 국민연금이 부담된다는 사람은 몇 %인가?

① 66.9% ② 67.8%

③ 72.3% ④ 75.3%

⑤ 78.0%

(Tip) $27.4 + 39.5 = 66.9$

46 국민연금이 부담되지 않는다는 사람은 취업자와 실업자에서 각각 몇 %를 차지하는가?

① 5.8%, 8.1%
② 5.9%, 8.0%
③ 4.6%, 5.3%
④ 5.3%, 2.8%
⑤ 5.5%, 3.0%

(Tip)
취업자 : $4.6 + 1.2 = 5.8(\%)$
실업자 : $5.3 + 2.8 = 8.1(\%)$

❚47~48❚ 다음 표는 우리나라 항혈전제 복제약의 매출현황을 나타낸다. 물음에 답하시오.

(단위 : 억 원)

제약회사	품목명	2007년 상반기	2008년 상반기	증감율
S사	플라빅스	591	㉠	-11%
D사	플라비톨	30	112	273%
J사	플래리스	16	78	388%
Y사	크리빅스	14	32	㉡
U사	클로아트	7	30	329%

47 ㉠에 들어갈 값은 얼마인가?

① 657
② 621
③ 563
④ 526
⑤ 514

(Tip)
$$\frac{x-591}{591} \times 100 = -11$$
$$x - 591 = -11 \times \frac{591}{100} = -65.01$$
$$\therefore x = 525.99$$

Answer 44.① 45.① 46.① 47.④

48 ⓛ에 들어갈 값은 얼마인가?

① 185%   ② 129%

③ 114%   ④ 56%

⑤ 7%

Tip $\dfrac{32-14}{14} \times 100 = \dfrac{18}{14} \times 100 \fallingdotseq 129$

∥49~50∥ 다음은 공무원 단체 가입 현황에 관한 통계자료이다. 다음을 보고 물음에 답하시오.

(단위 : 명, %)

구분		2005	2006	2007	2008	2009	2010
전체	가입대상	264,410	275,827	282,100	288,895	300,235	289,057
	가입자	172,190	187,647	135,885	219,587	228,934	185,998
	가입률	65.1	68.0	48.2	76.0	76.3	64.3
중앙부처	가입대상	49,417	46,689	41,284	43,560	56,737	56,651
	가입자	18,511	21,842	33,911	35,488	37,479	31,792
	가입률	37.5	46.8	82.1	81.5	66.0	56.1
지방자치단체 (광역)	가입대상	28,284	30,109	47,476	34,593	34.053	35,778
	가입자	22,696	24,296	23,253	26,701	27,554	26,106
	가입률	80.2	80.7	48.9	77.2	79.2	73.0
지방자치단체 (기초)	가입대상	150,460	158,887	157,203	150,051	147,980	147,221
	가입자	124,382	131,271	49,773	123,319	118,744	102,670
	가입률	82.7	82.6	31.6	82.2	80.2	69.7
교육청	가입대상	36,249	40,142	36,137	51,298	49,859	49,407
	가입자	6,601	10,238	28,948	34,079	35,382	25,430
	가입률	18.2	25.5	80.1	66.4	72.2	51.5

49 다음 설명 중 틀린 해석은?

① 전체 가입자는 2007년을 제외하고는 2009년까지 증가하는 추세이다.

② 중앙부처의 가입률이 교육청의 가입률보다 매년 더 높다.

③ 2010년 현재 비가입자 수보다 가입자 수가 더 많다고 할 수 있다.

④ 2007년도가 가입대상자 대비 가입자의 비율이 가장 작았던 해다.

⑤ 2009년도가 가입대상자 대비 가입자의 비율이 가장 컸던 해다.

(Tip) ② 2009년에는 중앙부처의 가입률이 교육청의 가입률보다 더 낮다.

50 다음 중 교육청 가입자가 가장 많았던 연도와 가장 적었던 연도로 바르게 짝지어진 것은?

① 2009년, 2005년

② 2009년, 2006년

③ 2008년, 2005년

④ 2008년, 2006년

⑤ 2007년, 2005년

(Tip) 교육청 가입자는 2009(35,382명)에 가장 많았고, 2005(6,601명)에 가장 적었다.

Answer 48.② 49.② 50.①

03 추리영역

┃1~20┃ 다음에 제시된 사실들을 통해 추리할 때, 결론에 대한 판단으로 알맞은 것을 고르시오.

1

- 동남아시아의 태국, 베트남, 라오스를 여행하고 돌아온 사람들 중 풍토병에 걸린 환자가 발생하였다. 그 풍토병은 세 나라 중 한 나라에서 옮겨온 것이다.
- A는 태국과 베트남, 라오스를 모두 방문했는데 풍토병에 걸렸다.
- B는 태국과 라오스는 여행하지 않고, 베트남만 방문하였는데 병에 걸리지 않았다.
- C는 태국과 라오스는 여행하였고, 베트남은 가지 않았는데 병에 걸렸다.
- D는 태국과 베트남을 방문하였고, 라오스를 가지 않았는데 병에 걸리지 않았다.

A : 풍토병은 라오스에서 발병하였다.
B : A, C, D의 경우에는 태국에서 풍토병에 걸렸다.

① A만 옳다.
② B만 옳다.
③ A와 B 모두 옳다.
④ A와 B 모두 그르다.
⑤ A와 B 모두 옳은지 그른지 알 수 없다.

 주어진 조건을 표로 나타내면 다음과 같다.

	태국	베트남	라오스	발병
A	○	○	○	○
B	-	○	-	×
C	○	-	○	○
D	○	○	-	×

표를 보면 라오스에서 발병했다는 것을 알 수 있다. A, C, D의 경우에는 태국에서 풍토병에 걸렸다고 확실하게 말할 수 없다.

2

- A는 B, C보다 무겁다.
- D는 C보다 체중이 더 많이 나간다.
- E는 B보다 가볍다.
- A는 D보다 몸무게가 많이 나가지 않는다.

A : D의 체중이 가장 많이 나간다.
B : E의 몸무게가 가장 적게 나간다.

① A만 옳다.

② B만 옳다.

③ A와 B 모두 옳다.

④ A와 B 모두 그르다.

⑤ A와 B 모두 옳은지 그른지 알 수 없다.

Tip 주어진 조건을 통해 D ≥ A > C, A > B > E을 알 수 있다.
D와 A의 무게가 같다면 D의 체중이 가장 많이 나간다고 할 수 없으므로 알 수 없다. 또한, C와 B, E와의 관계를 알 수 없으므로 E의 몸무게가 가장 적게 나가는지도 알 수 없다.

Answer → 1.① 2.⑤

3

> • 민수는 한국인이다.
> • 농구를 좋아하면 활동적이다.
> • 농구를 좋아하지 않으면 한국인이 아니다.

> A : 민수는 활동적이다.
> B : 한국인은 활동적이지 않다.

① A만 옳다.

② B만 옳다.

③ A와 B 모두 옳다.

④ A와 B 모두 그르다.

⑤ A와 B 모두 옳은지 그른지 알 수 없다.

 민수 = A, 한국인 = B, 농구를 좋아함 = C, 활동적 = D, 농구를 좋아하지 않음 = ~C, 한국인이 아님 = ~B라 하면, 주어진 조건에서 A→B, C→D, ~C→~B인데 ~C→~B는 B→C이므로(대우) 전체적인 논리를 연결시켜보면 A→B→C→D가 되어 A→D의 결론이 나올 수 있다. 따라서 민수는 활동적이라는 A만 옳다.

4

> • 세 극장 A, B와 C는 직선도로를 따라 서로 이웃하고 있다.
> • 극장의 건물 색깔이 회색, 파란색, 주황색이다.
> • 나는 극장 앞에서 극장들을 바라본다.
> • B극장은 A극장의 왼쪽에 있다.
> • C극장의 건물은 회색이다.
> • 주황색 건물은 오른쪽 끝에 있는 극장의 것이다.

> A : A의 건물은 파란색이다.
> B : C는 맨 왼쪽에 위치하는 극장이다.

① A만 옳다.

② B만 옳다.

③ A와 B 모두 옳다.

④ A와 B 모두 그르다.

⑤ A와 B 모두 옳은지 그른지 알 수 없다.

> (Tip) 제시된 조건에 따라 극장과 건물 색깔을 배열하면 C(회색), B(파란색), A(주황색)이 된다.

5

> • 과일 A에는 씨가 2개, 과일 B에는 씨가 1개 있다.
> • 철수와 영수는 각각 과일 4개씩을 먹었다.
> • 철수는 영수보다 과일 A를 1개 더 먹었다.
> • 철수는 같은 수로 과일 A와 B를 먹었다.

> A : 영수는 B과일을 3개 먹었다.
> B : 두 사람이 과일을 다 먹고 나온 씨의 개수 차이는 1개이다.

① A만 옳다.

② B만 옳다.

③ A와 B 모두 옳다.

④ A와 B 모두 그르다.

⑤ A와 B 모두 옳은지 그른지 알 수 없다.

> (Tip) 철수는 같은 수로 과일 A와 B를 먹었으므로 각각 2개씩 먹었다는 것을 알 수 있다. 철수는 영수보다 과일 A를 1개 더 먹었으므로, 영수는 과일 A를 1개 먹었다.

	A과일	B과일	씨의 개수
철수	2개	2개	6개
영수	1개	3개	5개

Answer→ 3.① 4.② 5.③

6

- 운동화 A, B, C가 나란히 진열되어 있다.
- 운동화의 색은 빨강, 초록, 노랑이다.
- 노란색 운동화는 왼쪽 끝에 놓여 있다.
- B는 A의 오른쪽에 있다.
- C는 빨간색이다.

A : A는 노란색이다.
B : 운동화가 놓인 순서는 A - C - B이다.

① A만 옳다.
② B만 옳다.
③ A와 B 모두 옳다.
④ A와 B 모두 그르다.
⑤ A와 B 모두 옳은지 그른지 알 수 없다.

(Tip) B는 A의 오른쪽에 있으므로 다음과 같은 경우가 가능하다.
C - A - B, A - B - C, A - C - B
노란색 운동화가 왼쪽 가장 끝에 놓여있는데 C는 빨간색이므로 A - B - C, A - C - B의
두 가지 경우가 가능하다. A는 왼쪽 끝에 있으므로 노란색이다.

7

- 영은이는 네 명 중 국어에서 1등, 영어와 수학에서 3등을 했다.
- 재국이는 영어에서는 정희보다 잘했으나 다른 과목에서는 정희보다 잘하지 못했다.
- 세 과목의 합계에서 1등을 한 학생은 수학에서는 2등을 하였다.
- 유빈이는 영어에서 4등을 했고 수학에서는 4등을 하지 않았다.
- 모든 과목에서 1등은 100점, 2등은 90점, 3등은 80점, 그리고 4등은 70점을 받았다.
- 그 어떤 과목에서도 동점자가 발생하지 않았다.

A : 1등을 한 학생과 4등을 한 학생의 총점은 50점의 차이가 났다.
B : 전체 1등을 한 학생은 정희다.

① A만 옳다.

② B만 옳다.

③ A와 B 모두 옳다.

④ A와 B 모두 그르다.

⑤ A와 B 모두 옳은지 그른지 알 수 없다.

 영어에서는 재국이가 정희보다 잘했고, 영은이가 3등, 유빈이가 4등이므로 재국이가 1등, 정희가 2등을 하였다. 수학에서는 영은이가 3등이고 유빈이는 4등이 아니며 정희는 재국이보다 잘 하였으므로 재국이가 4등이다. 그런데 만약 유빈이가 2등을 하였으면 유빈이는 전체 1등인데, 국어에서 2등을 하여도(국어 1등은 영은이) 전체 점수가 영은이보다 좋을 수없다. 그러므로 수학에서 1등은 유빈이, 2등은 정희이다. 그러므로 정희는 전체 1등인데 정희의 총점이 영은이보다 좋아지기 위해서는 국어에서 2등이어야 한다. (영은이는 수학에서 2등을 하지 않았으므로 전체 1등이 될 수 없다.) 이상을 표로 정리하면 다음과 같다.

	국어	영어	수학
1등	영은	재국	유빈
2등	정희	정희	정희
3등	재국 또는 유빈	영은	영은
4등	유빈 또는 재국	유빈	재국

그러므로 정희가 총점 270점으로 1등, 영은이가 총점 260점으로 2등, 그리고 재국이와 유빈이 중 한명이 총점 250점으로 3등, 나머지 한명이 총점 240점으로 4등을 하였다. 그러므로 1등과 4등의 총점은 30점의 차이가 나므로 A는 옳지 않다.

8

- 대회 첫날 B와 E, C와 D의 경기를 비롯한 총 네 경기를 했다.
- 둘째 날 C와 F의 경기를 포함한 준결승 두 경기를 했다.
- 셋째 날에는 결승전을 했다.
- 우승팀은 A이며, E, C, G에 승리했다.

A : A는 결승전에서 C에 승리했다.
B : C와 E는 준결승에서 만난다.

① A만 옳다.　　　　　　　　　　② B만 옳다.
③ A와 B 모두 옳다.　　　　　　　④ A와 B 모두 그르다.
⑤ A와 B 모두 옳은지 그른지 알 수 없다.

 C와 F가 준결승전에서 맞붙기 위해서 우승팀인 A는 준결승전에서 E나 G와 만나야 한다. 그리고 C와 A는 결승전에서 맞붙게 된다. 그런데 문제의 주어진 사실을 조합하면, 대회 첫 날에는 (C, D), (F, H), (B, E), (G, A)의 대진표가 완성된다. 대회 둘째 날의 대진표는 (C, F), (E, A)가 되고, 결승전은 (C, A)간의 경기가 된다.

9

- X는 변호사 아니면 아나운서이다.
- 모든 아나운서는 파란 넥타이를 착용한다.
- X는 붉은 넥타이를 착용했다.

A : X는 변호사이다.
B : X는 아나운서이다.

① A만 옳다.　　　　　　　　　　② B만 옳다.
③ A와 B 모두 옳다.　　　　　　　④ A와 B 모두 그르다.
⑤ A와 B 모두 옳은지 그른지 알 수 없다.

 X는 변호사 아니면 아나운서 둘 중 하나인데, 모든 아나운서는 파란 넥타이를 착용하고 X 는 붉은 넥타이를 착용했다. 따라서 아나운서가 아니기 때문에 X는 변호사이다. 따라서 A 만 옳다.

10

- 책상에 낙서를 한 용의자로 4명을 알아냈다. 이들 중 세 명은 참말만을 하며, 범인만이 거짓을 말한다고 한다.
- 중기 : 나는 혜교가 낙서하는 것을 분명히 봤어.
- 혜교 : 내가 낙서했다는 중기의 말은 결단코 거짓이야.
- 에릭 : 나는 절대로 책상에 낙서하는 일 따위는 하지 않아.
- 철호 : 에릭과 나와 혜교는 함께 있었는데, 우리 셋은 책상 근처에도 가지 않았어.

A : 거짓말을 하고 있는 것은 철호다.
B : 범인은 중기다.

① A만 옳다.
② B만 옳다.
③ A와 B 모두 옳다.
④ A와 B 모두 그르다.
⑤ A와 B 모두 옳은지 그른지 알 수 없다.

> (Tip) 중기의 말이 참이라면 철호의 말과 위배된다. 중기의 말이 거짓이고, 중기가 범인이라면 모든 조건이 성립된다.

11

- 다섯 사람 A, B, C, D, E가 달리기 경주를 하였다.
- 경기 결과에 대한 인터뷰 내용은 다음과 같으며 모두 진실을 말하였다.
- A : 나는 꼴찌를 하지 않았다.
- B : 나는 E보다 나중에 들어왔다.
- C : 나는 3등을 하였다.
- D : 나는 E보다 앞서 들어왔다.
- E : 나보다 A가 먼저 들어왔다.

A : E는 4등으로 들어왔다.
B : B는 꼴찌를 하지 않았다.

① A만 옳다.
② B만 옳다.
③ A와 B 모두 옳다.
④ A와 B 모두 그르다.
⑤ A와 B 모두 옳은지 그른지 알 수 없다.

Tip 조건에 따라 생각해보면 다음과 같은 두 가지 경우가 존재하게 된다.

D	A
A	D
C	C
E	E
B	B

따라서 A만 옳다.

12

- 갑, 을, 병, 정 네 사람의 절도용의자가 심문을 받고 있다.
- 네 사람 중 단 한사람만이 진실을 말하였다.
- 절도범은 1명이다.
- 갑 : 을이 절도를 하였다.
- 을 : 정이 절도를 하였다.
- 병 : 나는 훔치지 않았다.
- 정 : 을은 거짓말을 하고 있다.

A : 정이 진실을 말한 경우만 모순이 생기지 않는다.
B : 병이 절도범이다.

① A만 옳다.
② B만 옳다.
③ A와 B 모두 옳다.
④ A와 B 모두 그르다.
⑤ A와 B 모두 옳은지 그른지 알 수 없다.

ⓐ 갑의 말이 진실일 때 : 병, 정의 말도 진실이 되므로 모순된다.
ⓑ 을의 말이 진실일 때 : 병의 말도 진실이 되므로 모순된다.
ⓒ 병의 말이 진실일 때 : 갑과 을의 말이 거짓이므로 을과 정은 절도범이 아니다. 병도 절도범이 아니므로, 갑이 절도범이 된다. 그런데 정의 말이 거짓이라면 을의 말이 사실이 되므로 정이 절도범이 되어야 한다. 따라서 모순이다.
ⓓ 정의 말이 진실일 때 : 을은 거짓말을 하고 있으므로, 정이 절도를 하지 않았다. 병의 말은 거짓말이므로 병이 절도범이 된다. 갑의 말도 거짓이 되므로 모든 조건이 성립하게 된다.

Answer ↦ 11.① 12.③

13

• A, B, C 세 나라가 동서방향으로 나란히 이웃하고 있다.

• 이 세 나라는 기독교, 이슬람교, 그리고 가톨릭교 중에서 하나의 종교를 국교로 정하고 있다.

• 가톨릭교를 국교로 한 나라는 가장 동쪽에 있다.

• B 나라는 A 나라의 서쪽에 있다.

• C 나라는 기독교를 국교로 하고 있다.

A : C 나라는 가장 서쪽에 위치하고 있다.

B : A 나라는 이슬람교를 국교로 하고 있다.

① A만 옳다.

② B만 옳다.

③ A와 B 모두 옳다.

④ A와 B 모두 그르다.

⑤ A와 B 모두 옳은지 그른지 알 수 없다.

 주어진 조건에 의하면 각 나라의 위치와 종교는 다음과 같다.

서쪽 ←	C	B	A	→ 동쪽
	기독교	이슬람교	가톨릭교	

C 나라는 가장 서쪽에 위치하고 있으므로 항상 옳다. A 나라는 가톨릭교를 국교로 하고 있으므로 옳지 않다.

14

> • 다음 중 1명만 거짓말을 하고 있다.
> • A : B는 나보고 가장 크다고 하지만 그것은 거짓말이다.
> • B : A가 가장 크다.
> • C : 나는 A보다 크다.
> • D : 나는 A보다 작다.
> • E : D는 나와 B보다 크다.

> A : 5명 중 가장 키가 큰 학생은 C이다.
> B : 거짓말을 하고 있는 학생은 B이다.

① A만 옳다.

② B만 옳다.

③ A와 B 모두 옳다.

④ A와 B 모두 그르다.

⑤ A와 B 모두 옳은지 그른지 알 수 없다.

 A와 B가 서로 상반된 말을 하고 있으므로 둘 중 하나가 거짓말을 하고 있다.

　　ⓐ A가 거짓인 경우 : B의 말이 참, C가 거짓이므로 A와 C 둘 다 거짓이 되어 문제에서 1명만 거짓말을 한다는 말에 위배된다.

　　ⓑ B가 거짓인 경우 : A, C, D, E의 말이 모두 참이므로 B가 거짓을 말하고 있고 C의 키가 가장 크다.

Answer⤻ 13.① 14.③

15

> - 정희, 철수, 순이, 영희는 다음에 따라 영어, 불어, 독어, 일어를 배운다.
> - 네 사람은 각각 최소한 한 가지 언어를 그리고 많아야 세 가지 언어를 배운다.
> - 한 사람만 영어를 배운다.
> - 두 사람만 불어를 배운다.
> - 독어를 배우는 사람은 최소 두 명이다.
> - 일어를 배우는 사람은 모두 세 명이다.
> - 정희나 철수가 배우는 어떤 언어도 순이는 배우지 않는다.
> - 순이가 배우는 어떤 언어도 영희는 배우지 않는다.
> - 정희가 배우는 언어는 모두 영희도 배운다.
> - 영희가 배우는 언어 중에 정희가 배우지만 철수는 배우지 않는 언어가 있다.

> A : 순이는 영어를 배운다.
> B : 영희는 불어, 독어, 일어를 배운다.

① A만 옳다.

② B만 옳다.

③ A와 B 모두 옳다.

④ A와 B 모두 그르다.

⑤ A와 B 모두 옳은지 그른지 알 수 없다.

정희나 철수가 배우는 어떤 언어도 순이는 배우지 않고, 순이가 배우는 어떤 언어도 영희는 배우지 않으므로 순이가 영어만 배운다.

	영어(1명)	불어(2명)	독어(최소 2명)	일어(3명)
정희	×			
철수	×			
순이	○	×	×	×
영희	×			

일어는 3명이 배우므로 정희, 철수, 영희가 배운다.

	영어(1명)	불어(2명)	독어(최소 2명)	일어(3명)
정희	×			○
철수	×			○
순이	○	×	×	×
영희	×			○

영희가 배우는 언어 중에 정희가 배우지만 철수는 배우지 않는 언어는 불어다.(불어는 2명이므로)

	영어(1명)	불어(2명)	독어(최소 2명)	일어(3명)
정희	×	○		○
철수	×	×		○
순이	○	×	×	×
영희	×	○		○

독어는 최소 2명이므로, 정희와 영희는 배우지만 철수가 배우는지 아닌지 알 수 없다.

	영어(1명)	불어(2명)	독어(최소 2명)	일어(3명)
정희	×	○	○	○
철수	×	×	?	○
순이	○	×	×	×
영희	×	○	○	○

따라서 순이는 영어를 배우고, 영희는 불어, 독어, 일어를 배운다.

16

- A는 B보다 걸음이 빠르지 않다.
- C는 A보다 걸음이 느리다.
- D는 C와 걷는 속도가 똑같다.

A : C는 B보다 걸음이 느리지 않다.
B : B는 D보다 걸음이 빠르다.

① A만 옳다.
② B만 옳다.
③ A와 B 모두 옳다.
④ A와 B 모두 그르다.
⑤ A와 B 모두 옳은지 그른지 알 수 없다.

 A는 B보다 걸음이 느리고, C는 A보다 걸음이 느리므로 C<A<B의 순서가 된다.
C는 B보다 걸음이 느리므로 옳지 않다.
D는 C와 속도가 같으므로, B는 D보다 걸음이 빠르다. 따라서 옳은 결론이 된다.

17

- 갑·을·병·정·무·기 여섯 명이 학기말 시험을 치렀다.
- 동점자는 없었으며, 묘하게도 각자 5점씩 차이가 났다.
- 최고 점수는 병의 95점인데, 정과는 10점 차이가 났다.
- 기는 정과는 10점 차이가 나고 갑과는 15점 차이가 났다.

A : 을이 80점이다.
B : 무가 꼴찌를 하였다.

① A만 옳다.
② B만 옳다.
③ A와 B 모두 옳다.
④ A와 B 모두 그르다.
⑤ A와 B 모두 옳은지 그른지 알 수 없다.

주어진 조건에 의해 정리해보면 다음과 같다.

등수	이름	점수
1등	병	95
2등	갑	90
3등	정	85
4등		80
5등	기	75
6등		70

을과 무의 점수와 등수는 알 수 없다.

18 다음 조건을 읽고 옳은 설명을 고르시오.

- 50명에게 영화, 퀴즈프로그램, 야구중계의 3가지에 대해서 조사했다.
- 영화를 본 사람은 20명이다.
- 퀴즈프로그램을 본 사람은 19명이다.
- 영화와 퀴즈프로그램을 본 사람은 8명이다.
- 퀴즈프로그램과 야구중계를 본 사람은 6명이다.
- 야구중계와 영화를 본 사람은 7명이다.
- 3가지 모두 본 사람은 없었지만 3가지 모두 보지 않은 사람은 12명이다.

A : 영화만 본 사람은 5명이다.
B : 야구중계를 본 사람은 20명이다.

① A만 옳다.
② B만 옳다.
③ A와 B 모두 옳다.
④ A와 B 모두 그르다.
⑤ A와 B 모두 옳은지 그른지 알 수 없다.

 영화만 본 사람 : $20-7-8=5$(명)
퀴즈프로그램만 본 사람 : $19-8-6=5$(명)
야구중계를 본 사람 : $50-(12+5+5+8)=20$(명)

Answer ↪ 16.② 17.⑤ 18.③

19

> • 모든 A는 B다.
> • 모든 B는 C이다.
> • 어떤 D는 B다.
> • 어떠한 E도 B가 아니다.

> A : 모든 A는 C다.
> B : 어떤 C는 B다.

① A만 옳다.

② B만 옳다.

③ A와 B 모두 옳다.

④ A와 B 모두 그르다.

⑤ A와 B 모두 옳은지 그른지 알 수 없다.

Tip 모든 A는 B이고, 모든 B는 C이므로 모든 A는 C이다. 또한 모든 B는 C라고 했으므로 어떤 C는 B이다. 따라서 모두 옳다.

20

- 5명은 착한 사람이 아니면 나쁜 사람이며, 중간적인 성향은 없다.
- 3명은 항상 진실만을 말하는 착한 사람이고, 2명은 항상 거짓말만 하는 나쁜 사람이다.
- 주현 : 나는 착한 사람이다.
- 영숙 : 주현이가 착한 사람이면, 창엽이도 착한 사람이다.
- 혜정 : 창엽이가 나쁜 사람이면, 주현이도 나쁜 사람이다.
- 창엽 : 명진이가 착한 사람이면, 주현이도 착한 사람이다.
- 명진 : 주현이는 나쁜 사람이다.

A : 착한 사람은 영숙, 혜정, 명진이다.
B : 나쁜 사람은 주현, 명진이다.

① A만 옳다.
② B만 옳다.
③ A와 B 모두 옳다.
④ A와 B 모두 그르다.
⑤ A와 B 모두 옳은지 그른지 알 수 없다.

 주현과 명진의 말이 모순되므로 두 사람 중 한 명은 나쁜 사람이 된다. 명진의 말이 진실일 경우 다음과 같이 생각해볼 수 있다.

주현(거짓)	영숙	혜정	창엽	명진(진실)
나쁜 사람				착한 사람

명진은 착한 사람인데 주현은 나쁜 사람이므로, 창엽의 말은 거짓이다.

주현(거짓)	영숙	혜정	창엽(거짓)	명진(진실)
나쁜 사람			나쁜 사람	착한 사람

따라서 혜정의 말은 진실이며, 혜정은 착한 사람이다. 3명이 진실을 말하는 착한 사람이라고 했으므로, 영숙의 말도 진실이며, 영숙은 착한 사람이 된다.

주현(거짓)	영숙(진실)	혜정(진실)	창엽(거짓)	명진(진실)
나쁜 사람	착한 사람	착한 사람	나쁜 사람	착한 사람

따라서 영숙, 혜정, 명진은 착한 사람이며, 주현과 창엽은 나쁜 사람이다.

21

| 5   5   10   30   ( ) |

① 100   ② 120

③ 140   ④ 160

⑤ 180

> **Tip** ×1, ×2, ×3, ×4로 변하고 있다.
> 그러므로 30×4=120

22

| 47   50   44   53   ( ) |

① 31   ② 41

③ 51   ④ 61

⑤ 71

> **Tip** +3, −6, +9, −12로 변하고 있다.
> 그러므로 53−12=41

23

| 7   35   140   420   ( ) |

① 840   ② 740

③ 640   ④ 540

⑤ 440

> **Tip** ×5, ×4, ×3, ×2로 변하고 있다.
> 그러므로 420×2=840

24

| 45 45 90 30 ( ) |

① 80　　　　　　　　　　② 90

③ 100　　　　　　　　　④ 110

⑤ 120

 ÷1, ×2, ÷3, ×4로 변하고 있다.
그러므로 30×4=120

25

| 6 11 21 36 ( ) |

① 55　　　　　　　　　　② 56

③ 57　　　　　　　　　　④ 58

⑤ 59

 +5, +10, +15, +20으로 변하고 있다.
그러므로 36+20=56

26

| 7 9 13 21 ( ) |

① 36　　　　　　　　　　② 37

③ 40　　　　　　　　　　④ 42

⑤ 45

 $7 + 2^1 = 9$, $9 + 2^2 = 13$, $13 + 2^3 = 21$
처음 숫자에서 2^1, 2^2, 2^3 …순으로 덧셈이 되고 있으므로 $21 + 2^4 = 37$

Answer → 21.② 22.② 23.① 24.⑤ 25.② 26.②

27

| 1　1　2　3　5　8　13　(　) |

① 17　　　　　　　　　　② 21

③ 23　　　　　　　　　　④ 25

⑤ 27

(Tip) 3항부터 이전의 두 항을 더한 값으로 이루어지게 되는 전형적인 피보나치수열이다.
그러므로 8 + 13 = 21

28

| 3　1　3　1　4　2　10　(　) |

① 5　　　　　　　　　　② 6

③ 7　　　　　　　　　　④ 8

⑤ 9

(Tip) $-2, \times3, -2, \times4, -2, \times5, -2 \cdots$
따라서 $10 - 2 = 8$

29

| 2　6　4　　　7　21　19　　　9　27 (　) |

① 21　　　　　　　　　　② 23

③ 25　　　　　　　　　　④ 27

⑤ 29

(Tip) 첫 번째 수에서 3을 곱하면 두 번째 수가, 두 번째 수에서 2를 빼면 세 번째 수가 나온다.
그러므로 $(9 \times 3) - 2 = 25$

30 다음 기호의 규칙을 보고 빈칸에 알맞은 것을 고르시오.

$$3 * 5 = 13 \quad 4 * 7 = 25 \quad 5 * 9 = 41 \quad (7 * 11) * 3 = (\quad)$$

① 287

② 288

③ 289

④ 290

⑤ 291

(Tip) 두 수를 곱한 후 뒤의 숫자를 뺀 후 처음 숫자를 더하는 규칙을 가지고 있다.
그러므로 $7 * 11 = (7 \times 11) - 11 + 7 = 73$, $73 * 3 = (73 \times 3) - 3 + 73 = 289$

31

$$1 \quad 4 \quad 2 \quad 5 \quad 3 \quad 6 \quad 4 \quad 7 \quad (\quad)$$

① 3

② 4

③ 5

④ 8

⑤ 10

(Tip) $+3$, -2의 규칙이 반복되고 있다.

32

$$100 \quad 50 \quad 10 \quad (\quad) \quad -40 \quad -50$$

① 20

② 10

③ 0

④ -10

⑤ -20

(Tip) -50, -40, -30, -20, -10의 규칙이다.

Answer ➔ 27.② 28.④ 29.③ 30.③ 31.③ 32.⑤

33

| 1 5 2 10 7 35 ( ) |

① 32

② 37

③ 38

④ 47

⑤ 56

(Tip) ×5, −3의 규칙이 반복되고 있다.

34

| ( ) 12 36 6 18 3 |

① 100

② 86

③ 72

④ 64

⑤ 59

(Tip) ÷6, ×3의 규칙이 반복되고 있다.

35

| 625 125 25 5 ( ) 0.2 0.04 |

① 0

② 1

③ 2

④ 3

⑤ 4

(Tip) ÷5의 규칙이 반복되고 있다.

36

72 60 48 (   ) 24 12

① 36   ② 34

③ 32   ④ 30

⑤ 28

Tip −12의 규칙이 반복되고 있다.

37

$$100 \quad 10 \quad 80 \quad \frac{40}{3} \quad \frac{160}{3} \quad (\quad)$$

① $\dfrac{125}{3}$ ② $\dfrac{80}{3}$

③ $\dfrac{50}{3}$ ④ $\dfrac{16}{3}$

⑤ $\dfrac{13}{3}$

Tip $\div 10$, $\times 8$, $\div 6$, $\times 4$, $\div 2$의 규칙이 적용되고 있다.

38

6 13 20 27 (   ) 41

① 38   ② 37

③ 36   ④ 36

⑤ 34

Tip +7의 규칙이 반복되고 있다.

Answer → 33.①   34.③   35.②   36.①   37.②   38.⑤

39

| | | 3 | 12 | 27 | 48 | 75 | 108 | ( ) | | |

① 147   ② 150

③ 153   ④ 156

⑤ 160

 +9, +15, +21, +27, +33, +39가 더해졌는데, 더해진 숫자 사이의 규칙을 보면 6씩 커지고 있다.

40

| | | 14 | 16 | 48 | ( ) | 150 | 152 | 456 | | |

① 146   ② 125

③ 100   ④ 50

⑤ 25

 +2, ×3의 규칙이 반복되고 있다.

04 공간지각영역

❚1~30❚ 다음 두 블록을 합쳤을 때 나올 수 없는 형태를 고르시오.

1

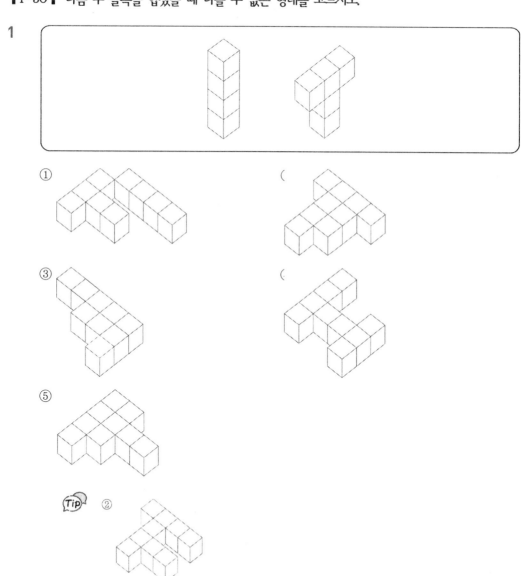

2

①

(

③

(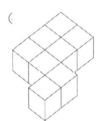

⑤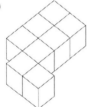

 ③

3

①

(

③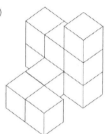

(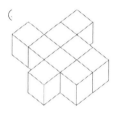

⑤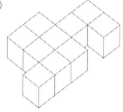

(Tip) ④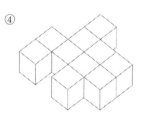

Answer → 2.③ 3.④

4

①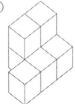

(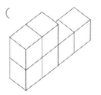

③

(

⑤

 ②

5

①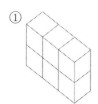

(

③

(

⑤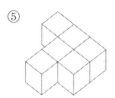

(Tip) ②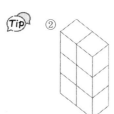

Answer → 4.② 5.②

6

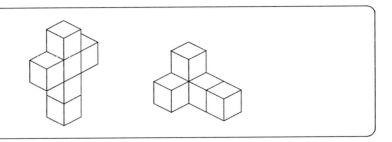

①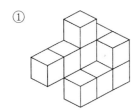

②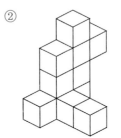

③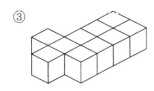

④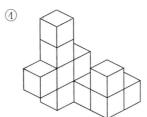

⑤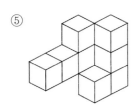

Tip ③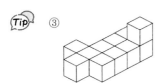

7

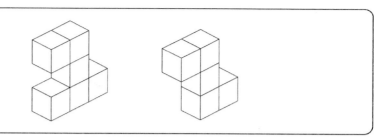

①

②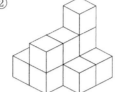

③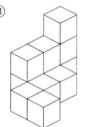

④

⑤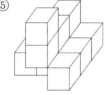

Tip ④

Answer ⟶ 6.③ 7.④

8

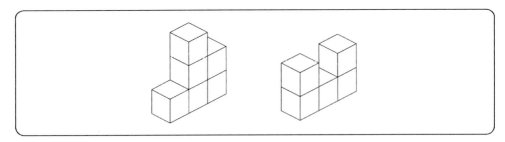

①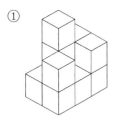

②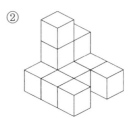

③

④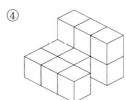

⑤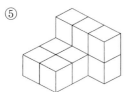

(Tip) ⑤

9

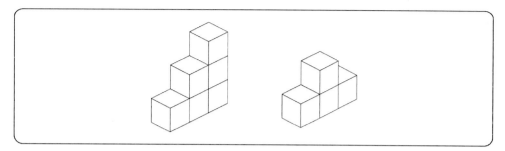

①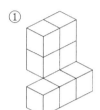

②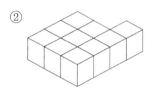

③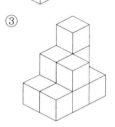

④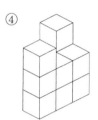

⑤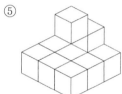

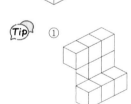

10

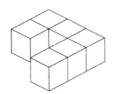 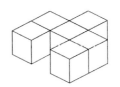

①

②

③

④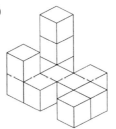

⑤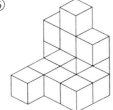

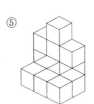 ⑤

11

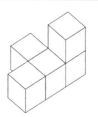

①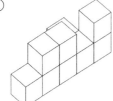

②

③

④

⑤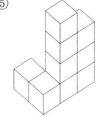

(Tip) ③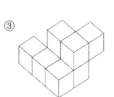

Answer ↪ 10.⑤ 11.③

12

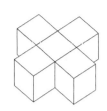 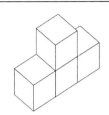

①

②

③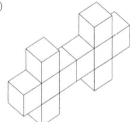

④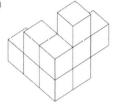

⑤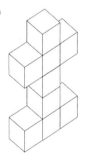

  ③

13

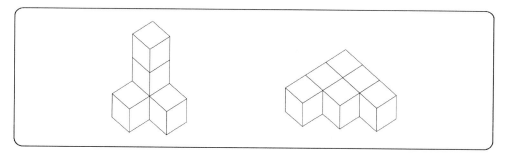

①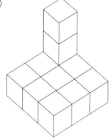

②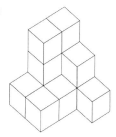

③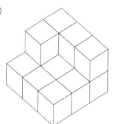

④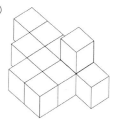

⑤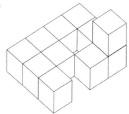

(Tip) ②

Answer → 12.③　13.②

14

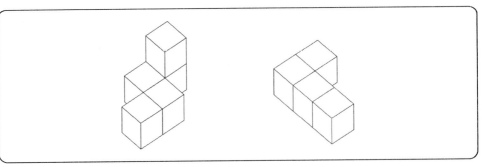

①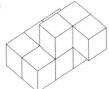

②

③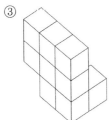

④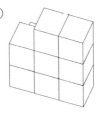

⑤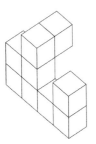

Tip ②

15

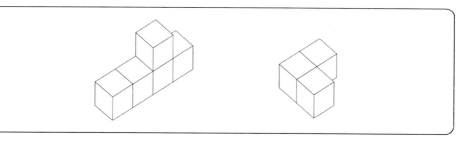

①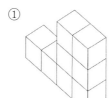

②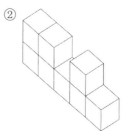

③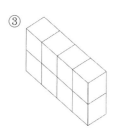

④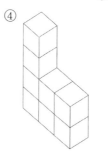

⑤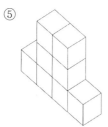

(Tip) ③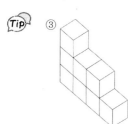

Answer⌐▸ 14.② 15.③

16

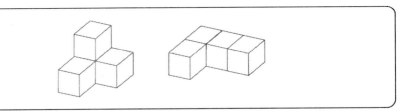

①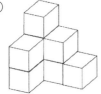

②

③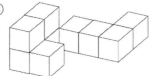

④

⑤

(Tip) ③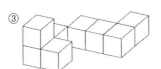

17

①

②

③

④

⑤

Tip ③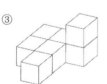

Answer → 16.③ 17.③

18

 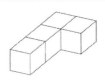

① 　②

③ 　④

⑤

(Tip) ⑤

19

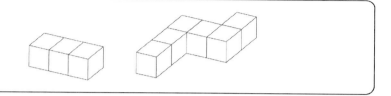

①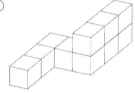

②

③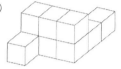

④

⑤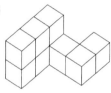

Tip ①

Answer → 18.⑤ 19.①

20

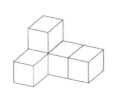

①

②

③

④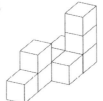

⑤

(Tip) ②

21

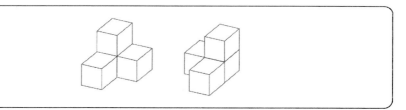

①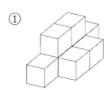

②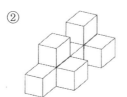

③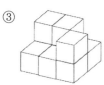

④

⑤

(Tip) ③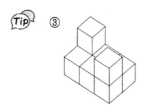

Answer→ 20.② 21.③

22

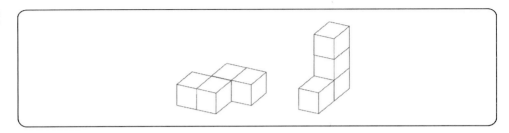

①

②

③

④

⑤

(Tip) ②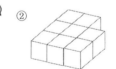

23

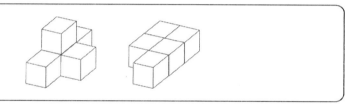

①

②

③

④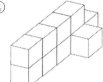

⑤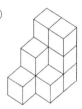

(Tip) ②

Answer → 22.② 23.②

24

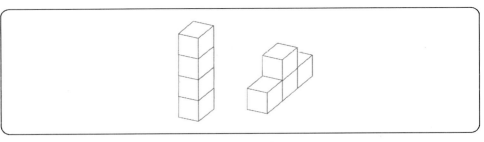

①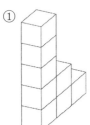

②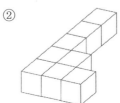

③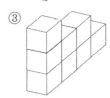

④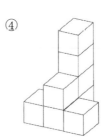

⑤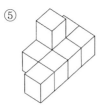

(Tip) ③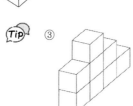

25

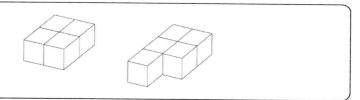

①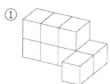

②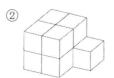

③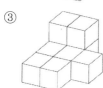

④

⑤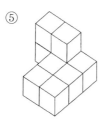

Tip ①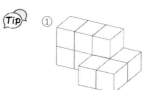

Answer ⟶ 24.③   25.①

26

①

②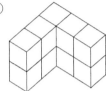

③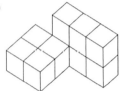

④

⑤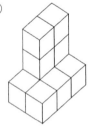

(Tip) ④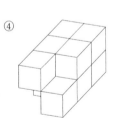

27

①

②

③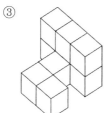

④

⑤

(Tip) ⑤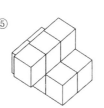

Answer ⤷ 26.④ 27.⑤

28

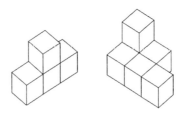

①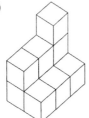

②

③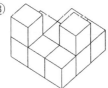

④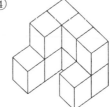

⑤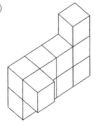

 ②

29

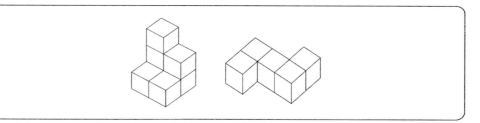

①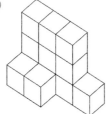

②

③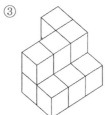

④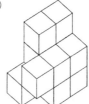

⑤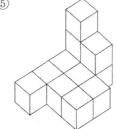

 ③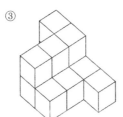

Answer ↦ 28.② 29.③

30

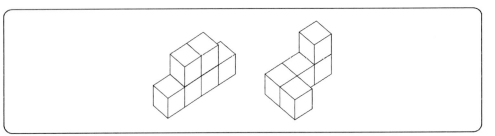

①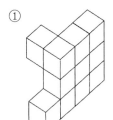

②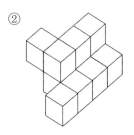

③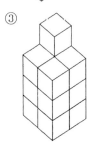

④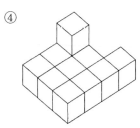

⑤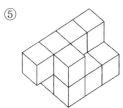

(Tip) ③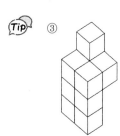

05 인문상식

1 다음 밑줄 친 부분의 사례에 해당하지 않는 것은?

> 지난 17일 CJ오쇼핑과 CJ E&M 양사는 합병을 결의하고 국내 최초의 <u>융복합 미디어 커머스</u> 기업으로 거듭난다고 밝혔다. CJ오쇼핑과 CJ E&M이 1 : 0.41 비율로 합병하며 오는 6월 주주총회 승인을 거쳐 8월 1일 합병을 완료할 계획이다.
> 이번 합병은 미디어빅뱅이라는 표현이 부족할 정도로 급변하고 있는 글로벌 미디어환경 변화에 대응하고, 미디어와 커머스가 융복합되는 새로운 시장을 선점하기 위한 선제적인 조치라고 회사 측은 설명했다.
> 양사가 글로벌 인프라를 상호 공유하면 글로벌사업은 즉시 확대될 것으로 보인다. CJ오쇼핑은 현재 태국, 필리핀, 말레이시아 등에서 현지 주요 미디어 기업과 합작 관계를 맺고 있고, CJ E&M은 베트남, 태국, 터키 등에 사업거점을 확보하고 있다. 상대회사가 구축한 네트워크를 기반으로 콘텐츠 IP를 활용한 커머스를 선보이거나 콘텐츠 합작사업 확대에 나설 계획이다.

① 비보이를 사랑한 발레리나
② 태양의 서커스
③ 라라랜드
④ 난타
⑤ 4D 영화관

Tip ⑤는 기술적인 부분으로 융복합 콘텐츠의 사례에 해당하지 않는다.

Answer → 30.③ / 1.⑤

2 다음 글과 유사한 목적을 가진 활동으로 옳은 것은?

> 선화공주님은
> 남 몰래 정을 통해 두고
> 서동 도련님(薯童房)을
> 밤에 몰래 안고 간다.

① CJ 문화재단　　　　　　　② CJ 꿈키움아카데미
③ CJ 도너스캠프　　　　　　④ CJ 서포터즈
⑤ 즐거운 동행

 제시된 글은 신라 향가 '서동요'이다. 서동은 입소문의 원천이 될 동네 아이들을 하나씩 자기 편으로 끌어여 친해진 뒤 서동요를 널리 퍼뜨리게 했다. 이는 바이럴 마케팅에 해당한다. 바이럴 마케팅은 입소문을 타고 저절로 확산되는 것을 뜻한다.

※ CJ 서포터즈
CJ E&M과 커빙은 대학생 서포터즈 공고 이후 공연기획괴 온/오프라인 마케팅에 관심 있는 대학생들의 폭발적인 지원 속에서 약 40여명의 우수한 대학생들과 함께 100일간의 서포터즈 활동을 진행한다. Play! M Live 대학생 서포터즈는 아티스트 인터뷰를 통한 웹진 제작, 자체 제작 콘텐츠 온라인 바이럴, 버스킹과공연기획등 다양한 온/오프라인 마케팅 활동을 진행하게 된다.

3 다음에서 설명하는 CJ그룹의 마케팅기법은 무엇인가?

> • 영화관에서 '조조할인' 서비스를 통하여 아침에 영화를 보는 고객에게 할인을 적용
> • 3~5시 사이 20~30대 딘치(Dinch)족들을 위한 외식업계의 차별화된 메뉴와 저렴한 가격 제시

① 드림슈머 마케팅
② 타임 마케팅
③ 게릴라 마케팅
④ 바이러스 마케팅
⑤ 시스템 마케팅

 타임 마케팅 … 짧은 시간 동안 저렴한 가격을 원하는 고객의 수요를 모아 주목 받음으로써 브랜드 이미지를 높이고, 경쟁력을 강화시키는 마케팅 기법으로 CJ푸드빌 패밀리레스토랑인 빕스의 경우 15주년 기념행사로 당일 점심 샐러드바를 1만 원에 판매하여 매장당 고객의 대기인원수를 초과하는 성공을 거두어 화제가 되었다.
① 잠재된 끼와 재능을 발휘해 새로운 도전과 꿈을 실현하고자 희망하는 소비자들을 지칭하는 드림슈머에게 꿈을 실현할 수 있는 기회를 제공함으로써 기업홍보를 하는 마케팅 방법
③ 게릴라 전술을 마케팅 전략에 응용한 것으로, 장소와 시간에 구애받지 않고 잠재고객이 많이 모인 공간에 갑자기 나타나 상품을 선전하거나 판매를 촉진하는 마케팅 방법
④ 네티즌의 커뮤니케이션 매체가 다양해지면서 이를 통하여 기업이 제품을 자발적으로 확산하면서 홍보하도록 하는 마케팅 방법
⑤ 판매활동을 조직적으로 하는 것으로 시장환경이 복잡해지고 제품의 종류가 많아지며 또 그 수명이 짧다는 조건 하에서 효율적인 판매를 하기 위해 판매를 지원하는 다양한 전략의 전개를 조직적으로 추진하는 마케팅 방법

Answer⌐▶ 2.④   3.②

4 다음 글이 설명하고 있는 프로그램에 해당하는 것은?

> 스타시스템 밖에 있는 다양한 장르의 신인 뮤지션들에게 평소 만나보고 싶었던 선배 뮤지션과의 공동작업, 음반제작 지원 및 홍보 마케팅, 공연무대 등 뮤지션의 음악적 성장에 필요한 부분을 순차적으로 지원하는 프로젝트다. 신인 뮤지션에게는 쇼케이스와 네트워크의 장을 마련해 주고, 음악시장에는 다양한 음악과 실력을 갖춘 음악인을 소개하는 가교 역할을 하고 있다.

① 튠업   ② 즐거운 동행
③ 크리에이티브마인즈   ④ CJ azit
⑤ 프로젝트S

 ② 대 – 중소기업간 상생과 동반성장 모델이자 브랜드이다.
③ 뮤지컬, 연극부문 신인 공연창작자의 신작 개발을 지원하는 프로그램이다.
④ 신인 창작자들의 자유로운 창작과 관객과 소통하는 공연을 지원하는 오프라인 플랫폼이다.
⑤ 영화, 방송, 웹툰, 웹드라마 등 다양한 장르의 창작물을 구상하고 기획하는 젊은 인재들의 아이템을 찾아 완성도 있는 작품이 될 수 있도록 지원하는 프로그램이다.

5 다음 지문의 내용과 관련이 없는 것은?

> CJ E&M 인기 콘텐츠들이 잇달아 해외에 포맷을 판매하는 쾌거를 이뤄내 주목을 끌고 있다. '꽃보다 할배' 미국 포맷 판매 이후 1여년 만에 '미국판 꽃할배'로 불리는 'Better Late Than Never'(美 NBC 방송 예정)가 오는 8월부터 촬영을 시작한다는 반가운 소식이 전해졌다.

① 더 지니어스   ② 식샤를 합시다
③ 너의 목소리가 보여   ④ 풍월주
⑤ 렛미인

 ① 영국, ② 러시아, ③ 중국, ⑤ 태국으로 각각 수출되었다.

6 다음 지문에서 공통적으로 묘사하고 있는 것으로 알맞은 것은?

> - 악마같이 검고 지옥처럼 뜨겁고, 천사같이 순수하고 사탕처럼 달콤하다.
> - 세상에 있는 모든 종교를 합친 것보다 더 강하며, 어쩌면 인간의 영혼 그 자체보다 강할 것이다.
> - 우리를 진지하고 엄숙하고 철학적으로 만든다.
> - 어둠처럼 검고 재즈는 선율처럼 따뜻했다. 내가 그 조그만 세계를 음미할 때 풍경은 나를 축복했다.

① 포도
② 콜라
③ 커피
④ 초콜릿
⑤ 카카오열매

 각각 탈레랑, 마크헬프린, 조나단 스위프트, 무라카미 하루키가 '커피'에 대해 묘사한 글들이다.

7 다음 밑줄 친 '심리'와 관련된 것으로 적절한 것은?

> CJ 오쇼핑에서는 사람들의 <u>심리</u>를 반영하여 전문가들이 좋은 상품을 추천해 주는 큐레이션 서비스를 제공하고 있다. 큐레이션이란 큐레이터처럼 인터넷에서 원하는 콘텐츠를 수집해 공유하고 가치를 부여하면서 다른 사람도 소비할 수 있도록 도와주는 서비스를 이르는 말이다. 빅데이터 속에서 허우적대는 정보과잉 시대에, 소비자들의 선택을 도와주는 서비스이다.

① 햄릿 증후군
② 놈코어
③ 파랑새 증후군
④ 노푸
⑤ 왝더독

Tip ① 음식 메뉴를 결정하는 것부터 결혼과 같은 대사를 치르는 과정에서 하나를 선택하지 못해 불안하거나 초조해 하는 사람들의 심리를 '햄릿증후군'이라고 한다.
② 이미 가지고 있는 아이템 활용으로 실용적이고 평범함을 추구하는 패션을 말한다.
③ 자신의 현재 일에는 별 흥미를 느끼지 못하고 장래의 막연한 행복만을 추구하는 현상을 말한다.
④ 샴푸제품을 사용하지 않고 물로만 머리를 감는 것이다.
⑤ 덤이 제품 구매를 결정하는 중요한 요인으로 떠오른 최근의 소비 트렌드를 말한다.

Answer ► 4.① 5.④ 6.③ 7.①

8 다음에서 각각 설명하는 용어들의 알파벳 첫 글자만 따서 순서대로 나열한 것은?

> ㉠ 특별이벤트 기간에 가입해 혜택은 다 누리고, 그 이후부터는 카드를 다시 쓰지 않는 고객
> ㉡ 부당한 이익을 취하고자 악성민원을 고의적, 상습적으로 제기하는 정여사 같은 고객
> ㉢ 소비만하는 수동적인 소비자에서 벗어나 소비뿐만 아니라 직접 제품의 생산, 개발에도 참여하는 생산하는 소비자

① B − B − P   ② D − B − T
③ C − B − P   ④ E − A − R
⑤ C − P − G

 ㉠ 체리피커(Cherry picker) : 신포도 대신 체리만 골라 먹는다고 해서 붙여진 명칭으로 기업의 상품 구매, 서비스 이용 실적은 좋지 않으면서 자신의 실속 챙기기에만 관심이 있는 소비자를 뜻한다.
㉡ 블랙컨슈머(Black consumer) : 악성을 뜻하는 블랙(black)과 소비자(consumer)의 합성 신조어로, 악성민원을 고의적, 상습적으로 제기하는 소비자를 뜻한다.
㉢ 프로슈머(Prosumer) : 앨빈 토플러가 저서 "제3의 물결"에서 주장한 생산자(producer)와 소비자(consumer)를 합성한 용어로, 기업들이 소비자가 제품의 개발을 요구하거나 아이디어를 제안하면 이를 수용해 신제품을 개발, 판매하는 마케팅기법이다.

9 다음 중 실버관련 공헌활동이 아닌 것은?

① 도움지기   ② 실버택배
③ 은빛누리 카페   ④ 이바구 자전거
⑤ 프로젝트S

 ⑤ 영화, 방송, 웹툰, 웹드라마 등 다양한 장르의 창작물을 구상하고 기획하는 젊은 인재들의 아이템을 찾아 완성도 있는 작품이 될 수 있도록 지원하는 프로그램이다.
① CJ CGV에서 60세 이상 장년층을 대상으로 하여, 극장 내 입장 및 퇴장 안내 등 현장 업무를 담당하도록 '도움지기'를 채용하고 있다.
② CJ대한통운은 2013년부터 실버 택배사업을 운영해왔다. 현재 서울, 부산, 경남 등 70여 개 거점에서 500여 명의 만 60세 이상 시니어 인력들이 참여하고 있다.
③ 시니어 인력이 운영하는 택배 사업장 안 카페이다.
④ 시니어 가이드가 전동 자전거에 관광객을 태우고 문화해설을 해 주는 지역 관광 프로그램이다.

10 다음 두 지문의 공통적인 내용으로 적절한 것은?

(가)	(나)
Imagine there's no heaven, It's easy if you try, No hell below us, Above us only sky, Imagine all the people living for today... Imagine there's no countries, It isn't hard to do, Nothing to kill or die for, No religion too, Imagine all the people living life in peace... (you)	길동에게는 평생 이루고 싶은 단 한 가지 꿈이 있었다. 백성들이 행복한 나라, 차별과 특혜가 없는 나라를 세우는 것이었다. 제도가 비록 풍족한 땅이지만 큰 나라가 되기에는 부족한 부분이 많았다. 길동은 남쪽에 있는 큰 나라 율도국을 전부터 마음에 두고 있었다. 율도국의 백성들 역시 희망을 줄 수 있는 새로운 나라를 원했다. (하략)

① 평화　　　　　　　　② 유토피아
③ 권력　　　　　　　　④ 평등
⑤ 자유

 (가)는 존레논의 'Imagine', (나)는 홍길동전에서 율도국에 관한 내용이다. 둘 다 현실적으로는 아무데도 존재하지 않는 이상의 나라인 '유토피아'를 그리고 있다.

11 다음에서 설명하고 있는 브랜드로 올바른 것은?

> NO 1. Korean food company인 CJ제일제당에서 오랫동안 쌓아온 한식에 대한 이해를 바탕으로 만든 브랜드로, 한식 고유의 전통에 현대인이 추구하는 가치를 더해, 새로운 라이프스타일을 만들어가는 글로벌 한식 대표 브랜드이다.
>
> 이 브랜드는 대표 한식 '비빔밥'에서 유래된 '비빔'의 철학을 담아, '비빔'과 영어 'go'를 합친 합성어이다. 'Mix'를 나타내는 '비빔'은 서로 다른 것이 만나 조화와 균형을 이룬다는 의미이며, 'go'는 한식 세계화를 향한 브랜드 의지를 담고 있다.
>
> 브랜드 로고는 대표 한식 '비빔밥'과 이를 내놓을 때 쓰이는 돌솥, 그리고 숟가락과 젓가락에 착안해서 만들어졌다.

① 해찬들
② 비비고
③ 고메
④ 다담
⑤ 산들애

 ① 해찬들은 '해가 가득 찬 들녘'의 줄임말로서, CJ주식회사의 장류 전문 브랜드이다.
③ 고메는 기존의 음식과 차별화 된 미식을 컨셉으로 한 음식 브랜드이다.
④ 다담은 요리를 쉽고 편리하게 할 수 있도록 도와주는 요리양념 제품 브랜드이다.
⑤ 산들애는 자연에서 온 재료로 맛을 내는 육수 제품 브랜드이다.

12 다음에서 설명하고 있는 용어로 올바른 것은?

> 영어의 '별 일 아니다(No Big Deal)'를 줄여 만든 축약어다. 소셜 미디어나 문자 메시지를 이용할 때 줄여서 사용하다 관용적으로 줄여 쓰게 된 말이다. 내용 그대로 어떤 것이 중요하지 않다는 의미로도 사용하고, 동시에 사실 중요한 일임에도 불구하고 별 일이 아니라는 식으로 문장 끝에 덧붙여 비꼬는 투로도 많이 쓰인다. 예를 들면 시험을 망친 학생이 "나 기말고사에서 79점을 맞았어. 평균보다 10점 낮은 점수야."라고 하는 식이다.

① WFP
② LAZE
③ NBD
④ COFIX
⑤ SWOT

① 세계식량안보와 극빈국의 농업개발문제, 식량개발에 관한 정책토의, 식량원조 모금, 개발도상국의 식량자급정책에 관한 지원을 하는 국제기구

② 용암을 뜻하는 영단어 'lava'와 아지랑이를 뜻하는 'haze'가 합쳐진 말로 미국 하와이 킬라우에아 화산 폭발로 흘러나온 용암에 의한 '유독성 연무'를 지칭하는 단어

④ 대한민국 내 9개 은행들이 제공한 자금조달 관련 정보를 기초로 하여 산출되는 자금조달비용지수

⑤ 기업의 내부 환경과 외부 환경을 분석하여 강점, 약점, 기회, 위험 요인을 규정하고 경영전략을 수립하는 기법

13 다음 빈칸에 공통적으로 들어갈 용어로 적절한 것은?

> 원래 _____이라는 단어는 라틴어 '빌라누스(villanus)'에서 유래된 것으로, 빌라누스는 고대 로마의 농장 '빌라(villa)'에서 일하는 농민들을 가리키는 말이었다. 빌라누스들은 차별과 곤궁에 시달리다 결국 상인과 귀족들의 재산을 약탈하고 폭력을 휘두르게 되었다. 이처럼 아픈 과거들로 인해 결국 악당으로 변모하게 됐다는 점에서, 창작물 등에서는 _____을 '악당'을 뜻하는 말로 사용하기 시작했다.
>
> 그러다 최근에는 _____이 무언가에 집착하거나 평범한 사람과 다른 행동을 보이는 '괴짜'를 일컫는 말로 확장돼 사용되고 있다. 이는 마블이나 DC코믹스 등의 히어로 영화에서 평범한 인물이 과도한 집착이나 이상한 계기 탓에 _____이 되는 것을 빗댄 것이다. 보통 이 말은 어떤 사람이 집착하는 대상 뒤에 _____이라는 말을 붙이는 식으로 사용된다.

① 빅블러   ② 컬리

③ 소호   ④ 성덕

⑤ 빌런

① 빅블러는 인공지능(AI), 빅데이터, 사물인터넷(IoT) 등 첨단정보통신기술(ICT)의 발달로 산업 경계가 모호해지는 현상을 말한다.

② 세계 최초 인공지능 컬링 로봇으로, 빙판 위에서 주행하며 스스로 경기 전략을 수립해 투구한다.

③ 'Small Office Home Office'의 앞글자를 따서 만든 용어로, 가정에서 인터넷 등과 같은 컴퓨터 통신망을 이용해 혼자의 힘으로 자신만의 사업을 영위해 가는 직업 형태를 말한다.

④ '성공한 덕후'를 줄여 이르는 말로, 자신이 좋아하고 몰두해 있는 분야에서 성공한 사람을 뜻한다.

Answer ↱ 11.②   12.③   13.⑤

14 다음에서 설명하고 있는 개념으로 옳은 것은?

> 일(Work)과 휴가(Vacation)의 합성어로, 원하는 곳에서 업무와 휴가를 동시에 소화할 수 있는 새로운 근무제도다. 이는 휴가지에서의 업무를 인정함으로써 직원들의 장기휴가 사용을 보다 쉽게 만드는 것이 취지다.

① 리볼빙　　　　　　　　　　　② 나비효과
③ 워라밸　　　　　　　　　　　④ 워케이션
⑤ 임파워먼트

① 카드 회원의 이용대금에 대해 매월 대금 결제시 카드사와 회원이 미리 약정한 청구율이나 청구액 만큼만 결제하는 제도
② 나비의 작은 날갯짓이 날씨 변화를 일으키듯, 미세한 변화나 작은 사건이 추후 예상하지 못한 엄청난 결과로 이어진다는 의미
③ 일과 삶의 균형이라는 뜻으로 "Work and Life Balance"의 준말
⑤ 조직 현장의 구성원에게 업무 재량을 위임하고 자주적이고 주체적인 체제 속에서 사람이나 조직의 의욕과 성과를 이끌어 내기 위한 '권한부여', '권한이양'의 의미

15 다음 빈칸에 들어갈 용어로 올바른 것은?

> _____은/는 일상에서의 작지만 진정한 행복을 말하는 것으로 덴마크의 '휘게(hygge)'나 스웨덴의 '라곰(lagom)', 프랑스의 '오캄(au calme)'과 맞닿아 있다.
> 일본 작가 무라카미 하루키는 한 수필집에서 행복을 '갓 구운 빵을 손으로 찢어 먹는 것, 서랍 안에 반듯하게 접어 넣은 속옷이 잔뜩 쌓여 있는 것' 등으로 정의했다.

① 쉼포족　　　　　　　　　　　② 소확행
③ 1코노미　　　　　　　　　　　④ 하이구이
⑤ 카피레프트

① 휴가를 포기할 정도로 바쁜 직장인
③ 1인과 이코노미의 합성어로, 혼자만의 소비 생활을 즐기는 사람
④ 중국의 귀국유학생을 뜻하는 말로, 중국 경제성장을 이끄는 원동세력으로 평가되고 있음
⑤ 지적 창작물에 대한 권리를 모든 사람이 공유할 수 있도록 하는 것 또는 그러한 운동

16 다음에서 설명하는 용어로 적절한 것은?

> '세계화'와 '현지화 또는 지역화'를 조합한 말로, 세계화(세계를 무대로 하는 경영 활동)와 현지화(현지의 시장에 가장 적합한 경영활동) 전략을 동시에 진행하는 기업의 경영기법을 의미한다. 다시 말해 세계화를 추구하면서도 현지의 문화에 적응하고 현지 고객의 특성과 욕구를 만족시키기 위한 경영전략을 가리키는 말이다.

① 로컬리제이션
② 크라우드 소싱
③ 니치 마케팅
④ 코즈 마케팅
⑤ 글로컬리제이션

 ⑤ 기업들이 자국시장을 벗어나 세계시장으로 진출했던 국제화 초기 단계에는 대부분 세계시장을 하나의 시장으로 간주하고 가능한 한 표준화된 제품을 대량생산하여 본사가 주도하는 관리를 통해 세계시장을 공략하는 세계화(글로벌화) 전략을 구사하였다. 하지만 해외시장의 국가별·지역별 문화 또는 고객 취향을 고려하지 않은 제품 표준화는 어떤 소비자도 만족시킬 수 없는 결과를 초래할 수 있기 때문에 현지 국가 또는 지역의 시장 요구에 맞춰 제품을 차별화하여 생산·공급하고 현지에 본사의 권한을 대폭 위임하여 경쟁력을 강화시키는 현지화 전략이 중요해졌으며, 현지화를 바탕으로 한 경영은 글로벌 기업의 생존전략으로 설정되고 있는 추세이다.

Answer↪ 14.④　15.②　16.⑤

17 다음 중 일인미디어에 관한 설명으로 옳지 않은 것은?

> 인터넷의 대중화에 힘입어 사회 곳곳에서 조금씩 영향력을 키워왔던 개인들이 이제는 미디어 영역에서도 목소리를 높이게 됐는데, 이른바 1인 미디어 시대가 등장한 것이다. 즉, 이제는 누구나 정보를 공유할 수 있는 송신자 겸 수신자의 형태로 진화하게 되었다.
> 인터넷 환경에서 '공유, 참여, 개방'으로 축약되는 웹 2.0 개념이 확산되면서 누구나 특별한 진입 장벽 없이 정보를 생산·가공하고 의견을 자유롭게 표출할 수 있게 되었기 때문이다. 인터넷의 대중화 이후 온라인 커뮤니케이션의 장으로 등장하게 된 1인 미디어는 블로그, 미니홈피, 트위터 등의 사용자를 급속도로 증가시켰으며, 이러한 커뮤니티의 변화로 인해 고전적 커뮤니티 구조인 송신자와 수신자의 구조에서 수평적 구조의 커뮤니티 현상을 가속화했다.

① 국내에서는 MCN 창작자들이 모인 회사로 CJ(종목홈) E&M이 만든 다이아 TV가 있다.
② 공유와 확산 속도가 빨라 그 파급력 역시 크다.
③ MCN 배포 플랫폼으로는 아프리카 TV, 판도라 TV 등이 있다.
④ 제작자 중심으로 나아가고 있다.
⑤ 블로그와 SNS로 대표할 수 있다.

> (Tip) ④ 1인 미디어는 소비자중심으로 한 개개인의 취향에 맞춘 세분화된 미디어이다.

18 아시아 작가로서는 최초로 세계 3대 문학상인 맨부커상을 받은 소설가의 작품으로, 영화로도 제작되었으며 CGV아트하우스에서도 상영되었던 것은?

① 모든 빛깔들의 밤   ② 소년을 위로해줘
③ 두근두근 내 인생   ④ 완득이
⑤ 채식주의자

> (Tip) 맨부커 인터내셔널상 수상작인 한강의 소설 '채식주의자'는 육식을 거부하는 아내를 바라보는 '나'의 이야기를 담은 작품이다.

19 다음 영화의 시대적 배경에 일어난 일이 아닌 것은?

① 농촌진흥운동　　　　　　　　② 만주사변

③ 국가총동원법 제정　　　　　　④ 조선의용대 창설

⑤ 회사령 철폐

> **Tip** 영화 '아가씨'는 1930년대의 시대적 상황을 반영하고 있다.
> ① 농촌진흥운동(1932)
> ② 만주사변(1931)
> ③ 국가총동원법 제정(1938)
> ④ 조선의용대 창설(1938)
> ⑤ 회사령 철폐(1920)

Answer→ 17.④　18.⑤　19.⑤

20 다음 헌법 조항과 관련된 드라마는?

> 모든 국민은 법률이 정하는 바에 의하여 납세의 의무를 진다.

① 나쁜녀석들   ② 뱀파이어 탐정

③ 38사기동대   ④ 리셋

⑤ 처용

 '38사기동대'는 세금 징수 공무원과 사기꾼이 합심하여, 편법으로 부를 축적하고 상습적으로 탈세를 저지르는 악덕 체납자들에게 세금을 징수하는 통쾌한 스토리를 다룬 드라마이다.

21 다음 (   ) 안에 들어갈 말과 관련이 있는 프로그램으로 적절한 것은?

> • 짧은 인생은 (   )의 허비로 인해 더욱 짧아진다.
> • 선천적으로 현명한 사람은 없다. (   )이 모든 것을 완성한다.
> • (   )과 정성을 들이지 않고 얻을 수 있는 결실은 없다.

① 나인   ② 풍선껌

③ 두 번째 스무살   ④ 오 나의 귀신님

⑤ 일리있는 사랑

 (   ) 안에 들어갈 말은 '시간'이다. '나인'은 남자 주인공이 20년 전 과거로 돌아갈 수 있는 신비의 향 9개를 얻게 되면서 펼쳐지는 흥미진진한 이야기로, 시간과 관련된 드라마이다.

22 다음 중 CSV 활동이 아닌 것은?

① 상생아카데미   ② 즐거운 동행

③ 거북이 마라톤   ④ 계절밥상

⑤ 실버택배

 CSV는 기업이 수익을 만든 뒤에 사회 공헌 활동을 하는 CRS와 달리, 기업 활동 자체가 사회적 가치를 만들어 내는 동시에 기업에 경제적인 이익을 가져오는 행위를 말한다.

23 다음 지문의 내용과 관련 있는 마케팅 믹스의 구성 요소를 모두 고르면?

> 지난 2012년 11월, 하이트진로사의 소주 참이슬의 누적 판매량이 200억 병을 돌파했다. 이는 1988년에 참이슬이 처음 출시된 이후로 하루 평균 389만 병, 1초당 45병이 팔린 셈이다. 이러한 성과에 영향을 미친 가장 큰 요인은 참이슬의 맛이었다. 참이슬은 잡미와 불순물이 제거된 부드러운 맛으로 출시 당시부터 인기를 끌었지만 회사는 이에 안주하지 않고 일곱 번이나 제품을 리뉴얼했다. 또한, 국내 주류 업계 1위 자리를 지키고 있었음에도 해외 시장을 개척하기 위해 노력했으며 특히 태국 시장에 진출했을 때에는 태국의 대표 주류 업체와 수출 및 유통 계약을 체결함으로써 성공적으로 현지에서 유통 루트를 확보할 수 있었다. 이뿐만 아니라 주류 광고에는 남자 모델이 나와야 한다는 기존의 관행을 깨고 여자 모델을 기용하여 부드러운 맛이라는 제품의 컨셉을 많은 소비자에게 각인시켰고, 그 결과 주류 업계의 대표 브랜드로 확고히 자리 잡을 수 있었다.

> ㉠ Product(제품) ㉡ Price(가격)
> ㉢ Place(유통경로) ㉣ Promotion(판매촉진)

① ㉠, ㉣ ② ㉡, ㉢
③ ㉢, ㉣ ④ ㉠, ㉢, ㉣
⑤ ㉡, ㉢, ㉣

 ㉠ 더 나은 품질을 위해 여러 차례 제품을 리뉴얼했다는 내용과 관련 있다.
㉢ 해외 시장 확보를 위해 태국 주류 업체와 수출 및 유통 계약을 체결했다는 내용과 관련 있다.
㉣ 제품의 특징을 소비자에게 효과적으로 전달하기 위해 기존의 관행을 깨고 광고에 여자 모델을 기용했다는 내용과 관련있다.

24 다음 글의 내용과 관련이 없는 것은?

> 통계청이 발표한 장래 인구 추계에 따르면 고령화가 급속히 진행되어 2018년에는 생산가구 5명, 2050년에는 1.4명이 노인 1명을 부양해야 한다. 젊은 인구의 노년층에 대한 부양 부담 증가는 물론 노인 스스로의 해결 능력을 높여야 한다는 점에서 노인복지 사업이 더욱 주목받고 있다.
>
> 한 사회복지시설 관계자는 "기초노령연금처럼 소득 하위 노인들에 대한 일률적인 연금 지급보다는, 공공서비스와 노인 일자리를 접목한다면 더 큰 파급효과를 누릴 수 있다"고 했다.
>
> 도 관계자는 "노인 일자리를 신청한 2016년 대기자가 현재 2만 5,374명에 이를 정도로 관심이 매우 높다"며 "다양한 유형의 안정적이고 지속적인 일자리 마련에 더욱 노력하겠다"고 했다.

① 장바구니 배달   ② 은빛누리 카페

③ 이어드림   ④ 실버택배

⑤ 이바구 자전거

Tip ③ 이어드림은 세계 최초 시각장애인용 TV이다.
① 기존 아파트 단지 내 실버택배 사업에 더해 마트에서 구입한 상품을 가정으로 배달해 주는 서비스
② 시니어 인력이 운영하는 택배 사업장 안 카페
④ 60세 이상의 어르신들이 지역 내 택배 배송원으로 근무하는 사업
⑤ 시니어 가이드가 전동 자전거에 관광객을 태우고 문화해설을 해주는 지역 관광 프로그램

25 다음 각 설명에 해당하는 국제기구에 공통적으로 들어가는 알파벳으로 적절한 것은?

> • 아시아와 태평양지역의 무역 증진과 지속적인 경제 성장을 위해 설립된 국제기구이다.
> • 지구의 기후변화에 대한 원인을 평가하고 국제적 대안을 마련하기 위해 세계기상기구(WMO)와 유엔환경계획(UNEP)이 공동으로 설립한 UN 산하의 국제협의체이다.
> • 회원국 간의 정책 조정과 협력을 통해 각 회원국의 경제 발전을 추구하고 전 세계적인 경제 문제에 공동으로 대응하기 위해 설립된 국제기구이다.

① A
② C
③ E
④ F
⑤ G

 첫 번째는 APEC, 두 번째는 IPCC, 세 번째는 OECD에 해당하는 설명이다. 따라서 공통적으로 들어가는 알파벳은 'C'이다.

26 다음과 같은 시대상을 영화로 만든다면 들어갈 수 있는 장면은?

> 근면 · 자조 · 협동의 기본적인 정신과 실천을 범국민적 · 범국가적으로 추진함으로써, 국가발전을 가속적으로 촉진시키려는 목적 하에 진행된 운동이다.
> 1971년 정부는 전국 3만 3,267개 행정 리 · 동에 시멘트 335부대씩을 지원하여 전 리 · 동에서 일제히 '새마을가꾸기운동'을 추진하게 했다.
> 새마을사업은 정부의 절대적 지원으로 전국으로 확대되면서, 단순한 농촌개발사업이 아니라 공장 · 도시 · 직장 등 한국사회 전체의 근대화운동으로 확대 · 발전하였다.

① 금모으기 운동
② 굴렁쇠 소년
③ 성수대교 붕괴 사고
④ 문맹 퇴치 운동
⑤ 장발 규제

 새마을운동과 관련 있는 시대상은 '장발 규제'이다. 1976년 5월 14일 치안본부(현 경찰청)는 전국 경찰에 일제 추방령을 내리고 남녀의 성별을 구별할 수 없을 정도의 긴 머리, 옆머리가 귀를 덮고 뒷머리카락이 옷깃을 덮는 머리, 파마 또는 여자의 단발 형태 머리를 하는 남자들에 대해 '뒷머리 하단은 이발기로 깎고 면도를 하며 옆 머리카락 길이가 귀 윗부분에 닿지 않도록 짧게 올려 깎으라는 구체적 지시를 내렸다. 서울에서는 일제단속을 하면서 시내에 임시 이발소까지 설치하여 즉석에서 머리를 강제로 깎아버리기도 했다.

Answer ➡ 24.③ 25.② 26.⑤

27 다음에서 설명하는 세 가지 내용에 알맞은 각각의 용어를 앞의 알파벳 이니셜만 따서 나열했을 때 해당하는 가수 이름은?

ⓘ 열량은 높지만 영양가는 낮은 패스트푸드·인스턴트 식품의 총칭
ⓛ 맥그리거가 주장한 조직관리에 있어서의 인간관 또는 인간에 관한 가설 유형 중 하나로 인간본성을 긍정적, 능동적으로 보고 이들 조직관리를 위해서는 민주적 관리유형이 필요하다고 보는 이론
ⓒ 첨단 단열공법을 이용하여 에너지의 낭비를 최소화한 건축물

---

① JYJ
② PSY
③ JYP
④ TOP
⑤ AOA

ⓘ 정크푸드(junk food) → J
ⓛ Y이론(Y theory) → Y
ⓒ 패시브 하우스(passive house) → P

28 다음에서 설명하는 '이것'은 무엇인가?

2015년 CJ제일제당은 세계 최초로 '이것' 상업화 생산에 성공했다. 이것은 건포도나 무화과, 밀 등에 존재하는 당 성분으로 설탕에 가까운 단맛을 내면서도 칼로리는 설탕의 5%도 되지 않는 초저칼로리 당 성분이다. 이것은 다른 식품과 혼합해 사용하면 칼로리를 크게 떨어뜨릴 뿐 아니라 체지방 감소 효과가 있다는 연구 결과도 발표되어 '꿈의 감미료'라고 일컬어지기도 한다.

---

① 사카린
② 타가토스
③ 꿀
④ 알룰로스
⑤ 타우린

제시문에서 설명하는 '이것'은 '알룰로스'로서 CJ제일제당은 세계 최초로 알룰로스 대량생산 효소 개발에 성공하여 알룰로스 액상당을 시장에 출시하였다.

29 다음 ( ) 안에 들어갈 말과 가장 관련 있는 것을 고르면?

> 모든 음식에는 궁합이라는 것이 있게 마련이다. 우리나라 음식은 밥과 반찬 그리고 국에 관해서라면 세계 어느 나라보다 훌륭한 궁합을 자랑한다. 서양 요리에서는 국물의 위치를 와인이 대신하고 있다고 볼 수 있다. 국물 없는 요리를 먹다가 입이 텁텁해질 때 쯤 마시는 한 모금의 와인은 요리의 맛을 한 층 더 훌륭하게 만들어준다.
> 그러므로 서양 요리에서 와인의 선택은 매우 중요한 부분일 수밖에 없는데, 이렇게 서로 잘 어울리는 와인과 요리의 결합을 프랑스어로 ( )라고 부른다.

① 칸타타
② 오페라
③ 레퀴엠
④ 아리아
⑤ 세레나데

 ( ) 안에 들어갈 말은 '마리아주'이다. 프랑스어로 결혼을 뜻하는 말이다. 이와 가장 관련된 것은 밤에 연인의 집 창가에서 부르거나 연주하던 사랑의 노래를 뜻하는 '세레나데'이다.

30 다음 글에서 설명하고 있는 것을 고르면?

> 김대리는 편의점에서 음료수를 하나 사고 갤럭시3를 꺼내 결제했다. 이 기술은 근거리 무선통신으로 칩에 교통카드와 신용카드를 내장해 지갑 기능을 대체할 수 있다. 또한 결제뿐만 아니라 티켓 발급, 모바일 쿠폰 발급, 데이터 공유 등 다양한 기능으로 활용할 수 있다.

① 블루투스
② Wi – fi
③ DMB
④ NFC
⑤ 안심결제

 NFC란 10cm 이내의 가까운 거리에서 다양한 무선 데이터를 주고받는 통신 기술 무선태그(RFID) 기술 중 하나로, 비접촉식 통신 기술을 말한다. 결제뿐만 아니라 슈퍼마켓이나 일반 상점에서 물품 정보나 방문객을 위한 여행 정보 전송, 교통, 출입통제, 잠금장치 등에 광범위하게 활용된다. 데이터 읽기와 쓰기가 모두 가능해 기존 RFID 사용을 위해 필요했던 리더가 필요없으며, 블루투스와 비슷하지만 기기 간 설정이 필요없다는 점이 다르다.

Answer → 27.③ 28.④ 29.⑤ 30.④

31 다음 그림에 대해 바르게 말하고 있는 사람을 아래에서 모두 고르면?

소현 : ㉠과 ㉡을 그린 화가는 서로 다른 인물이다.

정현 : ㉡의 화가는 ㉢의 화가에 비해 대상을 섬세하고 세련된 필치로 그렸다.

진현 : ㉡의 화가는 일반 서민들의 생업에 관계된 일상생활을 소재로 많이 다루었으며, ㉢의 화가는 한량과 기녀들의 풍류를 비롯한 남녀간의 로맨스를 주로 소재로 삼았다.

미현 : ㉠을 그린 화가와 ㉢을 그린 화가는 모두 조선 후기 풍속화를 대표하는 양대 거장으로 현실적이고 생동감 넘치는 풍속화로 유명하다.

① 진현, 정현
② 진현, 미현
③ 소현, 미현
④ 소현, 진현, 미현
⑤ 진현, 미현, 정현

 ㉠ 김홍도 – 씨름 ㉡ 김홍도 – 서당 ㉢ 신윤복 – 단오풍정
신윤복은 김홍도에 비해 대상을 섬세하고 세련된 필치로 그렸으며, 빨강, 파랑, 노랑의 3원색을 주조로 다채로운 색을 곁들여 묘사해 화려한 느낌을 주고 있다. 또한 18세기말에서 19세기 초의 환락적이고 유흥적이었던 서울의 분위기를 반영해 양반과 기생, 부인을 주인공으로 삼아 성적인 적나라함으로 신랄하게 양반을 풍자했다.
김홍도는 서민 생활의 일상적이고 소박한 삶과 사회상을 주로 그림의 소재로 삼았으며, 그림의 배경을 생략하고 먹물만 사용하여 그릴 대상의 특징과 윤곽을 빠른 붓놀림으로 잡아내어 간결하면서도 투박하고 담백한 맛을 풍기는 것이 특징이다.

32 다음 글과 같은 이론으로 설명이 불가능한 현상은?

> 1940년에 미국의 워싱턴주에 있는 타코마 해협을 횡단하는 길이 853m의 다리가 건설되었다. 이 다리는 현수교로 약한 바람이 불어도 좌우로 흔들리는 경향이 있었다. 개통식을 하고 4개월이 지난 11월 7일 아침, 시속 67km/h의 바람을 동반한 폭풍이 1시간 이상 불었고 타코마 다리는 옆으로 흔들리는 동시에 노면이 비틀리는 비틀림 진동이 가세하였다. 그 결과, 원인을 알 수 없는 진동에 의해 교량은 4개월 만에 붕괴되었다.

① 버스를 타면 멀미를 하는 것도 같은 현상이다.

② 테크노마트의 흔들림을 이와 같은 현상으로 설명하기도 한다.

③ 구급차가 나를 향해 다가올 때와 나에게서 멀어질 때의 사이렌 소리가 다르게 들리는 것도 같은 현상이다.

④ 사찰의 종소리가 일정한 소리로 울리는 현상도 같은 이론이다.

⑤ 라디오 주파수를 맞추거나 TV채널을 바꾸는 것 또한 같은 원리가 적용된다.

 제시된 글은 공명 현상에 대한 예이다. 모든 물체는 자신만의 고유 진동수를 가지고 있어 자신의 진동수와 똑같은 진동수를 지닌 음파가 와서 부딪히면 그 물체는 같은 진동수로 진동을 시작하는데 이를 공명 현상이라고 한다. 타코마 다리는 한 번의 강력한 바람에 의해 무너진 것이 아니라 바람의 진동수가 다리가 흔들리는 진동수와 일치하면서 점점 더 거세게 흔들리다가 결국은 무너져 내리고 만 것이다.
③은 도플러 효과에 관한 예로 운동상태에 따라 파장이 다르게 관측되는 것을 말한다. 이 현상은 오래 전부터 천문학에서 별의 시선속도를 결정하는 기초로 사용되어 왔다.

Answer 31.② 32.③

33 다음 그림과 같은 원리가 아닌 것은?

① 로켓이 가스를 내뿜으며 위로 나아간다.
② 총알이 발사될 때 총신은 뒤로 밀린다.
③ 육상 선수들이 결승점을 통과한 후에 바로 멈추지 못하고 천천히 속도를 낮춘다.
④ 배를 타고 노를 저어 앞으로 나아간다.
⑤ 내가 용수철을 세게 누르면 용수철은 나를 튕겨 날린다.

> (Tip) 제시된 사진은 스타팅 블록이다. 스타팅 블록은 육상경기에서 출발 시에 발이 땅을 차는 힘을
> 이용해 기록을 단축시킬 수 있는 역할을 하는 기구로 작용반작용의 원리를 이용한 것이다.
> ③ 운동 상태를 유지하려는 관성의 법칙에 관련된 예이다.

34 다음 글에서 설명하는 마케팅 기법에 관한 내용으로 옳지 않은 것은?

> 프랑스 월드컵 기간 동안 나이키는 파리 시내 중심지에 대형 테마공원 'NIKE Park'를 설치하여 젊은이들에게 무료로 개방하는가 하면, 테마파크 안에 고객 참여형 오락물을 설치해 내국인과 관광객들에게 깊은 인상을 심어주었다.
>
> 또 한편으로, 나이키 매장과 TV매체에서 나이키가 지원하는 브라질 국가 대표팀을 최대한 광고함으로써 월드컵 브랜드의 이미지를 고취시켰다.
>
> 결국 나이키와 축구, 월드컵을 연계한 효과적인 월드컵 마케팅을 통해 나이키는 많은 사람들에게 아디다스가 아닌 나이키를 월드컵의 공식스폰서로서 착각하게 만드는 성과를 거둘 수 있었다.

① 경쟁관계에 있는 공식 스폰서보다 많은 비용을 들인다.
② 특정 제품의 판매 촉진을 목적으로 한다.
③ 공식 스폰서가 얻을 수 있는 효과를 상대적으로 약화시킨다.
④ 사전에 철저하게 계획된 의도적인 활동이다.
⑤ 교묘히 규제를 피해 가는 마케팅 기법이다.

제시된 글은 '앰부시 마케팅(ambush marketing)'에 관한 설명이다. 앰부시 마케팅은 스포 츠 이벤트에서 공식적인 후원업체가 아니면서 광고 문구 등을 통해 올림픽과 관련이 있는 업체라는 인상을 심어주어 고객의 시선을 끌어 모으는 마케팅 전략이다. 경쟁관계에 있는 공식 스폰서 못지않은 비용을 들이는 것이지 더 많은 비용을 들이는 것은 아니다.

35 다음 ㉠, ㉡, ㉢에 공통으로 들어가는 단어를 찾고, 그와 관련된 서적을 고르면?

- (㉠) : 충청남도의 동북단에 위치하여 동으로는 충북 청원군과 서로는 공주시, 남으로는 대전광역시, 북으로는 천안시와 경계를 이루며 1읍 9면 14동 125리로 되어있다.
- (㉡) : 남극대륙 북쪽, 사우스쉐틀랜드 제도의 킹조지섬 바턴반도에 있는 한국 최초의 남극과학기지로, 남극의 무한한 자원개발에 참여할 수 있는 연고권을 획득하기 위해 설치하였다.
- (㉢) : 국내에서 가장 큰 규모의 사설 천문대로 경기대 여주수련원 내에 위치해 있다.

---

① 목민심서   ② 용비어천가
③ 열하일기   ④ 삼국유사
⑤ 삼국사기

 ㉠ <u>세종특별자치시</u>
㉡ 남극<u>세종</u>과학기지
㉢ <u>세종</u>천문대
㉠㉡㉢에 공통으로 들어가는 단어는 '세종'이다. 용비어천가는 1445년(세종 27년) 4월에 편 찬되어 1447년(세종 29년) 5월에 간행된 조선왕조의 창업을 송영한 노래이다. 125장에 달 하는 서사시로, 한글로 엮은 최초의 책이다.

Answer ➙ 33.③   34.①   35.②

36 다음 중 윤달에 관한 설명으로 옳지 않은 것은?

① 예로부터 윤달은 무탈한 달이라고 여겨 집수리나 이사와 조심해야 하는 집안 일을 마음 놓고 하였다.

② 계절의 길잡이로 태양의 움직이는 각도로 날짜가 구분된다.

③ 태음력상 역일과 계절이 서로 어긋나는 것을 막기 위해 끼워 넣은 달이다.

④ 음력에서 평년의 12개월보다 1개월 더 보태진 달이다.

⑤ 윤달에는 이장(移葬)을 하거나 수의(壽衣)를 하는 풍습이 전해 내려온다.

> (Tip) 절기에 관한 설명이다. 절기는 태양의 움직임을 따라 15° 간격으로 24개의 절기의 날짜로 구분된다.

37 다음 〈보기〉는 어떤 책의 본문 중 일부를 발췌한 것이다. 지도에서 〈보기〉와 관련이 있는 나라는 어디인가?

〈보기〉

자, 로테!
나는 두려움 없이 차갑고 으스스한 술잔을 손에 들고 죽음을 들이킵니다.
당신이 내게 준 술잔입니다.
두려워하지 않습니다.
이것으로 내 생애의 모든 소망이 다 이루어지는 것입니다.
이토록 냉정하게, 이토록 두려움 없이 죽음의 철문을 두드릴 수가 있다니!

① 프랑스 　　　　　　　　② 영국

③ 독일 　　　　　　　　　④ 이탈리아

⑤ 런던

〈보기〉는 괴테의 「젊은 베르테르의 슬픔」 중 한 구절이다. 괴테는 독일의 시인, 소설가, 극작가이자 자연과학자, 미술연구가, 정치가였다. 따라서 지도에서 독일을 찾아야 한다.

38 다음 중 제시된 글과 공통 특성을 갖지 않는 것은?

> '슛 포 러브'는 도심 한 복판에 설치된 게릴라 축구장에서 시민들이 한 골을 성공시킬 때마다 5,000원이 소아암 환아의 치료비로 기부되는 공익캠페인으로, 1,000골이 모이면 소아암 환아 1명의 생명을 구할 수 있다는 취지로 시작되었다.

① 서스펜디드 커피
② 아이스버킷 챌린지
③ 폭스바겐 피아노계단
④ CJ미네워터의 바코드롭
⑤ 롯데제과 스위트홈

 폭스바겐사는 스톡홀름의 한 역에 피아노 건반 모양의 소리 나는 계단을 설치하여 계단 이용률을 자연스럽게 끌어올림과 동시에 자사를 홍보하는 계기를 마련하였다. 이는 '넛지(nudge) 마케팅'의 한 예로 '타인의 선택을 유도하는 부드러운 개입'이라는 뜻이다. 금지와 명령이 아닌 팔꿈치로 옆구리를 슬쩍 치는 듯한 부드러운 권유로 타인의 바른 선택을 돕는 방법이다. 나머지 보기들은 기부와 관련된 내용에 해당한다.

① 돈이 없어 커피를 사 먹지 못하는 노숙자나 불우한 이웃을 위해 미리 돈을 내고 맡겨두는 커피를 말한다. 자신의 커피 값을 지급하면서 불우한 이웃의 커피 값도 미리 지급해 보관하는 식이다.

② 루게릭병(근위축성 측색 경화증 : ALS) 환자들에 대한 관심을 불러일으키고 기부금을 모으기 위해 미국에서 시작된 이벤트이다. 2014년 여름 미국에서 시작된 이 운동은 SNS를 타고 전 세계로 확산됐다. 참가자는 세 명을 지목해 "24시간 안에 이 도전을 받아들여 얼음물을 뒤집어쓰든지 100달러를 ALS단체에 기부하라"고 요구한다. 그 뒤 자신이 얼음물을 뒤집어쓰는 장면을 동영상으로 찍어 인터넷에 올린다.

④ CJ제일제당이 진행하는 캠페인으로 전국에서 판매되는 미네워터를 구입하는 소비자들 중 기부를 희망하는 소비자들이 기존의 미네워터 가격에 100원을 더 붙여 계산하도록 한 바코드를 말한다. 조성된 기부 금액은 유니세프를 통해 아프리카 어린이들이 마실 수 있는 깨끗한 물로 전달되며 1명이 기부할 때마다 300명의 어린이들에게 물을 나눠줄 수 있게 된다.

⑤ 롯데제과와 세이브더칠드런이 함께 한 지역아동센터 신축 프로젝트 사회공헌활동 CSR이다. 빼빼로 판매 수익금으로 열악한 시설환경의 문제를 갖고 있는 지역아동센터에 건물을 신축함으로써 아동친화적 공간 제공을 통해 아동들이 안전하고 쾌적한 환경에서 교육, 보호 받을 수 있도록 도와 아동권리 실천에 동참하기 위한 캠페인이다.

Answer ↱ 36.② 37.③ 38.③

39 다음 중 소설이나 만화를 원작으로 하지 않는 영화는?

①

②

③

④

⑤

 ① 미야베 미유키의 소설 「화차」
② 장 마르크 로셰트와 자크 로브의 만화 「설국열차」
④ 히가시노 게이고의 소설 「용의자 X의 헌신」
⑤ 공지영의 소설 「도가니」

40 다음 중 영화 〈명량〉 보다 시대적 배경이 늦은 영화로 알맞은 것은?

①

②

③

④

⑤

(Tip) 명량의 시대적 배경 : 1597년 임진왜란 6년
① 조선시대 연산조(1476~1506)
② 1636년 병자호란
③ 1453년 계유정난
④ 조선시대 중종(1488~1544)
⑤ 1448년, 세종 30년

Answer↳ 39.③ 40.②

PART

II

CJAT 인성검사

01 인성검사의 이해

1 인성(성격)검사의 개념과 목적

인성(성격)이란 개인을 특징짓는 평범하고 일상적인 사회적 이미지, 즉 지속적이고 일관된 공적 성격(Public - personality)이며, 환경에 대응함으로써 선천적 · 후천적 요소의 상호작용으로 결정화된 심리적 · 사회적 특성 및 경향을 의미한다.

인성검사는 직무적성검사를 실시하는 대부분의 기업체에서 병행하여 실시하고 있으며, 인성검사만 독자적으로 실시하는 기업도 있다.

기업체에서는 인성검사를 통하여 각 개인이 어떠한 성격 특성이 발달되어 있고, 어떤 특성이 얼마나 부족한지, 그것이 해당 직무의 특성 및 조직문화와 얼마나 맞는지를 알아보고 이에 적합한 인재를 선발하고자 한다. 또한 개인에게 적합한 직무 배분과 부족한 부분을 교육을 통해 보완하도록 할 수 있다.

인성검사의 측정요소는 검사방법에 따라 차이가 있다. 또한 각 기업체들이 사용하고 있는 인성검사는 기존에 개발된 인성검사방법에 각 기업체의 인재상을 적용하여 자신들에게 적합하게 재개발하여 사용하는 경우가 많다. 그러므로 기업체에서 요구하는 인재상을 파악하여 그에 따른 대비책을 준비하는 것이 바람직하다. 본서에서 제시된 인성검사는 크게 '특성'과 '유형'의 측면에서 측정하게 된다.

2 성격의 특성

(1) 정서적 측면

정서적 측면은 평소 마음의 당연시하는 자세나 정신상태가 얼마나 안정되어 있는지 또는 불안정한지를 측정한다.

정서의 상태는 직무수행이나 대인관계와 관련하여 태도나 행동으로 드러난다. 그러므로 정서적 측면을 측정하는 것에 의해, 장래 조직 내의 인간관계에 어느 정도 잘 적응할 수 있을까(또는 적응하지 못할까)를 예측하는 것이 가능하다.

그렇기 때문에, 정서적 측면의 결과는 채용 시에 상당히 중시된다. 아무리 능력이 좋아도 장기적으로 조직 내의 인간관계에 잘 적응할 수 없다고 판단되는 인재는 기본적으로는 채용되지 않는다.

일반적으로 인성(성격)검사는 채용과는 관계없다고 생각하나 정서적으로 조직에 적응하지 못하는 인재는 채용단계에서 가려내지는 것을 유의하여야 한다.

① **민감성(신경도)** … 꼼꼼함, 섬세함, 성실함 등의 요소를 통해 일반적으로 신경질적인지 또는 자신의 존재를 위협받는다는 불안을 갖기 쉬운지를 측정한다.

질문	전혀 그렇지 않다	그렇지 않다	그렇다	매우 그렇다
• 배려적이라고 생각한다. • 어지러진 방에 있으면 불안하다. • 실패 후에는 불안하다. • 세세한 것까지 신경쓴다. • 이유 없이 불안할 때가 있다.				

▶측정결과

㉠ '그렇다'가 많은 경우(상처받기 쉬운 유형) : 사소한 일에 신경 쓰고 다른 사람의 사소한 한마디 말에 상처를 받기 쉽다.
 • 면접관의 심리 : '동료들과 잘 지낼 수 있을까?', '실패할 때마다 위축되지 않을까?'
 • 면접대책 : 다소 신경질적이라도 능력을 발휘할 수 있다는 평가를 얻도록 한다. 주변과 충분한 의사소통이 가능하고, 결정한 것을 실행할 수 있다는 것을 보여주어야 한다.
㉡ '그렇지 않다'가 많은 경우(정신적으로 안정적인 유형) : 사소한 일에 신경 쓰지 않고 금방 해결하며, 주위 사람의 말에 과민하게 반응하지 않는다.
 • 면접관의 심리 : '계약할 때 필요한 유형이고, 사고 발생에도 유연하게 대처할 수 있다.'
 • 면접대책 : 일반적으로 '민감성'의 측정치가 낮으면 플러스 평가를 받으므로 더욱 자신감 있는 모습을 보여준다.

② **자책성(과민도)** ··· 자신을 비난하거나 책망하는 정도를 측정한다.

질문	전혀 그렇지 않다	그렇지 않다	그렇다	매우 그렇다
• 후회하는 일이 많다. • 자신이 하찮은 존재라 생각된다. • 문제가 발생하면 자기의 탓이라고 생각한다. • 무슨 일이든지 끙끙대며 진행하는 경향이 있다. • 온순한 편이다.				

▶측정결과

㉠ '그렇다'가 많은 경우(자책하는 유형) : 비관적이고 후회하는 유형이다.
  • 면접관의 심리 : '끙끙대며 괴로워하고, 일을 진행하지 못할 것 같다.'
  • 면접대책 : 기분이 저조해도 항상 의욕을 가지고 생활하는 것과 책임감이 강하다는 것을 보여준다.
㉡ '그렇지 않다'가 많은 경우(낙천적인 유형) : 기분이 항상 밝은 편이다.
  • 면접관의 심리 : '안정된 대인관계를 맺을 수 있고, 외부의 압력에도 흔들리지 않는다.'
  • 면접대책 : 일반적으로 '자책성'의 측정치가 낮아야 좋은 평가를 받는다.

③ **기분성(불안도)** ··· 기분의 굴곡이나 감정적인 면의 미숙함이 어느 정도인지를 측정하는 것이다.

질문	전혀 그렇지 않다	그렇지 않다	그렇다	매우 그렇다
• 다른 사람의 의견에 자신의 결정이 흔들리는 경우가 많다. • 기분이 쉽게 변한다. • 종종 후회한다. • 다른 사람보다 의지가 약한 편이라고 생각한다. • 금방 싫증을 내는 성격이라는 말을 자주 듣는다.				

▶측정결과

㉠ '그렇다'가 많은 경우(감정의 기복이 많은 유형) : 의지력보다 기분에 따라 행동하기 쉽다.
  • 면접관의 심리 : '감정적인 것에 약하며, 상황에 따라 생산성이 떨어지지 않을까?'
  • 면접대책 : 주변 사람들과 항상 협조한다는 것을 강조하고 한결같은 상태로 일할 수 있다는 평가를 받도록 한다.
㉡ '그렇지 않다'가 많은 경우(감정의 기복이 적은 유형) : 감정의 기복이 없고, 안정적이다.
  • 면접관의 심리 : '안정적으로 업무에 임할 수 있다.'
  • 면접대책 : 기분성의 측정치가 낮으면 플러스 평가를 받으므로 자신감을 가지고 면접에 임한다.

④ **독자성(개인도)** … 주변에 대한 견해나 관심, 자신의 견해나 생각에 어느 정도의 속박감을 가지고 있는지를 측정한다.

질문	전혀 그렇지 않다	그렇지 않다	그렇다	매우 그렇다
• 창의적 사고방식을 가지고 있다. • 융통성이 있는 편이다. • 혼자 있는 편이 많은 사람과 있는 것보다 편하다. • 개성적이라는 말을 듣는다. • 교제는 번거로운 것이라고 생각하는 경우가 많다.				

▶측정결과

㉠ '그렇다'가 많은 경우 : 자기의 관점을 중요하게 생각하는 유형으로, 주위의 상황보다 자신의 느낌과 생각을 중시한다.
  • 면접관의 심리 : '제멋대로 행동하지 않을까?'
  • 면접대책 : 주위 사람과 협조하여 일을 진행할 수 있다는 것과 상식에 얽매이지 않는다는 인상을 심어준다.

㉡ '그렇지 않다'가 많은 경우 : 상식적으로 행동하고 주변 사람의 시선에 신경을 쓴다.
  • 면접관의 심리 : '다른 직원들과 협조하여 업무를 진행할 수 있겠다.'
  • 면접대책 : 협조성이 요구되는 기업체에서는 플러스 평가를 받을 수 있다.

⑤ **자신감(자존심도)** … 자기 자신에 대해 얼마나 긍정적으로 평가하는지를 측정한다.

질문	전혀 그렇지 않다	그렇지 않다	그렇다	매우 그렇다
• 다른 사람보다 능력이 뛰어나다고 생각한다. • 다소 반대의견이 있어도 나만의 생각으로 행동할 수 있다. • 나는 다른 사람보다 기가 센 편이다. • 동료가 나를 모욕해도 무시할 수 있다. • 대개의 일을 목적한 대로 헤쳐나갈 수 있다고 생각한다.				

▶**측정결과**

㉠ '그렇다'가 많은 경우 : 자기 능력이나 외모 등에 자신감이 있고, 비판당하는 것을 좋아하지 않는다.
   • 면접관의 심리 : '자만하여 지시에 잘 따를 수 있을까?'
   • 면접대책 : 다른 사람의 조언을 잘 받아들이고, 겸허하게 반성하는 면이 있다는 것을 보여주고, 동료들과 잘 지내며 리더의 자질이 있다는 것을 강조한다.

㉡ '그렇지 않다'가 많은 경우 : 자신감이 없고 다른 사람의 비판에 약하다.
   • 면접관의 심리 : '패기가 부족하지 않을까?', '쉽게 좌절하지 않을까?'
   • 면접대책 : 극도의 자신감 부족으로 평가되지는 않는다. 그러나 마음이 약한 면은 있지만 의욕적으로 일을 하겠다는 마음가짐을 보여준다.

⑥ **고양성(분위기에 들뜨는 정도)** … 자유분방함, 명랑함과 같이 감정(기분)의 높고 낮음의 정도를 측정한다.

질문	전혀 그렇지 않다	그렇지 않다	그렇다	매우 그렇다
• 침착하지 못한 편이다. • 다른 사람보다 쉽게 우쭐해진다. • 모든 사람이 아는 유명인사가 되고 싶다. • 모임이나 집단에서 분위기를 이끄는 편이다. • 취미 등이 오랫동안 지속되지 않는 편이다.				

▶측정결과

㉠ **'그렇다'가 많은 경우** : 자극이나 변화가 있는 일상을 원하고 기분을 들뜨게 하는 사람과 친밀하게 지내는 경향이 강하다.
 • **면접관의 심리** : '일을 진행하는 데 변덕스럽지 않을까?'
 • **면접대책** : 밝은 태도는 플러스 평가를 받을 수 있지만, 착실한 업무능력이 요구되는 직종에서는 마이너스 평가가 될 수 있다. 따라서 자기조절이 가능하다는 것을 보여준다.

㉡ **'그렇지 않다'가 많은 경우** : 감정이 항상 일정하고, 속을 드러내 보이지 않는다.
 • **면접관의 심리** : '안정적인 업무 태도를 기대할 수 있겠다.'
 • **면접대책** : '고양성'의 낮음은 대체로 플러스 평가를 받을 수 있다. 그러나 '무엇을 생각하고 있는지 모르겠다' 등의 평을 듣지 않도록 주의한다.

⑦ 허위성(진위성) … 필요 이상으로 자기를 좋게 보이려 하거나 기업체가 원하는 '이상형'에 맞춘 대답을 하고 있는지, 없는지를 측정한다.

질문	전혀 그렇지 않다	그렇지 않다	그렇다	매우 그렇다
• 약속을 깨뜨린 적이 한 번도 없다. • 다른 사람을 부럽다고 생각해 본 적이 없다. • 꾸지람을 들은 적이 없다. • 사람을 미워한 적이 없다. • 화를 낸 적이 한 번도 없다.				

▶측정결과

㉠ '그렇다'가 많은 경우 : 실제의 자기와는 다른, 말하자면 원칙으로 해답할 가능성이 있다.
  • 면접관의 심리 : '거짓을 말하고 있다.'
  • 면접대책 : 조금이라도 좋게 보이려고 하는 '거짓말쟁이'로 평가될 수 있다. '거짓을 말하고 있다.' 는 마음 따위가 전혀 없다 해도 결과적으로는 정직하게 답하지 않는다는 것이 되어 버린다. '허위성'의 측정 질문은 구분되지 않고 다른 질문 중에 섞여 있다. 그러므로 모든 질문에 솔직하게 답하여야 한다. 또한 자기 자신과 너무 동떨어진 이미지로 답하면 좋은 결과를 얻지 못한다. 그리고 면접에서 '허위성'을 기본으로 한 질문을 받게 되므로 당황하거나 또다른 모순된 답변을 하게 된다. 겉치레를 하거나 무리한 욕심을 부리지 말고 '이런 사회인이 되고 싶다.'는 현재의 자신보다, 조금 성장한 자신을 표현하는 정도가 적당하다.

㉡ '그렇지 않다'가 많은 경우 : 냉정하고 정직하며, 외부의 압력과 스트레스에 강한 유형이다. '대쪽 같음'의 이미지가 굳어지지 않도록 주의한다.

(2) 행동적인 측면

행동적 측면은 인격 중에 특히 행동으로 드러나기 쉬운 측면을 측정한다. 사람의 행동 특징 자체에는 선도 악도 없으나, 일반적으로는 일의 내용에 의해 원하는 행동이 있다. 때문에 행동적 측면은 주로 직종과 깊은 관계가 있는데 자신의 행동 특성을 살려 적합한 직종을 선택한다면 플러스가 될 수 있다.

행동 특성에서 보여 지는 특징은 면접장면에서도 드러나기 쉬운데 본서의 모의 TEST의 결과를 참고하여 자신의 태도, 행동이 면접관의 시선에 어떻게 비치는지를 점검하도록 한다.

① **사회적 내향성** … 대인관계에서 나타나는 행동경향으로 '낯가림'을 측정한다.

질문	선택
A : 파티에서는 사람을 소개받은 편이다. B : 파티에서는 사람을 소개하는 편이다.	
A : 처음 보는 사람과는 어색하게 시간을 보내는 편이다. B : 처음 보는 사람과는 즐거운 시간을 보내는 편이다.	
A : 친구가 적은 편이다. B : 친구가 많은 편이다.	
A : 자신의 의견을 말하는 경우가 적다. B : 자신의 의견을 말하는 경우가 많다.	
A : 사교적인 모임에 참석하는 것을 좋아하지 않는다. B : 사교적인 모임에 항상 참석한다.	

▶측정결과

㉠ 'A'가 많은 경우 : 내성적이고 사람들과 접하는 것에 소극적이다. 자신의 의견을 말하지 않고 조심스러운 편이다.
• 면접관의 심리 : '소극적인데 동료와 잘 지낼 수 있을까?'
• 면접대책 : 대인관계를 맺는 것을 싫어하지 않고 의욕적으로 일을 할 수 있다는 것을 보여준다.

㉡ 'B'가 많은 경우 : 사교적이고 자기의 생각을 명확하게 전달할 수 있다.
• 면접관의 심리 : '사교적이고 활동적인 것은 좋지만, 자기주장이 너무 강하지 않을까?'
• 면접대책 : 협조성을 보여주고, 자기주장이 너무 강하다는 인상을 주지 않도록 주의한다.

② 내성성(침착도) … 자신의 행동과 일에 대해 침착하게 생각하는 정도를 측정한다.

질문	선택
A : 시간이 걸려도 침착하게 생각하는 경우가 많다. B : 짧은 시간에 결정을 하는 경우가 많다.	
A : 실패의 원인을 찾고 반성하는 편이다. B : 실패를 해도 그다지(별로) 개의치 않는다.	
A : 결론이 도출되어도 몇 번 정도 생각을 바꾼다. B : 결론이 도출되면 신속하게 행동으로 옮긴다.	
A : 여러 가지 생각하는 것이 능숙하다. B : 여러 가지 일을 재빨리 능숙하게 처리하는 데 익숙하다.	
A : 여러 가지 측면에서 사물을 검토한다. B : 행동한 후 생각을 한다.	

▶측정결과

㉠ 'A'가 많은 경우 : 행동하기 보다는 생각하는 것을 좋아하고 신중하게 계획을 세워 실행한다.
 • 면접관의 심리 : '행동으로 실천하지 못하고, 대응이 늦은 경향이 있지 않을까?'
 • 면접대책 : 발로 뛰는 것을 좋아하고, 일을 더디게 한다는 인상을 주지 않도록 한다.

㉡ 'B'가 많은 경우 : 차분하게 생각하는 것보다 우선 행동하는 유형이다.
 • 면접관의 심리 : '생각하는 것을 싫어하고 경솔한 행동을 하지 않을까?'
 • 면접대책 : 계획을 세우고 행동할 수 있는 것을 보여주고 '사려깊다'라는 인상을 남기도록 한다.

③ 신체활동성 … 몸을 움직이는 것을 좋아하는가를 측정한다.

질문	선택
A : 민첩하게 활동하는 편이다. B : 준비행동이 없는 편이다.	
A : 일을 척척 해치우는 편이다. B : 일을 더디게 처리하는 편이다.	
A : 활발하다는 말을 듣는다. B : 얌전하다는 말을 듣는다.	
A : 몸을 움직이는 것을 좋아한다. B : 가만히 있는 것을 좋아한다.	
A : 스포츠를 하는 것을 즐긴다. B : 스포츠를 보는 것을 좋아한다.	

▶측정결과

㉠ 'A'가 많은 경우 : 활동적이고, 몸을 움직이게 하는 것이 컨디션이 좋다.

• 면접관의 심리 : '활동적으로 활동력이 좋아 보인다.'

• 면접대책 : 활동하고 얻은 성과 등과 주어진 상황의 대응능력을 보여준다.

㉡ 'B'가 많은 경우 : 침착한 인상으로, 차분하게 있는 타입이다.

• 면접관의 심리 : '좀처럼 행동하려 하지 않아 보이고, 일을 빠르게 처리할 수 있을까?'

④ **지속성(노력성)** … 무슨 일이든 포기하지 않고 끈기 있게 하려는 정도를 측정한다.

질문	선택
A : 일단 시작한 일은 시간이 걸려도 끝까지 마무리한다. B : 일을 하다 어려움에 부딪히면 단념한다.	
A : 끈질긴 편이다. B : 바로 단념하는 편이다.	
A : 인내가 강하다는 말을 듣는다. B : 금방 싫증을 낸다는 말을 듣는다.	
A : 집념이 깊은 편이다. B : 담백한 편이다.	
A : 한 가지 일에 구애되는 것이 좋다고 생각한다. B : 간단하게 체념하는 것이 좋다고 생각한다.	

▶측정결과

㉠ 'A'가 많은 경우 : 시작한 것은 어려움이 있어도 포기하지 않고 인내심이 높다.
- 면접관의 심리 : '한 가지의 일에 너무 구애되고, 업무의 진행이 원활할까?'
- 면접대책 : 인내력이 있는 것은 플러스 평가를 받을 수 있지만 집착이 강해 보이기도 한다.

㉡ 'B'가 많은 경우 : 뒤끝이 없고 조그만 실패로 일을 포기하기 쉽다.
- 면접관의 심리 : '질리는 경향이 있고, 일을 정확히 끝낼 수 있을까?'
- 면접대책 : 지속적인 노력으로 성공했던 사례를 준비하도록 한다.

⑤ **신중성(주의성)** ⋯ 자신이 처한 주변상황을 즉시 파악하고 자신의 행동이 어떤 영향을 미치는지를 측정한다.

질문	선택
A : 여러 가지로 생각하면서 완벽하게 준비하는 편이다. B : 행동할 때부터 임기응변적인 대응을 하는 편이다.	
A : 신중해서 타이밍을 놓치는 편이다. B : 준비 부족으로 실패하는 편이다.	
A : 자신은 어떤 일에도 신중히 대응하는 편이다. B : 순간적인 충동으로 활동하는 편이다.	
A : 시험을 볼 때 끝날 때까지 재검토하는 편이다. B : 시험을 볼 때 한 번에 모든 것을 마치는 편이다.	
A : 일에 대해 계획표를 만들어 실행한다. B : 일에 대한 계획표 없이 진행한다.	

▶측정결과

㉠ 'A'가 많은 경우 : 주변 상황에 민감하고, 예측하여 계획 있게 일을 진행한다.
• 면접관의 심리 : '너무 신중해서 적절한 판단을 할 수 있을까?', '앞으로의 상황에 불안을 느끼지 않을까?'
• 면접대책 : 예측을 하고 실행을 하는 것은 플러스 평가가 되지만, 너무 신중하면 일의 진행이 정체될 가능성을 보이므로 추진력이 있다는 강한 의욕을 보여준다.

㉡ 'B'가 많은 경우 : 주변 상황을 살펴보지 않고 착실한 계획 없이 일을 진행시킨다.
• 면접관의 심리 : '사려 깊지 않고, 실패하는 일이 많지 않을까?', '판단이 빠르고 유연한 사고를 할 수 있을까?'
• 면접대책 : 사전준비를 중요하게 생각하고 있다는 것 등을 보여주고, 경솔한 인상을 주지 않도록 한다. 또한 판단력이 빠르거나 유연한 사고 덕분에 일 처리를 잘 할 수 있다는 것을 강조한다.

(3) 의욕적인 측면

의욕적인 측면은 의욕의 정도, 활동력의 유무 등을 측정한다. 여기서의 의욕이란 우리들이 보통 말하고 사용하는 '하려는 의지'와는 조금 뉘앙스가 다르다. '하려는 의지'란 그 때의 환경이나 기분에 따라 변화하는 것이지만, 여기에서는 조금 더 변화하기 어려운 특징, 말하자면 정신적 에너지의 양으로 측정하는 것이다.

의욕적 측면은 행동적 측면과는 다르고, 전반적으로 어느 정도 점수가 높은 쪽을 선호한다. 모의검사의 의욕적 측면의 결과가 낮다면, 평소 일에 몰두할 때 조금 의욕 있는 자세를 가지고 서서히 개선하도록 노력해야 한다.

① 달성의욕 … 목적의식을 가지고 높은 이상을 가지고 있는지를 측정한다.

질문	선택
A : 경쟁심이 강한 편이다. B : 경쟁심이 약한 편이다.	
A : 어떤 한 분야에서 제1인자가 되고 싶다고 생각한다. B : 어느 분야에서든 성실하게 임무를 진행하고 싶다고 생각한다.	
A : 규모가 큰 일을 해보고 싶다. B : 맡은 일에 충실히 임하고 싶다.	
A : 아무리 노력해도 실패한 것은 아무런 도움이 되지 않는다. B : 가령 실패했을 지라도 나름대로의 노력이 있었으므로 괜찮다.	
A : 높은 목표를 설정하여 수행하는 것이 의욕적이다. B : 실현 가능한 정도의 목표를 설정하는 것이 의욕적이다.	

▶측정결과

㉠ 'A'가 많은 경우 : 큰 목표와 높은 이상을 가지고 승부욕이 강한 편이다.
- **면접관의 심리** : '열심히 일을 해줄 것 같은 유형이다.'
- **면접대책** : 달성의욕이 높다는 것은 어떤 직종이라도 플러스 평가가 된다.

㉡ 'B'가 많은 경우 : 현재의 생활을 소중하게 여기고 비약적인 발전을 위하여 기를 쓰지 않는다.
- **면접관의 심리** : '외부의 압력에 약하고, 기획입안 등을 하기 어려울 것이다.'
- **면접대책** : 일을 통하여 하고 싶은 것들을 구체적으로 어필한다.

② 활동의욕 … 자신에게 잠재된 에너지의 크기로, 정신적인 측면의 활동력이라 할 수 있다.

질문	선택
A : 하고 싶은 일을 실행으로 옮기는 편이다. B : 하고 싶은 일을 좀처럼 실행할 수 없는 편이다.	
A : 어려운 문제를 해결해 가는 것이 좋다. B : 어려운 문제를 해결하는 것을 잘하지 못한다.	
A : 일반적으로 결단이 빠른 편이다. B : 일반적으로 결단이 느린 편이다.	
A : 곤란한 상황에도 도전하는 편이다. B : 사물의 본질을 깊게 관찰하는 편이다.	
A : 시원시원하다는 말을 잘 듣는다. B : 꼼꼼하다는 말을 잘 듣는다.	

▶측정결과
㉠ 'A'가 많은 경우 : 꾸물거리는 것을 싫어하고 재빠르게 결단해서 행동하는 타입이다.
 • 면접관의 심리 : '일을 처리하는 솜씨가 좋고, 일을 척척 진행할 수 있을 것 같다.'
 • 면접대책 : 활동의욕이 높은 것은 플러스 평가가 된다. 사교성이나 활동성이 강하다는 인상을 준다.
㉡ 'B'가 많은 경우 : 안전하고 확실한 방법을 모색하고 차분하게 시간을 아껴서 일에 임하는 타입이다.
 • 면접관의 심리 : '재빨리 행동을 못하고, 일의 처리속도가 느린 것이 아닐까?'
 • 면접대책 : 활동성이 있는 것을 좋아하고 움직임이 더디다는 인상을 주지 않도록 한다.

3 성격의 유형

(1) 인성검사유형의 4가지 척도

정서적인 측면, 행동적인 측면, 의욕적인 측면의 요소들은 성격 특성이라는 관점에서 제시된 것들로 각 개인의 장·단점을 파악하는 데 유용하다. 그러나 전체적인 개인의 인성을 이해하는 데는 한계가 있다.

성격의 유형은 개인의 '성격적인 특색'을 가리키는 것으로, 사회인으로서 적합한지, 아닌지를 말하는 관점과는 관계가 없다. 따라서 채용의 합격 여부에는 사용되지 않는 경우가 많으며, 입사 후의 적정 부서 배치의 자료가 되는 편이라 생각하면 된다. 그러나 채용과 관계가 없다고 해서 아무런 준비도 필요없는 것은 아니다. 자신을 아는 것은 면접 대책의 밑거름이 되므로 모의검사 결과를 충분히 활용하도록 하여야 한다.

본서에서는 4개의 척도를 사용하여 기본적으로 16개의 패턴으로 성격의 유형을 분류하고 있다. 각 개인의 성격이 어떤 유형인지 재빨리 파악하기 위해 사용되며, '적성'에 맞는지, 맞지 않는지의 관점에 활용된다.

- 흥미·관심의 방향 : 내향형 ←————→ 외향형
- 사물에 대한 견해 : 직관형 ←————→ 감각형
- 판단하는 방법 : 감정형 ←————→ 사고형
- 환경에 대한 접근방법 : 지각형 ←————→ 판단형

(2) 성격유형

① 흥미·관심의 방향(내향 ⇋ 외향) … 흥미·관심의 방향이 자신의 내면에 있는지, 주위환경 등 외면에 향하는 지를 가리키는 척도이다.

질문	선택
A : 내성적인 성격인 편이다. B : 개방적인 성격인 편이다.	
A : 항상 신중하게 생각을 하는 편이다. B : 바로 행동에 착수하는 편이다.	
A : 수수하고 조심스러운 편이다. B : 자기 표현력이 강한 편이다.	
A : 다른 사람과 함께 있으면 침착하지 않다. B : 혼자서 있으면 침착하지 않다.	

▶측정결과

㉠ 'A'가 많은 경우(내향) : 관심의 방향이 자기 내면에 있으며, 조용하고 낯을 가리는 유형이다. 행동력은 부족하나 집중력이 뛰어나고 신중하고 꼼꼼하다.

㉡ 'B'가 많은 경우(외향) : 관심의 방향이 외부환경에 있으며, 사교적이고 활동적인 유형이다. 꼼꼼함이 부족하여 대충하는 경향이 있으나 행동력이 있다.

② 일(사물)을 보는 방법(직감⇆감각) … 일(사물)을 보는 법이 직감적으로 형식에 얽매이는 지, 감각적으로 상식적인지를 가리키는 척도이다.

질문	선택
A : 현실주의적인 편이다. B : 상상력이 풍부한 편이다.	
A : 정형적인 방법으로 일을 처리하는 것을 좋아한다. B : 만들어진 방법에 변화가 있는 것을 좋아한다.	
A : 경험에서 가장 적합한 방법으로 선택한다. B : 지금까지 없었던 새로운 방법을 개척하는 것을 좋아한다.	
A : 성실하다는 말을 듣는다. B : 호기심이 강하다는 말을 듣는다.	

▶측정결과

㉠ 'A'가 많은 경우(감각) : 현실적이고 경험주의적이며 보수적인 유형이다.

㉡ 'B'가 많은 경우(직관) : 새로운 주제를 좋아하며, 독자적인 시각을 가진 유형이다.

③ 판단하는 방법(감정⇆사고) … 일을 감정적으로 판단하는지, 논리적으로 판단하는지를 가리키는 척 도이다.

질문	선택
A : 인간관계를 중시하는 편이다. B : 일의 내용을 중시하는 편이다.	
A : 결론을 자기의 신념과 감정에서 이끌어내는 편이다. B : 결론을 논리적 사고에 의거하여 내리는 편이다.	
A : 다른 사람보다 동정적이고 눈물이 많은 편이다. B : 다른 사람보다 이성적이고 냉정하게 대응하는 편이다.	
A : 남의 이야기를 듣고 감정몰입이 빠른 편이다. B : 고민 상담을 받으면 해결책을 제시해주는 편이다.	

▶측정결과

㉠ 'A'가 많은 경우(감정) : 일을 판단할 때 마음·감정을 중요하게 여기는 유형이다. 감정이 풍부하고 친절하나 엄격함이 부족하고 우유부단하며, 합리성이 부족하다.

㉡ 'B'가 많은 경우(사고) : 일을 판단할 때 논리성을 중요하게 여기는 유형이다. 이성적이고 합리적이나 타인에 대한 배려가 부족하다.

④ **환경에 대한 접근방법** ··· 주변상황에 어떻게 접근하는지, 그 판단기준을 어디에 두는지를 측정한다.

질문	선택
A : 사전에 계획을 세우지 않고 행동한다. B : 반드시 계획을 세우고 그것에 의거해서 행동한다.	
A : 자유롭게 행동하는 것을 좋아한다. B : 조직적으로 행동하는 것을 좋아한다.	
A : 조직성이나 관습에 속박당하지 않는다. B : 조직성이나 관습을 중요하게 여긴다.	
A : 계획 없이 낭비가 심한 편이다. B : 예산을 세워 물건을 구입하는 편이다.	

▶측정결과

㉠ 'A'가 많은 경우(지각) : 일의 변화에 융통성을 가지고 유연하게 대응하는 유형이다. 낙관적이며 질서보다는 자유를 좋아하나 임기응변식의 대응으로 무계획적인 인상을 줄 수 있다.

㉡ 'B'가 많은 경우(판단) : 일의 진행시 계획을 세워서 실행하는 유형이다. 순차적으로 진행하는 일을 좋아하고 끈기가 있으나 변화에 대해 적절하게 대응하지 못하는 경향이 있다.

(3) 성격유형의 판정

성격유형은 합격 여부의 판정보다는 배치를 위한 자료로써 이용된다. 즉, 기업은 입사시험단계에서 입사 후에도 사용할 수 있는 정보를 입수하고 있다는 것이다. 성격검사에서는 어느 척도가 얼마나 고득점이었는지에 주시하고 각각의 측면에서 반드시 하나씩 고르고 편성한다. 편성은 모두 16가지가 되나 각각의 측면을 더 세분하면 200가지 이상의 유형이 나온다.

여기에서는 16가지 편성을 제시한다. 성격검사에 어떤 정보가 게재되어 있는지를 이해하면서 자기의 성격유형을 파악하기 위한 실마리로 활용하도록 한다.

① **내향 – 직관 – 감정 – 지각(TYPE A)**

관심이 내면에 향하고 조용하고 소극적이다. 사물에 대한 견해는 새로운 것에 대해 호기심이 강하고, 독창적이다. 감정은 좋아하는 것과 싫어하는 것의 판단이 확실하고, 감정이 풍부하고 따뜻한 느낌이 있는 반면, 합리성이 부족한 경향이 있다. 환경에 접근하는 방법은 순응적이고 상황의 변화에 대해 유연하게 대응하는 것을 잘한다.

② 내향 – 직관 – 감정 – 판단(TYPE B)

관심이 내면으로 향하고 조용하고 쑥쓰러움을 잘 타는 편이다. 사물을 보는 관점은 독창적이며, 자기나름대로 궁리하며 생각하는 일이 많다. 좋고 싫음으로 판단하는 경향이 강하고 타인에게는 친절한 반면, 우유부단하기 쉬운 편이다. 환경 변화에 대해 유연하게 대응하는 것을 잘한다.

③ 내향 – 직관 – 사고 – 지각(TYPE C)

관심이 내면으로 향하고 얌전하고 교제범위가 좁다. 사물을 보는 관점은 독창적이며, 현실에서 먼 추상적인 것을 생각하기를 좋아한다. 논리적으로 생각하고 판단하는 경향이 강하고 이성적이지만, 남의 감정에 대해서는 무반응인 경향이 있다. 환경의 변화에 순응적이고 융통성 있게 임기응변으로 대응할 수가 있다.

④ 내향 – 직관 – 사고 – 판단(TYPE D)

관심이 내면으로 향하고 주의깊고 신중하게 행동을 한다. 사물을 보는 관점은 독창적이며 논리를 좋아해서 이치를 따지는 경향이 있다. 논리적으로 생각하고 판단하는 경향이 강하고, 객관적이지만 상대방의 마음에 대한 배려가 부족한 경향이 있다. 환경에 대해서는 순응하는 것보다 대응하며, 한 번 정한 것은 끈질기게 행동하려 한다.

⑤ 내향 – 감각 – 감정 – 지각(TYPE E)

관심이 내면으로 향하고 조용하며 소극적이다. 사물을 보는 관점은 상식적이고 그대로의 것을 좋아하는 경향이 있다. 좋음과 싫음으로 판단하는 경향이 강하고 타인에 대해서 동정심이 많은 반면, 엄격한 면이 부족한 경향이 있다. 환경에 대해서는 순응적이고, 예측할 수 없다해도 태연하게 행동하는 경향이 있다.

⑥ 내향 – 감각 – 감정 – 판단(TYPE F)

관심이 내면으로 향하고 얌전하며 쑥쓰러움을 많이 탄다. 사물을 보는 관점은 상식적이고 논리적으로 생각하는 것보다도 경험을 중요시하는 경향이 있다. 좋고 싫음으로 판단하는 경향이 강하고 사람이 좋은 반면, 개인적 취향이나 소원에 영향을 받는 일이 많은 경향이 있다. 환경에 대해서는 영향을 받지 않고, 자기 페이스 대로 꾸준히 성취하는 일을 잘한다.

⑦ 내향 – 감각 – 사고 – 지각(TYPE G)

관심이 내면으로 향하고 얌전하고 교제범위가 좁다. 사물을 보는 관점은 상식적인 동시에 실천적이며, 틀에 박힌 형식을 좋아한다. 논리적으로 판단하는 경향이 강하고 침착하지만 사람에 대해서는 엄격하여 차가운 인상을 주는 일이 많다. 환경에 대해서 순응적이고, 계획적으로 행동하지 않으며 자유로운 행동을 좋아하는 경향이 있다.

⑧ 내향 – 감각 – 사고 – 판단(TYPE H)

관심이 내면으로 향하고 주의 깊고 신중하게 행동을 한다. 사물을 보는 관점이 상식적이고 새롭고 경험하지 못한 일에 대응을 잘 하지 못한다. 논리적으로 생각하고 판단하는 경향이 강하고, 공평하지만 상대방의 감정에 대해 배려가 부족할 때가 있다. 환경에 대해서는 작용하는 편이고, 질서 있게 행동하는 것을 좋아한다.

⑨ 외향 – 직관 – 감정 – 지각(TYPE I)

관심이 외향으로 향하고 밝고 활동적이며 교제범위가 넓다. 사물을 보는 관점은 독창적이고 호기심이 강하며 새로운 것을 생각하는 것을 좋아한다. 좋음 싫음으로 판단하는 경향이 강하다. 사람은 좋은 반면 개인적 취향이나 소원에 영향을 받는 일이 많은 편이다.

⑩ 외향 – 직관 – 감정 – 판단(TYPE J)

관심이 외향으로 향하고 개방적이며 누구와도 쉽게 친해질 수 있다. 사물을 보는 관점은 독창적이고 자기 나름대로 궁리하고 생각하는 면이 많다. 좋음과 싫음으로 판단하는 경향이 강하고, 타인에 대해 동정적이기 쉽고 엄격함이 부족한 경향이 있다. 환경에 대해서는 작용하는 편이고 질서 있는 행동을 하는 것을 좋아한다.

⑪ 외향 – 직관 – 사고 – 지각(TYPE K)

관심이 외향으로 향하고 태도가 분명하며 활동적이다. 사물을 보는 관점은 독창적이고 현실과 거리가 있는 추상적인 것을 생각하는 것을 좋아한다. 논리적으로 생각하고 판단하는 경향이 강하고, 공평하지만 상대에 대한 배려가 부족할 때가 있다.

⑫ 외향 – 직관 – 사고 – 판단(TYPE L)

관심이 외향으로 향하고 밝고 명랑한 성격이며 사교적인 것을 좋아한다. 사물을 보는 관점은 독창적이고 논리적인 것을 좋아하기 때문에 이치를 따지는 경향이 있다. 논리적으로 생각하고 판단하는 경향이 강하고 침착성이 뛰어나지만 사람에 대해서 엄격하고 차가운 인상을 주는 경우가 많다. 환경에 대해 작용하는 편이고 계획을 세우고 착실하게 실행하는 것을 좋아한다.

⑬ 외향 – 감각 – 감정 – 지각(TYPE M)

관심이 외향으로 향하고 밝고 활동적이고 교제범위가 넓다. 사물을 보는 관점은 상식적이고 종래대로 있는 것을 좋아한다. 보수적인 경향이 있고 좋아함과 싫어함으로 판단하는 경향이 강하며 타인에게는 친절한 반면, 우유부단한 경우가 많다. 환경에 대해 순응적이고, 융통성이 있고 임기응변으로 대응할 가능성이 높다.

⑭ 외향 – 감각 – 감정 – 판단(TYPE N)

관심이 외향으로 향하고 개방적이며 누구와도 쉽게 대면할 수 있다. 사물을 보는 관점은 상식적이고 논리적으로 생각하기보다는 경험을 중시하는 편이다. 좋아함과 싫어함으로 판단하는 경향이 강하고 감정이 풍부하며 따뜻한 느낌이 있는 반면에 합리성이 부족한 경우가 많다. 환경에 대해서 작용하는 편이고, 한 번 결정한 것은 끈질기게 실행하려고 한다.

⑮ 외향 – 감각 – 사고 – 지각(TYPE O)

관심이 외향으로 향하고 시원한 태도이며 활동적이다. 사물을 보는 관점이 상식적이며 동시에 실천적이고 명백한 형식을 좋아하는 경향이 있다. 논리적으로 생각하고 판단하는 경향이 강하고, 객관적이지만 상대 마음에 대해 배려가 부족한 경향이 있다.

⑯ 외향 – 감각 – 사고 – 판단(TYPE P)

관심이 외향으로 향하고 밝고 명랑하며 사교적인 것을 좋아한다. 사물을 보는 관점은 상식적이고 경험하지 못한 새로운 것에 대응을 잘 하지 못한다. 논리적으로 생각하고 판단하는 경향이 강하고 이성적이지만 사람의 감정에 무심한 경향이 있다. 환경에 대해서는 작용하는 편이고, 자기 페이스대로 꾸준히 성취하는 것을 잘한다.

4 **인성검사의 대책**

(1) 미리 알아두어야 할 점

① **출제 문항 수** … 인성검사의 출제 문항 수는 특별히 정해진 것이 아니며 각 기업체의 기준에 따라 달라질 수 있다. 보통 100문항 이상에서 500문항까지 출제된다고 예상하면 된다.

② **출제형식**

　　㉠ '예' 아니면 '아니오'의 형식

다음 문항을 읽고 자신에게 해당되는지 안 되는지를 판단하여 해당될 경우 '예'를, 해당되지 않을 경우 '아니오'를 고르시오.

질문	예	아니오
1. 자신의 생각이나 의견은 좀처럼 변하지 않는다.	○	
2. 구입한 후 끝까지 읽지 않은 책이 많다.		○

다음 문항에 대해서 평소에 자신이 생각하고 있는 것이나 행동하고 있는 것에 ○표를 하시오.

질문	전혀 그렇지 않다	그렇지 않다	그렇다	매우 그렇다
1. 시간에 쫓기는 것이 싫다.			○	
2. 여행가기 전에 계획을 세운다		○		

　　㉡ A와 B의 선택형식

A와 B에 주어진 문장을 읽고 자신에게 해당되는 것을 고르시오.

질문	선택
A : 걱정거리가 있어서 잠을 못 잘 때가 있다.	(○)
B : 걱정거리가 있어도 잠을 잘 잔다.	( )

ⓒ 하나의 상황이 주어지고 각 상황에 대한 반응의 적당한 정도를 선택하는 형식

당신은 회사에 입사한지 1년 반이 넘어 처음으로 A회사의 B와 함께 하나의 프로젝트를
맡았다. 당신은 열의에 차 있지만 B는 프로젝트 준비를 하는 동안 당신에게만 일을 떠
넘기고 적당히 하려고 하고 있다. 이렇게 계속된다면 기간 내에 프로젝트를 끝내지 못할
상황이다. 당신은 어떻게 할 것인가?
a. B에게 나의 생각을 솔직히 얘기하고 열심히 일 할 것을 요구한다.

매우 바람직하다			그저 그렇다.			전혀 바람직하지 않다
①	②	③	④	⑤	⑥	⑦

b. 나의 상사에게 현재 상황을 보고한다.

매우 바람직하다			그저 그렇다.			전혀 바람직하지 않다
①	②	③	④	⑤	⑥	⑦

c. B의 상사에게 보고하고 다른 사람으로 교체해 줄 것을 요구한다.

매우 바람직하다			그저 그렇다.			전혀 바람직하지 않다
①	②	③	④	⑤	⑥	⑦

d. 나도 B가 일하는 만큼만 적당히 일한다.

매우 바람직하다			그저 그렇다.			전혀 바람직하지 않다
①	②	③	④	⑤	⑥	⑦

(2) 임하는 자세

① 솔직하게 있는 그대로 표현한다 … 인성검사는 평범한 일상생활 내용들을 다룬 짧은 문장과
어떤 대상이나 일에 대한 선로를 선택하는 문장으로 구성되었으므로 평소에 자신이 생각
한 바를 너무 골똘히 생각하지 말고 문제를 보는 순간 떠오른 것을 표현한다.

② 모든 문제를 신속하게 대답한다 … 인성검사는 시간 제한이 없는 것이 원칙이지만 기업체들
은 일정한 시간 제한을 두고 있다. 인성검사는 개인의 성격과 자질을 알아보기 위한 검사
이기 때문에 정답이 없다. 다만, 기업체에서 바람직하게 생각하거나 기대되는 결과가 있
을 뿐이다. 따라서 시간에 쫓겨서 대충 대답을 하는 것은 바람직하지 못하다.

02 실전 인성검사

|1~100| 다음 문장을 읽고 자신이 해당하는 정도를 표시하시오.

① 전혀 그렇지 않다.　　② 그렇지 않다.　　③ 보통이다.　　④ 그렇다.　　⑤ 매우 그렇다.

1. 가치기준은 자신의 밖에 있다고 생각한다. ·· ① ② ③ ④ ⑤

2. 밝고 개방적인 편이다. ·· ① ② ③ ④ ⑤

3. 현실 인식을 잘하는 편이라고 생각한다. ·· ① ② ③ ④ ⑤

4. 공평하고 공적인 상사를 만나고 싶다. ·· ① ② ③ ④ ⑤

5. 시시해도 계획적인 인생이 좋다. ··· ① ② ③ ④ ⑤

6. 적극적으로 사람들과 관계를 맺는 편이다. ··· ① ② ③ ④ ⑤

7. 활동적인 편이다. ··· ① ② ③ ④ ⑤

8. 몸을 움직이는 것을 좋아하지 않는다. ·· ① ② ③ ④ ⑤

9. 쉽게 질리는 편이다. ·· ① ② ③ ④ ⑤

10. 경솔한 편이라고 생각한다. ··· ① ② ③ ④ ⑤

11. 인생의 목표는 손이 닿을 정도면 된다. ·· ① ② ③ ④ ⑤

12. 무슨 일도 좀처럼 바로 시작하지 못한다. ··· ① ② ③ ④ ⑤

13. 초면인 사람과도 바로 친해질 수 있다. ·· ① ② ③ ④ ⑤

14. 행동하고 나서 생각하는 편이다. ·· ① ② ③ ④ ⑤

15. 쉬는 날은 집에 있는 경우가 많다. ·· ① ② ③ ④ ⑤

16. 완성되기 전에 포기하는 경우가 많다. ·· ① ② ③ ④ ⑤

17. 계획 없는 여행을 좋아한다. ··· ① ② ③ ④ ⑤

18. 욕심이 없는 편이라고 생각한다. ·· ① ② ③ ④ ⑤

19. 활동력이 별로 없다. ·· ① ② ③ ④ ⑤

20. 많은 사람들과 어울릴 수 있는 모임에 가는 것을 좋아한다. ··············· ① ② ③ ④ ⑤

21. 많은 친구랑 사귀는 편이다. ··· ① ② ③ ④ ⑤

22. 목표 달성에 별로 구애받지 않는다. ·· ① ② ③ ④ ⑤

23. 평소에 걱정이 많은 편이다. ··· ① ② ③ ④ ⑤

24. 체험을 중요하게 여기는 편이다. ······① ② ③ ④ ⑤

25. 정이 두터운 사람을 좋아한다. ······① ② ③ ④ ⑤

26. 도덕적인 사람을 좋아한다. ······① ② ③ ④ ⑤

27. 성격이 규칙적이고 꼼꼼한 편이다. ······① ② ③ ④ ⑤

28. 결과보다 과정이 중요하다. ······① ② ③ ④ ⑤

29. 쉬는 날은 집에서 보내고 싶다. ······① ② ③ ④ ⑤

30. 무리한 도전을 할 필요는 없다고 생각한다. ······① ② ③ ④ ⑤

31. 공상적인 편이다. ······① ② ③ ④ ⑤

32. 계획을 정확하게 세워서 행동하는 것을 못한다. ······① ② ③ ④ ⑤

33. 감성이 풍부한 사람이 되고 싶다고 생각한다. ······① ② ③ ④ ⑤

34. 주변의 일을 여유 있게 해결한다. ······① ② ③ ④ ⑤

35. 물건은 계획적으로 산다. ······① ② ③ ④ ⑤

36. 돈이 없으면 걱정이 된다. ······① ② ③ ④ ⑤

37. 하루 종일 책상 앞에 앉아 있는 일은 잘 하지 못한다. ······① ② ③ ④ ⑤

38. 너무 진중해서 자주 기회를 놓치는 편이다. ······① ② ③ ④ ⑤

39. 실용적인 것을 추구하는 경향이 있다. ······① ② ③ ④ ⑤

40. 거래처 접대에 자신 있다. ······① ② ③ ④ ⑤

41. 어려움에 처해 있는 사람을 보면 동정한다. ······① ② ③ ④ ⑤

42. 같은 일을 계속해서 잘 하지 못한다. ······① ② ③ ④ ⑤

43. 돈이 없어도 어떻게든 되겠지 생각한다. ······① ② ③ ④ ⑤

44. 생각날 때 물건을 산다. ······① ② ③ ④ ⑤

45. 신문사설을 주의 깊게 읽는다. ······① ② ③ ④ ⑤

46. 한 가지 일에 매달리는 편이다. ······① ② ③ ④ ⑤

47. 연구는 실용적인 결실을 만들어 내는데 의미가 있다. ······① ② ③ ④ ⑤

48. 남의 주목을 받고 싶어 하는 편이다. ······① ② ③ ④ ⑤

49. 사람을 돕는 일이라면 규칙을 벗어나도 어쩔 수 없다. ······① ② ③ ④ ⑤

50. 연극 같은 문화생활을 즐기는 것을 좋아한다. ······① ② ③ ④ ⑤

51. 모험이야말로 인생이라고 생각한다. ······① ② ③ ④ ⑤

52. 일부러 위험에 접근하는 것은 어리석다고 생각한다. ································ ① ② ③ ④ ⑤

53. 남의 눈에 잘 띄지 않은 편이다. ································ ① ② ③ ④ ⑤

54. 연구는 이론체계를 만들어 내는데 의의가 있다. ································ ① ② ③ ④ ⑤

55. 결과가 과정보다 중요하다. ································ ① ② ③ ④ ⑤

56. 이론만 내세우는 일을 싫어한다. ································ ① ② ③ ④ ⑤

57. 타인의 감정을 존중한다. ································ ① ② ③ ④ ⑤

58. 사람 사귀는 일에 자신 있다. ································ ① ② ③ ④ ⑤

59. 식사시간이 정해져 있지 않다. ································ ① ② ③ ④ ⑤

60. 좋아하는 문학 작가가 많다. ································ ① ② ③ ④ ⑤

61. 평소 자연과학에 관심 있다. ································ ① ② ③ ④ ⑤

62. 인라인 스케이트 타는 것을 좋아한다. ································ ① ② ③ ④ ⑤

63. 재미있는 것을 추구하는 경향이 있다. ································ ① ② ③ ④ ⑤

64. 잘 웃는 편이다. ································ ① ② ③ ④ ⑤

65. 소외된 이웃들에 항상 관심을 갖고 있다. ································ ① ② ③ ④ ⑤

66. 자동차 구조에 흥미를 갖고 있다. ································ ① ② ③ ④ ⑤

67. 좋아하는 스포츠팀을 응원하는 것을 즐긴다. ································ ① ② ③ ④ ⑤

68. 줄기배아세포 연구에 관심 있다. ································ ① ② ③ ④ ⑤

69. 일을 처리함에 있어 계획표를 작성하는 것을 좋아한다. ································ ① ② ③ ④ ⑤

70. 고장 난 라디오를 수리한 적이 있다. ································ ① ② ③ ④ ⑤

71. 유행에 둔감하다고 생각한다. ································ ① ② ③ ④ ⑤

72. 정해진 대로 움직이는 것은 시시하다. ································ ① ② ③ ④ ⑤

73. 꿈을 계속 가지고 있고 싶다. ································ ① ② ③ ④ ⑤

74. 질서보다 자유를 중요시하는 편이다. ································ ① ② ③ ④ ⑤

75. 혼자서 취미에 몰두하는 것을 좋아한다. ································ ① ② ③ ④ ⑤

76. 직관적으로 판단하는 편이다. ································ ① ② ③ ④ ⑤

77. 영화나 드라마를 보면 등장인물의 감정에 이입된다. ································ ① ② ③ ④ ⑤

78. 시대의 흐름에 역행해서라도 자신을 관철하고 싶다. ································ ① ② ③ ④ ⑤

79. 다른 사람의 소문에 관심이 없다. ································ ① ② ③ ④ ⑤

80. 창조적인 편이다. ································· ① ② ③ ④ ⑤

81. 비교적 눈물이 많은 편이다. ················· ① ② ③ ④ ⑤

82. 융통성이 있다고 생각한다. ··················· ① ② ③ ④ ⑤

83. 친구의 휴대전화 번호를 잘 모른다. ·········· ① ② ③ ④ ⑤

84. 스스로 고안하는 것을 좋아한다. ············· ① ② ③ ④ ⑤

85. 정이 두터운 사람으로 남고 싶다. ············ ① ② ③ ④ ⑤

86. 조직의 일원으로 별로 안 어울린다. ·········· ① ② ③ ④ ⑤

87. 세상의 일에 별로 관심이 없다. ·············· ① ② ③ ④ ⑤

88. 변화를 추구하는 편이다. ···················· ① ② ③ ④ ⑤

89. 업무는 인간관계로 선택한다. ················· ① ② ③ ④ ⑤

90. 환경이 변하는 것에 구애되지 않는다. ········ ① ② ③ ④ ⑤

91. 불안감이 강한 편이다. ····················· ① ② ③ ④ ⑤

92. 인생은 살 가치가 있다고 생각한다. ·········· ① ② ③ ④ ⑤

93. 의지가 약한 편이다. ······················· ① ② ③ ④ ⑤

94. 다른 사람이 하는 일에 별로 관심이 없다. ···· ① ② ③ ④ ⑤

95. 사람을 설득시키는 것은 어렵지 않다. ········ ① ② ③ ④ ⑤

96. 심심한 것을 못 참는다. ···················· ① ② ③ ④ ⑤

97. 다른 사람을 욕한 적이 한 번도 없다. ········ ① ② ③ ④ ⑤

98. 다른 사람에게 어떻게 보일지 신경을 쓴다. ··· ① ② ③ ④ ⑤

99. 금방 낙심하는 편이다. ····················· ① ② ③ ④ ⑤

100. 다른 사람에게 의존하는 경향이 있다. ········· ① ② ③ ④ ⑤

▎1~20▎ 다음은 직장생활이나 사회생활에서 겪을 수 있는 상황들이다. 각 상황에 대한 반응의 적당한 정도를 표시하시오.

1 입사 후 현장 경험을 쌓기 위해 일정기간 동안 마트에 근무하게 되었다. 다양한 업무를 통해 마트의 돌아가는 상황을 익히던 중 클레임 고객을 접하게 되었다. 고객은 당신을 아르바이트 생으로 취급하며 심하게 무시한다. 이러한 상황에서 당신은 어떻게 하겠는가?

a. 고객에게 화를 내며 고객의 불만사항이 옳지 않음을 말한다.

매우 바람직하다   전혀 바람직하지
                                                                않다.

   ①   ②   ③   ④   ⑤   ⑥   ⑦

b. 고객이 잘못 알고 있는 사실에 대해 설득시키려고 노력한다.

매우 바람직하다   전혀 바람직하지
                                                                않다.

   ①   ②   ③   ④   ⑤   ⑥   ⑦

c. 일단 화가 많이 나 있는 고객이므로 자리를 피한다.

매우 바람직하다   전혀 바람직하지
                                                                않다.

   ①   ②   ③   ④   ⑤   ⑥   ⑦

d. 먼저 고객의 화를 진정시킨 후 상사에게 보고하여 원만하게 해결할 수 있도록 한다.

매우 바람직하다   전혀 바람직하지
                                                                않다.

   ①   ②   ③   ④   ⑤   ⑥   ⑦

2 전체 팀원이 야근을 하게 되었다. 정신없이 업무를 처리하던 중 시계를 보니 저녁을 먹을 시간이 훨씬 지났다. 당신은 몹시 배가 고픈 상태이고 일을 끝마치려면 아직 멀었다. 이러한 상황에서 아무도 식사에 대한 언급이 없을 때 당신은 어떻게 하겠는가?

a. 다른 사람도 나처럼 배가 고플 테니 나가서 먹을 것을 사온다.

매우 바람직하다						전혀 바람직하지 않다.
①	②	③	④	⑤	⑥	⑦

b. 다른 사람들이 일하는 데 방해가 될 수 있으니 혼자 조용히 나가서 먹고 온다.

매우 바람직하다						전혀 바람직하지 않다.
①	②	③	④	⑤	⑥	⑦

c. 아직 업무를 처리하기 전까지 많은 시간을 더 보내야 하므로 식사를 하고 다시 시작할 것을 제안한다.

매우 바람직하다						전혀 바람직하지 않다.
①	②	③	④	⑤	⑥	⑦

d. 아무도 식사에 대한 언급을 하지 않는 걸 보면 모두 배가 고프지 않은 것 같으니 배가 고파도 참도록 한다.

매우 바람직하다						전혀 바람직하지 않다.
①	②	③	④	⑤	⑥	⑦

3 어느 날 당신의 부하직원들이 신입사원들을 길들인다며 무리하고 불합리한 업무를 지시하였다. 이러한 사실을 알게 된 사장이 왜 사실을 알고도 보고를 하지 않았냐고 문책을 하기 시작하였다. 이러한 상황에서 당신은 어떻게 하겠는가?

a. 회사 생활에 대한 전반적인 이야기를 한 후, 교육의 한 과정이었다고 말을 한다.

매우 바람직하다						전혀 바람직하지 않다.
①	②	③	④	⑤	⑥	⑦

b. 부하직원들을 제대로 교육시켜 다시는 이런 일이 생기지 않도록 하겠다고 말을 한다.

매우 바람직하다						전혀 바람직하지 않다.
①	②	③	④	⑤	⑥	⑦

c. 팀원들의 행동에 대해서 일일이 보고할 필요가 없었다고 말한다.

매우 바람직하다						전혀 바람직하지 않다.
①	②	③	④	⑤	⑥	⑦

d. 부하직원들의 행위는 암묵적으로 용인되는 현상이며 이 같은 현상에 대하여 이해시키려고 노력한다.

매우 바람직하다						전혀 바람직하지 않다.
①	②	③	④	⑤	⑥	⑦

4 화장실에서 나오려는 순간 다른 동료들이 당신에 대해 험담하는 것을 우연히 엿듣게 되었다. 평소 믿고 있었던 동료들이라 당신의 배신감은 더욱 크다. 이런 상황에서 당신은 어떻게 하겠는가?

a. 당장 문을 박차고 나와 동료들의 뺨을 때린다.

매우 바람직하다						전혀 바람직하지 않다.
①	②	③	④	⑤	⑥	⑦

b. 동료들이 먼저 나갈 때까지 기다린 후 조용히 빠져나와 자신을 반성해 본다.

매우 바람직하다						전혀 바람직하지 않다.
①	②	③	④	⑤	⑥	⑦

c. 동료들과 자신의 문제점에 대해 솔직하게 이야기 해 본다.

매우 바람직하다						전혀 바람직하지 않다.
①	②	③	④	⑤	⑥	⑦

d. 일단은 참고, 이후 동료들과 관계를 끊어 버린다.

매우 바람직하다						전혀 바람직하지 않다.
①	②	③	④	⑤	⑥	⑦

5 자신의 상관이 자리를 비울 때마다 공적인 업무가 아닌 사적인 일을 하는 상관이 있다. 상관은 매번 개인적인 일로 인해 처리하지 못한 업무를 당신을 비롯한 부하직원들에게 처리하도록 지시한다. 이러한 상황이 계속적으로 반복될 때 당신은 어떻게 하겠는가?

a. 상관보다 높은 직급의 상관에게 바로 알려 상관의 부정을 알린다.

매우 바람직하다						전혀 바람직하지 않다.
①	②	③	④	⑤	⑥	⑦

b. 부하직원들을 선동하여 상관의 업무지시에 항의하도록 한다.

매우 바람직하다						전혀 바람직하지 않다.
①	②	③	④	⑤	⑥	⑦

c. 회사의 직급체계는 무시할 수 없으므로 화가 나더라도 참는다.

매우 바람직하다						전혀 바람직하지 않다.
①	②	③	④	⑤	⑥	⑦

d. 상관과 개인적인 대화를 통해 나와 직원들의 입장을 설명한다.

매우 바람직하다						전혀 바람직하지 않다.
①	②	③	④	⑤	⑥	⑦

6 당신보다 훨씬 나이가 어린 사람이 당신의 팀에 팀장으로 부임해 왔다. 팀장은 모든 일에 있어서 팀원들에게 자신의 의견을 강하게 주장하고 불합리한 요구를 한다. 당신은 어떻게 하겠는가?

a. 회사생활은 직급이 우선이므로 팀장의 행동을 이해하려고 노력한다.

매우 바람직하다						전혀 바람직하지 않다.
①	②	③	④	⑤	⑥	⑦

b. 팀원들과 함께 팀장의 명령을 잘 따르지 않으며 애를 먹인다.

매우 바람직하다						전혀 바람직하지 않다.
①	②	③	④	⑤	⑥	⑦

c. 업무를 처리함에 있어서 팀장의 무리한 주장에 대하여 강하게 항의한다.

매우 바람직하다						전혀 바람직하지 않다.
①	②	③	④	⑤	⑥	⑦

d. 팀장의 불합리한 요구에 대하여 논리적으로 설득하고 팀원들의 입장을 말한다.

매우 바람직하다						전혀 바람직하지 않다.
①	②	③	④	⑤	⑥	⑦

7 늦은 저녁시간 퇴근하여 집에서 휴식을 취하던 중 상사의 전화가 걸려왔다. 집 앞에서 직원들과 술자리를 하고 있으니 당신도 함께 어울리자는 것이다. 술자리는 일찍 끝날 것 같지 않고, 당신은 내일 중요한 프로젝트를 진행해야 한다. 이러한 상황에서 당신은 어떻게 하겠는가?

a. 상사에게 상황을 논리적으로 설명한 후 상사에게 양해를 구한다.

매우 바람직하다						전혀 바람직하지 않다.
①	②	③	④	⑤	⑥	⑦

b. 일단 술자리에 참여하고 난 후, 상황을 봐서 판단한다.

매우 바람직하다						전혀 바람직하지 않다.
①	②	③	④	⑤	⑥	⑦

c. 술자리에 얼굴을 비춘 후 자신의 상황을 말한 후 양해를 구하고 일찍 일어선다.

매우 바람직하다						전혀 바람직하지 않다.
①	②	③	④	⑤	⑥	⑦

d. 중요한 프로젝트를 망칠 수 없으므로 정중하게 거절한다.

매우 바람직하다						전혀 바람직하지 않다.
①	②	③	④	⑤	⑥	⑦

8 사무실 내의 비품 보관함을 만들라는 상사의 지시가 있었다. 비품 보관함을 만들기 위해서는 예산이 필요하지만 상사는 예산에 관해서는 언급이 없다. 이러한 상황에서 당신은 어떻게 하겠는가?

a. 상사에게 여쭤보고 예산안을 작성한다.

매우 바람직하다						전혀 바람직하지 않다.
①	②	③	④	⑤	⑥	⑦

b. 다른 직원들에게 상황을 설명한 후 다른 직원들로부터 돈을 걷는다.

매우 바람직하다						전혀 바람직하지 않다.
①	②	③	④	⑤	⑥	⑦

c. 예산에 대한 별다른 언급이 없으므로 하는 수 없이 사비로 물품 보관함을 만든다.

매우 바람직하다						전혀 바람직하지 않다.
①	②	③	④	⑤	⑥	⑦

d. 구체적인 계획을 세운 후 예산에 대한 보고를 한다.

매우 바람직하다						전혀 바람직하지 않다.
①	②	③	④	⑤	⑥	⑦

9 퇴근이 임박한 시간에 상사가 갑자기 일괄적인 업무를 지시하며 오늘 안으로 끝낼 수 있는지 묻고 있다. 당신의 생각으로는 퇴근 전까지 끝내기 어려울 것 같지만, 옆자리의 동료는 할 수 있다고 대답하였다. 이러한 상황에서 당신은 어떻게 하겠는가?

a. 일단 대답부터 하고 퇴근시간이 되면 다시 상사에게 말한다.

매우 바람직하다						전혀 바람직하지 않다.
①	②	③	④	⑤	⑥	⑦

b. 처음부터 무리한 지시였으므로 할 수 없다고 대답한다.

매우 바람직하다						전혀 바람직하지 않다.
①	②	③	④	⑤	⑥	⑦

c. 옆자리의 동료를 의식해 할 수 있다고 대답한 후 야근을 한다.

매우 바람직하다						전혀 바람직하지 않다.
①	②	③	④	⑤	⑥	⑦

d. 일단 상사에게 논리적으로 설명한 후 상사의 지시에 따른다.

매우 바람직하다						전혀 바람직하지 않다.
①	②	③	④	⑤	⑥	⑦

10 30명의 회사직원들과 함께 산악회를 결성하여 산행을 가게 되었다. 그런데 오후 12시에 산 밑으로 배달되기로 했던 도시락이 배달되지 않아, 우유와 빵으로 점심을 때우게 되었다. 점심을 다 먹고 난 후 도시락 배달원이 도착하였는데 음식점 주인이 실수로 배달장소를 다른 곳으로 알려주는 바람에 늦었다고 한다. 당신은 어떻게 할 것인가?

a. 음식점 주인의 잘못이므로 돈을 주지 않는다.

매우 바람직하다						전혀 바람직하지 않다.
①	②	③	④	⑤	⑥	⑦

b. 빵과 우유 값을 공제한 음식 값을 지불한다.

매우 바람직하다						전혀 바람직하지 않다.
①	②	③	④	⑤	⑥	⑦

c. 음식점 주인의 잘못이므로 절반의 돈만 준다.

매우 바람직하다						전혀 바람직하지 않다.
①	②	③	④	⑤	⑥	⑦

d. 늦게라도 도착하였으므로 돈을 전액 주도록 한다.

매우 바람직하다						전혀 바람직하지 않다.
①	②	③	④	⑤	⑥	⑦

11 갑작스럽게 야근을 하게 되었다. 업무를 진행하던 중 출출해진 팀원들은 라면을 먹기로 하였다. 당신이 먹고 싶었던 라면을 부하직원이 먼저 집어 들었다면 당신은 어떻게 하겠는가?

a. 부하 직원에게 라면을 하나 더 구해오라고 요구한다.

매우 바람직하다						전혀 바람직하지 않다.
①	②	③	④	⑤	⑥	⑦

b. 부하직원이 먼저 집었으므로 어쩔 수 없이 다른 라면을 먹는다.

매우 바람직하다						전혀 바람직하지 않다.
①	②	③	④	⑤	⑥	⑦

c. 부하직원을 설득해서 믹고 싶었던 라면을 먹는다.

매우 바람직하다						전혀 바람직하지 않다.
①	②	③	④	⑤	⑥	⑦

d. 적절한 게임을 통해 승리자가 그 라면을 먹도록 한다.

매우 바람직하다						전혀 바람직하지 않다.
①	②	③	④	⑤	⑥	⑦

12 당신이 아끼는 볼펜이 없어져 하루 종일 볼펜을 찾았다. 하지만 아무리 찾아봐도 보이지 않아 포기하려는 순간 당신의 옆자리 동료가 똑같은 볼펜을 사용하고 있는 것을 발견하였다. 이러한 상황에서 당신은 어떻게 하겠는가?

a. 내 것이 분명하므로 볼펜을 사용하게 된 경위를 묻는다.

매우 바람직하다						전혀 바람직하지 않다.
①	②	③	④	⑤	⑥	⑦

b. 옆자리 동료의 것일 수도 있으므로 조용히 넘어간다.

매우 바람직하다						전혀 바람직하지 않다.
①	②	③	④	⑤	⑥	⑦

c. 무작정 물어볼 경우 의심하는 걸로 간주되어 동료의 기분이 상할 수 있으므로 상황을 설명한 후 조심스럽게 물어본다.

매우 바람직하다						전혀 바람직하지 않다.
①	②	③	④	⑤	⑥	⑦

d. 다른 동료에게 하소연한 후 대신 물어봐줄 것을 요청한다.

매우 바람직하다						전혀 바람직하지 않다.
①	②	③	④	⑤	⑥	⑦

13 당신은 근무하던 회사를 옮기게 되었다. 새로운 회사에서 중요한 프로젝트를 맡아 필요한 자료를 조사하던 중 꼭 필요한 자료가 이전 회사의 인트라넷에 있었던 사실을 기억해 냈다. 당신은 이전 회사 동료의 아이디와 비밀번호를 기억하고 있는 상황이라면 어떻게 하겠는가?

a. 이전의 직장도 중요하지만 현재의 위치에서 최고가 되기 위해서 어느 정도의 부정은 감수한다.

매우 바람직하다   전혀 바람직하지 않다.

①   ②   ③   ④   ⑤   ⑥   ⑦

b. 직장에서의 도덕성은 반드시 지켜야 한다고 생각해 절대로 사용하지 않는다.

매우 바람직하다   전혀 바람직하지 않다.

①   ②   ③   ④   ⑤   ⑥   ⑦

c. 이전 회사의 직장 동료에게 도움을 요청하고 필요한 정보에 대한 조언을 얻는 것으로 만족한다.

매우 바람직하다   전혀 바람직하지 않다.

①   ②   ③   ④   ⑤   ⑥   ⑦

d. 더욱 알맞은 자료가 있을 수 있으므로 다른 방법을 통해 자료를 찾아본다.

매우 바람직하다   전혀 바람직하지 않다.

①   ②   ③   ④   ⑤   ⑥   ⑦

14 회사동료들과 다 같이 점심을 먹었다. 당신이 먼저 전체 점심값을 계산하고 난 후, 동료들이 당신에게 개별적으로 점심값을 주기로 하였다. 하지만 친한 동료 중 한 명이 점심값을 실제 점심 가격보다 적게 주었다. 이러한 상황에서 당신은 어떻게 하겠는가?

a. 친한 것과 돈은 별개이므로 동료에게 적게 받은 만큼을 돌려받는다.

매우 바람직하다						전혀 바람직하지 않다.
①	②	③	④	⑤	⑥	⑦

b. 모르는 척 넘어가고 다음번에 그 동료에게 같은 방법으로 돈을 적게 준다.

매우 바람직하다						전혀 바람직하지 않다.
①	②	③	④	⑤	⑥	⑦

c. 동료에게 정확한 점심가격을 말해 주고 웃으며 상황을 넘어간다.

매우 바람직하다						전혀 바람직하지 않다.
①	②	③	④	⑤	⑥	⑦

d. 동료가 무안할 수 있으므로 이번은 조용히 넘어간다.

매우 바람직하다						전혀 바람직하지 않다.
①	②	③	④	⑤	⑥	⑦

15 원하던 회사의 원하는 부서에 입사하게 된 당신은 첫 출근을 하였다. 업무를 지시받아 처리하던 중 너무 긴장한 탓인지, 당신이 전공한 전공지식과 관련한 업무임에도 불구하고 모르는 것이 생겼다. 이러한 상황에서 당신은 어떻게 하겠는가?

a. 전공지식도 모를 경우 동료들이 무시할 수 있으므로 혼자 힘으로 해결하고자 노력한다.

매우 바람직하다						전혀 바람직하지 않다.
①	②	③	④	⑤	⑥	⑦

b. 솔직하게 말한 후, 부서의 선배들에게 질문하여 빠르게 해결한다.

매우 바람직하다						전혀 바람직하지 않다.
①	②	③	④	⑤	⑥	⑦

c. 도움을 받을 수 있는 주위의 선·후배 또는 친구들에게 연락을 해서 업무를 처리한다.

매우 바람직하다						전혀 바람직하지 않다.
①	②	③	④	⑤	⑥	⑦

d. 모르는 부분은 제외하고 업무를 처리한 후 상사의 언급이 있을 때 다시 처리한다.

매우 바람직하다						전혀 바람직하지 않다.
①	②	③	④	⑤	⑥	⑦

16 월말에 효율적인 업무처리를 위해 반드시 필요한 프로그램이 있어서 당신은 1년 전 부터 그 프로그램의 설치를 건의했다. 하지만 회사에서는 매번 다음 달에는 프로그램을 설치해주겠다는 말만 반복하였다. 또 다시 월말이 되었지만 프로그램은 설치되지 않았다. 이러한 상황에서 당신은 어떻게 하겠는가?

a. 매번 설치되지 않았으므로 어느 정도 적응 되었으므로 포기하고 업무를 진행한다.

매우 바람직하다						전혀 바람직하지 않다.
①	②	③	④	⑤	⑥	⑦

b. 반복되는 관행을 고치기 위해 프로그램을 설치해 줄 때 까지는 업무를 시작하지 않는다.

매우 바람직하다						전혀 바람직하지 않다.
①	②	③	④	⑤	⑥	⑦

c. 마지막이라 생각하고 기존의 방식으로 업무를 처리한 후 동료에게 하소연 한다.

매우 바람직하다						전혀 바람직하지 않다.
①	②	③	④	⑤	⑥	⑦

d. 프로그램을 설치했을 때 효과에 대해 보고서를 작성하여 상사에게 논리적으로 설명한다.

매우 바람직하다						전혀 바람직하지 않다.
①	②	③	④	⑤	⑥	⑦

17 회사의 비품이 점점 없어지고 있다. 그런데 당신이 범인이라는 소문이 퍼져 있다면 당신은 어떻게 할 것인가?

a. 내가 아니면 그만이므로 그냥 참고 모른 척 한다.

매우 바람직하다   전혀 바람직하지
                                                        않다.

| ① | ② | ③ | ④ | ⑤ | ⑥ | ⑦ |

b. 소문을 퍼트린 자를 찾아낸다.

매우 바람직하다   전혀 바람직하지
                                                        않다.

| ① | ② | ③ | ④ | ⑤ | ⑥ | ⑦ |

c. 사람들에게 억울함을 호소한다.

매우 바람직하다   전혀 바람직하지
                                                        않다.

| ① | ② | ③ | ④ | ⑤ | ⑥ | ⑦ |

d. 회사 물품뿐만 아니라 회사 기밀도 마구 빼돌렸다고 과장된 거짓말을 한다.

매우 바람직하다   전혀 바람직하지
                                                        않다.

| ① | ② | ③ | ④ | ⑤ | ⑥ | ⑦ |

18 당신은 새로운 회사의 팀장으로 영입되었다. 팀원들과의 관계가 서먹하여 관계개선을 위하여 노력을 하고자 한다. 상사들과의 관계는 잘 정리가 되고 있으나 부하직원들과는 아직 많이 힘든 상황이다. 이러한 상황에서 당신이라면 어떻게 하겠는가?

a. 서먹한 사이에 괜한 오해를 사지 않도록 무조건 잘 해 주려고 노력한다.

매우 바람직하다   전혀 바람직하지 않다.

①	②	③	④	⑤	⑥	⑦

b. 부하직원들을 존중해주며 술자리도 많이 마련한다.

매우 바람직하다   전혀 바람직하지 않다.

①	②	③	④	⑤	⑥	⑦

c. 처음이니 얕보이지 않도록 업무의 강도를 높이며 부하직원들을 일일이 관리한다.

매우 바람직하다   전혀 바람직하지 않다.

①	②	③	④	⑤	⑥	⑦

d. 회사의 분위기, 업무처리 방식 등을 전반적으로 파악한 후 적정한 관계를 유지한다.

매우 바람직하다   전혀 바람직하지 않다.

①	②	③	④	⑤	⑥	⑦

19 당신의 옆자리에 앉아 있는 동료 A는 평소 경거망동하여 기분 내키는 대로 행동할 뿐만 아니라 신중하지 못한 언행으로 사람을 당황하게 할 때가 많다. 당신은 어떻게 하겠는가?

a. 동료 A에게 잘못된 점을 지적하고 그러지 말라고 충고한다.

매우 바람직하다   전혀 바람직하지 않다.

① ② ③ ④ ⑤ ⑥ ⑦

b. 그냥 내버려둔다.

매우 바람직하다   전혀 바람직하지 않다.

① ② ③ ④ ⑤ ⑥ ⑦

c. 상사에게 A의 질못된 점을 알린다.

매우 바람직하다   전혀 바람직하지 않다.

① ② ③ ④ ⑤ ⑥ ⑦

d. 동료 A와 똑같이 행동을 한다.

매우 바람직하다   전혀 바람직하지 않다.

① ② ③ ④ ⑤ ⑥ ⑦

20 상사가 지시한 오늘까지 끝마쳐야 하는 업무를 하는 도중 직속 상사보다 직급이 높은 다른 상사가 또 다른 업무를 오늘까지 끝마치라고 지시하였다. 시간 관계상 두 가지 업무를 모두 하기는 힘들 것 같다. 당신은 어떻게 하겠는가?

a. 직속 상사가 업무를 먼저 지시했으므로, 직속 상사의 업무를 먼저 한다.

매우 바람직하다						전혀 바람직하지 않다.
①	②	③	④	⑤	⑥	⑦

b. 직급이 높은 상사가 우선이므로 나중에 맡은 업무를 먼저 한다.

매우 바람직하다						전혀 바람직하지 않다.
①	②	③	④	⑤	⑥	⑦

c. 일의 중요도를 따져 우선순위를 정한 후 당장할 수 없는 업무에 대해 양해를 구한다.

매우 바람직하다						전혀 바람직하지 않다.
①	②	③	④	⑤	⑥	⑦

d. 직속 상사의 업무를 먼저 처리 한 후, 직급이 높은 상사의 지시를 늦게라도 처리한다.

매우 바람직하다						전혀 바람직하지 않다.
①	②	③	④	⑤	⑥	⑦

∥1~20∥ 다음은 당신이 조직생활 및 업무환경에서 자주 겪을 수 있는 상황이 제시된 글이다. 각각의 상황을 읽고, 제시된 물음에 따라 답하시오.

1

> 최 대리는 모든 일에 열정을 다하는 사원이다. 그러나 매일 늘어만 가는 업무량을 현재 직원들이 모두 소화를 못하고 있다. 그러나 회사의 사정이 좋지 못하여 직원을 채용하지 못할 상황이다. 동료 및 직원들은 하나 둘씩 사직서를 제출하여 점점 더 회사의 사정이 어려워지고 있다. 최 대리 또한 늘어나는 업무량과 3년째 동결된 급여로 인하여 사직서를 제출하였다. 자신이 최 대리라면 사직서를 제출할 확률은?

① 0%
② 25%
③ 50%
④ 75%
⑤ 100%

2

> 최 부장은 성과를 위해 임원회의에 발표하기로 하였다. 하지만 다른 업무가 많아, 업무를 제때 처리할 수 없다. 다른 팀원에게 자신의 일을 맡기려 한다. 자신이 최 부장이라면 다른 팀원에게 부탁할 확률은?

① 0%
② 20%
③ 40%
④ 60%
⑤ 80%

3

> 김 대리는 생산 업무 담당자이다. 그런데 설계부서에서 생산도면이 전달되어 제품을 생산하려고 하는 도중 설계도면의 오류가 발견되었다. 그 자리에서 바로 수정한다면 차질 없이 제작이 가능하나, 상사는 회사 규정에 맞게 상부보고 후 결정이라는 정식 절차를 밟을 것을 권장하고 있다. 그러나 김 대리는 정식절차를 무시하고 그 자리에서 바로 수정을 하였다. 자신이 김 대리라면 그 자리에서 바로 수정할 확률은?

① 0%
② 20%
③ 40%
④ 60%
⑤ 80%

4

> 최 대리는 팀원들과 함께 프로젝트를 수행하고 있다. 프로젝트의 마감시한이 일주일이지만 일처리의 내용은 열흘을 넘길 분량이다. 팀장은 미흡하더라도 기한 내에 프로젝트를 마무리하라고 지시하였다. 하지만 최 대리는 기한을 넘기더라도 완벽하게 프로젝트를 마무리하자고 팀원들에게 요구하였다. 자신이 최 대리라면 팀장의 말을 무시하고 독단적으로 결정할 확률은?

① 0%   ② 20%
③ 40%   ④ 60%
⑤ 80%

5

> 이 대리는 상품판매부 담당이다. 신제품이 출시되었는데 예상과 달리 고객들의 만족도가 현저히 저하되고, 불량률이 높아 불만이 급증하고 있다. 이 상태를 유지하다가는 회사 이미지 실추 및 자사 다른 제품의 판매율까지 하락할 것이다. 이 대리는 신제품 출시를 중단하고 또 다른 보완제품을 출시하자고 팀장에게 건의하였다. 자신이 이 대리라면 팀장에게 이 같은 건의를 할 확률은?

① 0%   ② 20%
③ 40%   ④ 60%
⑤ 80%

6

> 박 대리는 업무 중 고의가 아닌 과실로 인하여 회사에 큰 물의를 일으켰다. 이에 대해 화가 많이 난 상사가 공개적으로 박 대리에게 심한 인격 모독성 발언을 하였다. 그러나 박 대리는 아무 대꾸도 없이 그냥 고개를 숙이고 묵묵히 듣고만 있다. 자신이 박 대리라면 이 상황에서 상사의 꾸중을 듣고 가만히 있을 확률은?

① 0%   ② 20%
③ 40%   ④ 60%
⑤ 80%

7

　　김 대리는 협력업체와의 거래를 담당하는 직무를 하고 있다. 협력업체가 다른 회사와의 새로운 거래를 트기 위하여 자사의 거래를 줄이려고 하고 있다. 김 대리는 이러한 사실을 알고 협력업체와 미팅을 주선하려고 한다. 그러나 협력업체는 이를 거부하고 자사와의 거래를 50% 줄이려고 한다. 김 대리는 이 사실을 바로 상사에게 보고하였다. 자신이 김 대리라면 협력업체와의 문제가 발생하였을 때 상사에게 보고할 확률은?

① 0%　　　　　　　　　　　　② 25%

③ 50%　　　　　　　　　　　　④ 75%

⑤ 100%

8

　　밤 9시가 넘어서까지 야근을 하고 있던 김 대리는 졸음을 쫓으려 화장실에 세수를 하러 갔다. 그런데 그 안에서 한 낯선 남자가 최 부장과 이야기를 하고 있는 것이었다. 그 내용은 자신에게 5천만 원을 주지 않으면 최 부장의 거액 횡령사실을 회사 전체에 폭로하겠다고 협박을 하는 것이었다. 김 대리는 다음 날 바로 상사에게 최 부장의 횡령사실을 보고하였다. 자신이 김 대리라면 상사에게 부장의 횡령사실을 보고할 확률은?

① 0%　　　　　　　　　　　　② 25%

③ 50%　　　　　　　　　　　　④ 75%

⑤ 100%

9

　　이 대리는 물류담당부서의 직원이다. 한 거래처에서 너무 많은 재고로 인하여 감당이 안 된다며 재고상품을 구매해 줄 것을 요청하였다. 그러나 이 대리는 자사에도 그 제품을 재고로 쌓아 놓고 있는 실정이라 재차 구매가 어렵다고 하였다. 그러자 그 거래처에서 거액의 상품권을 줄 테니 그 제품을 구매해 달라고 한다. 이 대리는 그 제품을 1억 원 어치 구매를 하였다. 자신이 이 대리일 경우 그 재고제품을 구매할 확률은?

① 0%　　　　　　　　　　　　② 20%

③ 40%　　　　　　　　　　　　④ 60%

⑤ 80%

10

> 귀하는 친구 A, B와 셋이서 공동으로 창업을 하였다. 창업 당시 자본이 여의치 않아 친구 A가 자본의 90%를 투자하였다. 세 사람은 모두 열심히 일을 하여 순수익 10억 원의 돈을 벌었다. 그러나 수익의 60% 이상은 사업수완이 좋은 친구 B 덕분에 달성한 것이었다. 귀하가 순수익을 각자에게 분배하려고 할 경우 어떻게 분배할 것인가?

① 나 : 2억 원, A : 4억 원, B : 4억 원
② 나 : 3억 원, A : 4억 원, B : 3억 원
③ 나 : 4억 원, A : 3억 원, B : 3억 원
④ 나 : 1억 원, A : 4억 원, B : 5억 원
⑤ 나 : 1억 원, A : 5억 원, B : 4억 원

11

> 귀하와 B라는 사람은 함께 공동으로 작은 기업을 운영하고 있다. 불경기라 사정이 여의치가 않아 이번 달은 400만 원 밖에 순수익을 올리지 못하였다. 이러한 사정을 안 B는 귀하가 주는 만큼만 받겠다고 한다. 그렇다면 귀하가 자신과 B에게 배분할 돈은?

① 200 : 200
② 210 : 190
③ 250 : 150
④ 300 : 100
⑤ 350 : 50

12

　　영업부 이 과장은 항상 회사에서 자신만의 재테크를 한다. 업무시간에 컴퓨터 앞에서 자신의 주식이 어떻게 되나 늘 주시한다. 자신이 보유한 주식이 오르면 밝은 표정으로 직원들을 대하고 하루 종일 기분이 좋으나, 주식이 떨어지면 사무실 분위기는 초상집 보다 더 엄숙한 분위기가 된다. 이럴 때 조금이라고 실수가 발생하기라도 하면 그 직원은 죽는 날이 되고 만다. 자신이 이 과장이라면 기분대로 직원들을 대할 확률은?

① 0%
② 25%
③ 50%
④ 75%
⑤ 100%

13

　　박 대리는 어느 닐 바이어와의 급한 약속시간을 맞추기 위하여 택시를 타게 되었다. 귀하가 바쁘다는 것을 눈치 챈 운전사는 차량소통 상황을 지켜보며 신호위반을 하고, 차선변경, 끼어들기, 속도위반 등 모든 교통법규를 위반한 채 귀하를 약속시간 전에 목적지까지 도착하게 해 주었다. 박 대리는 늦지 않게 도착한 것에 감사하며 택시에서 내렸다. 자신이 박 대리라면 택시기사에게 준법의식에 대해 말할 확률은?

① 0%
② 25%
③ 50%
④ 75%
⑤ 100%

14

　　오늘은 영업팀의 회식날이다. 영업실적이 타 회사에 비해 월등히 뛰어나다고 하여 사장님이 포상금을 주신 것으로 고급 일식집에서 회식을 하게 되었다. 한참을 즐거운 시간을 보내던 중 상사가 영업팀의 홍일점인 이 대리를 불러 옆에 앉히고 "우리 이 대리는 예쁘고 몸매도 훌륭한데다가 일도 잘해서 예뻐 죽겠어."라면서 엉덩이를 툭툭 쳤다. 그 순간 이 대리는 비명을 지르며, 그 자리를 박차고 울면서 나가 버렸다. 회식 자리는 갑자기 수군거리는 분위기로 바뀌었다. 자신이 이 대리라면 회식 자리에서 뛰쳐나갈 확률은?

① 0%
② 20%
③ 40%
④ 60%
⑤ 80%

15

　　이 부장은 영업부 등산동호회의 총무를 맡고 있다. 동호회활동을 하는 회원은 모두 회사의 임직원들로 약 30명 정도가 모여 매주 등산을 한다. 그러나 오늘은 무슨 일 인지 12시까지 배달되어야 할 30명분의 도시락이 1시가 되어도 도착하지 않아 모두들 배고픔에 몸부림치고 있다. 하다못해 부랴부랴 빵과 우유로 점심을 때웠다. 뒤늦게 2시경 도착한 도시락가게 직원은 교통체증으로 인하여 늦었다고 죄송하다고 한다. 이 부장은 도시락가게 직원에게 화를 내고 돈을 주지 않았다. 자신이 이 부장이라면 도시락가게 직원에게 돈을 줄 확률은?

① 0%　　　　　　　　　　　　　② 25%

③ 50%　　　　　　　　　　　　　④ 75%

⑤ 100%

16

　　배 대리는 주간회의에서 사원들 중 사내업무처리규정에 맞지 않게 일을 처리하는 사원들이 많다는 지적을 받았다. 그리하여 부장의 다음과 같은 특별지시가 떨어졌다. 부장이볼 때 우리 부서에서 B 사원이 가장 일도 못하고 실수투성이이기에 모든 사원들이 보는 앞에서 다른 사람들도 알아들을 수 있도록 대표적으로 B 사원을 호되게 질책하라는 것이었다. 배 대리는 바로 B사원을 불러 다른 사원들이 보는 앞에서 소리를 지르면 질책을 하였다. 자신이 배 대리라면 부장의 명에 따라 B 사원을 모든 사원들 앞에서 질책할 확률은?

① 0%　　　　　　　　　　　　　② 25%

③ 50%　　　　　　　　　　　　　④ 75%

⑤ 100%

17

김 대리는 베트남과의 농촌 개발 사업을 진행하려고 한다. 베트남 농가에 한국산 고추 종사를 공급하고, 현지에 적합한 선진 농업 기술을 전수함으로써 농가의 소득 증대 및 빈곤퇴치에 기여하려는 목적이다. 그러나 상사가 베트남 말고 자신의 지인이 경영하고 있는 필리핀 농장과 진행하라고 한다. 김 대리는 상사의 말을 거역할 수 없어 필리핀 농장과 사업을 진행하기로 하였다. 자신이 김 대리라면 베트남 농가와 사업을 진행할 확률은?

① 0%

② 25%

③ 50%

④ 75%

⑤ 100%

18

정 과장은 자신의 팀이 다른 팀에 비해 업무성과가 저조한 이유로 월례회의에서 상사에게 질타를 받았다. 다른 팀들은 단합도 잘하고 업무효율도 우수하다고 다른 팀을 좀 본받으라고 한다. 정 과장은 옆 팀 팀장에게 업무성과가 좋은 이유를 묻자 단합이 잘 되려면 회식을 하는 것이 좋다는 말을 들었다. 그래서 정 과장은 바로 오늘 회식 할 것이므로 한 명도 빠지지 말고 집합하라고 팀 직원들에게 명령하였다. 자신이 정 과장이라면 오늘 당장 회식할 확률은?

① 0%

② 25%

③ 50%

④ 75%

⑤ 100%

19

이 과장은 신제품 개발을 위한 프로젝트에 참여하여 밤낮으로 일을 하며, 오로지 성공을 위하여 달려가고 있다. 어려서부터 가난하게 생활하여 무슨 일이 있어도 자신은 성공을 하여 돈을 많이 벌어야 한다고 다짐하며 하루하루를 열심히 살아간다. 그러던 어느 날, 한 경쟁업체의 사장이 이 과장에게 접촉하여 개발하고 있는 신제품의 정보를 알려주면 3억 원의 거액과 자신의 회사 부장 자리에 앉혀 준다고 제의하였다. 이 과장은 바로 신제품에 대한 정보를 알려주었다. 자신이 이 과장이라면 경쟁업체에 정보를 줄 확률은?

① 0%   ② 25%
③ 50%   ④ 75%
⑤ 100%

20

박 대리는 주어진 업무를 열심히 처리하려고 매일매일 노력을 하면서 힘든 일도 마다않고 하고 있는데 중간 중간 자신의 개인적인 잔심부름을 시키는 유 부장이라는 상사가 있다. 잔심부름도 아무런 불평도 없이 하면서 본인의 업무를 처리하는데 심부름의 정도가 날이 갈수록 점점 심해져 업무에 지장을 줄 정도이다. 계속 이러다가는 회사에서 심부름만 하다가 하루가 갈 지경이다. 박 대리는 유 부장에게 하소연을 하였다. 자신이 박 대리라면 유 부장에게 개인적인 잔심부름은 시키지 말라고 말을 할 확률은?

① 0%   ② 25%
③ 50%   ④ 75%
⑤ 100%

PART

III

실전 모의고사

95문항/ 55분

1 A는 B보다 2살 많고, C는 B보다 5살 적다. 세 명의 평균 나이는 21살이다. C의 나이는?

① 16살　　　　　　　　② 17살

③ 18살　　　　　　　　④ 19살

⑤ 20살

┃2~3┃ 다음 표는 어느 회사 직원들의 소득 수준에 따른 취미 생활을 조사한 자료이다. 이 자료에 대한 질문에 답하시오. (단, 가, 나, 다, 라, 마는 취미의 종류이다)

현재 소득 수준에 다른 취미생활	2배 향상된 소득 수준					총계
	가	나	다	라	마	
가	180	36	86	14	22	338
나	16	90	24	8	18	156
다	38	24	288	20	28	398
라	14	10	20	28	10	82
마	18	10	24	8	60	120
총계	266	170	442	78	138	1,094

2 현재 소득 수준에서 가장 높은 비율을 차지하는 취미 생활의 비율은 어떻게 되는가?

① 32.3%　　　　　　　　② 34.1%

③ 36.4%　　　　　　　　④ 39.1%

⑤ 45.2%

3 다음 〈보기〉 중 옳은 것을 고르면?

〈보기〉
㉠ 소득이 2배가 되었을 때, '가'를 취미로 가지는 사람은 현재 소득 수준에서 '나'를 취미로 가지는 사람의 2배 이상이다.
㉡ 각 취미별로 소득 수준이 변하여도 취미가 변하지 않은 직원이 가장 많았다.
㉢ 전체적으로 '라'를 취미로 가지고 있는 직원이 가장 적다.

① ㉠
② ㉡
③ ㉢
④ ㉠, ㉡
⑤ ㉡, ㉢

4 다음 ( ) 안에 들어갈 말을 순서대로 바르게 나열한 것은?

( ) : 숙면 = ( ) : 진부

① 감면, 신선
② 초면, 신선
③ 단잠, 부식
④ 초면, 부식
⑤ 감면, 초라

5 어떤 수를 16으로 나눴을 때 나머지가 10이다. 이 나머지를 8로 나눴을 때의 나머지는?

① 1
② 2
③ 3
④ 4
⑤ 5

다음 조건을 읽고 옳은 설명을 고르면?

- A, B, C, D, E, F, G는 출 · 퇴근시 교통수단으로 각각 대중교통 또는 자가용을 이용한다.
- 이들은 매일 같은 교통수단을 이용하여 출 · 퇴근하며, 출근시와 퇴근시 이용하는 교통수단도 같다고 한다.
- 자가용과 대중교통을 같이 이용하는 사람은 없고, 대중교통 환승을 두 번 이상 하는 사람도 없다.
- 7명이 이용하는 대중교통으로는 8번 버스, 20번 버스, 지하철 2, 3, 5호선이 있다.
- 대중교통 환승을 하는 사람이 3명 있으며, 버스에서 버스로 환승 하는 사람은 없다.
- 버스를 이용하는 사람은 A, D, F이고, 지하철을 이용하는 사람은 A, B, D, E이다.
- 어제 출근 도중 A와 D는 8번 버스에서 만났고, B와 D는 지하철 2호선에서 만났다.

A : B는 출 · 퇴근시 환승을 하지 않는다.
B : 자가용을 이용하는 사람은 1명이다.

① A만 옳다.
② B만 옳다.
③ A와 B 모두 옳다.
④ A와 B 모두 그르다.
⑤ A와 B 모두 옳은지 그른지 알 수 없다.

7 ㉠에 들어갈 속담으로 가장 적절한 것은?

> 인간의 역사는 또 생각하고 표현하는 자유, 즉 사상의 자유가 꾸준히 확대되는 방향으로 발전해 왔다. 종교적 독단 때문에 지구가 도는 것이 아니라 태양이 도는 것이라는 믿음이 강요되기도 하였고, 정치적 권력의 강제에 의하여 역사란 지배자의 능력에 따라 좌우되는 것이라 가르쳐지기도 했지만, 아무리 무서운 권력이나 뿌리 깊은 인습(因襲)도 인간의 '생각하고 말하는 자유'를 계속 누를 수는 없었다. 사상의 자유야말로 인간의 역사를 앞으로 나아가게 하는 원동력 중 하나였던 것이다.
>
> 하나의 역사적 사실이 가진 의미는 시대에 따라, 보는 사람의 눈에 따라 변하는 것이다. 따라서, 역사의 변화에 일정한 방향이 없으면 인간 사회는 그야말로 바람 부는 대로 물결 치는 대로 갈 수밖에 없으며, 역사의 의미가 바뀌는 데 일정한 기준이 없으면 역사의 해석이야말로 (㉠)가 되지 않을 수 없다. 그렇게 되면 역사의 길, 역사적 발전, 역사적 진리란 말이 있을 수 없으며 역사학 자체도 남아날 수 없다.
>
> 수천 년에 걸친 인간의 역사를 분석해 온 학자들은 역사의 변화에 일정한 방향이 있다고 말한다. 그 방향은 크게 말해서 인간이 정치적인 속박을 벗어나는 길, 경제적인 불평등을 극복하는 길, 사상의 자유를 넓혀 가는 길이라고 한다.

① 누워서 침 뱉기
② 언 발에 오줌 누기
③ 눈 가리고 아웅하기
④ 손바닥으로 하늘 가리기
⑤ 귀에 걸면 귀걸이, 코에 걸면 코걸이

8 다음 중 '진취'의 반의어는?

① 퇴영   ② 고착
③ 퇴폐   ④ 부패
⑤ 염증

9 강의 상류 지점 A와 48km 떨어진 하류 지점 B를 배를 타고 왕복하였다. 내려갈 때는 2시간이, 올라올 때는 3시간이 걸렸다면 강의 유속은? (단, 흐르지 않는 물에서 배의 속도는 일정하다)

① 3km/h   ② 4km/h

③ 5km/h   ④ 6km/h

⑤ 7km/h

10 다음 ( )에 들어갈 수로 올바른 것은?

5   2   12   4   19   8   26   16 ( )

① 31   ② 32

③ 33   ④ 34

⑤ 35

11 다음 표는 북한 이탈 주민에 관한 것이다. 북한 이탈 주민 중 여성의 비율이 남성의 비율보다 커진 해는 언제부터인가?

구분	2006년	2007년	2008년	2009년	2010년	2011년	2012년	2013년
남	3,211	3,611	3,541	3,154	2,990	3,012	3,368	3,544
여	1,235	1,499	2,476	2,823	3,021	3,320	3,453	3,609
총계	4,446	5,110	6,017	5,977	6,011	6,332	6,821	7,153

① 2006년   ② 2008년

③ 2010년   ④ 2012년

⑤ 2013년

12 다음 중 CSV 사업에 해당하는 것은?

① 스테이지업을 통해 신진 공연 창작자를 발굴·육성하고 공연 콘텐츠 개발을 지원하는 동시에 창작단체, 소규모 극단에 창작을 위한 공간 지원사업을 진행하고 있다.

② CJ푸드빌은 뚜레쥬르의 착한빵이 2개 팔릴 때마다 나눔빵(단팥빵·소보루빵)을 1개씩 적립, 올해 27개 청소년 방과 후 시설과 5개 지역별 연합행사에 총 3만 8,520개의 나눔빵을 전달했다.

③ 다양한 장르의 뮤지션들이 보다 활발한 창작활동을 할 수 있도록 지원하고, 튠업(TUNE UP)을 통해 다채로운 음악 및 문화인재를 음악시장에 소개하고 있다.

④ "교육의 기회가 적어 가난이 대물림 되어서는 안 된다"는 최고경영자의 나눔 철학을 바탕으로 소외 아동, 청소년 교육을 지원하는 CJ도너스캠프를 개최하고 있다.

⑤ CJ제일제당의 여유제품은 물론, 제품 생산단계부터 계획하여 기부하는 식품지원사업을 한다.

13 밀가루 0.4kg을 가지고 빵을 만든다. 밀가루가 144kg일 때 만들 수 있는 빵의 개수는?

① 36개   ② 100개

③ 250개   ④ 360개

⑤ 400개

14 다음 밑줄 친 '의사소통'에 해당하는 사례로 가장 알맞은 말은?

> 기계 만능주의 사고는 기업에서도 정보 사회의 걸림돌로 지적된다. 경영주는 큰 돈을 들여 고급 컴퓨터를 들여놓으면 모든 문제가 당장 해결되리라고 기대한다. 그리고 전산 전문가들은 자신의 전문 지식과 기술로 일 처리가 매우 빨라질 것이라고 기대한다. 그러나 컴퓨터는 어디까지나 하나의 도구일 뿐이다. 시키는 일만 충실하게 해낼 뿐 스스로 사고하고 판단하지는 못한다.
>
> 문제는 사람들이 얼마나 상황을 정확하게 파악하여 프로그램을 짜내는가이다. 그것은 인간 개개인의 창조성 문제이자 동시에 원활한 커뮤니케이션의 문제이다. 아무리 컴퓨터 전문가라 해도 회사 업무 내용을 속속들이 알지 못하면 좋은 작품을 내놓지 못한다. 그것을 파악하는 작업은 결국 그 일을 실제로 담당하는 사람들과 전산 전문가 사이의 의사소통에 달려 있다.
>
> 정보 사회를 맞이하면서 우리가 가장 깊이 생각해 보아야 할 문제는 이것이다. 도대체 정보란 무엇인가? 그것은 그냥 객관적으로 주어진 대상인가? 그래서 그것은 관련된 당사자들에게 항상 가치 중립적이고 공정한 지식이 되는가? 결코 그렇지 않다. 똑같은 현상에 대해 정보를 만들어 내는 방식은 매우 다양할 수 있다. 정보라는 것은 인간에 의해 가공되는 것이고 그 밑에는 언제나 주관적인 입장과 가치관이 깔려 있게 마련이다.

① 영화를 찍기 위해 감독과 대화하는 촬영기사
② 올해 유행할 의상을 소개하는 패션 디자이너
③ 물건을 팔기 위해 소비자에게 전화하는 영업 사원
④ 출근하기 위해 교차로에서 신호를 기다리는 운전사
⑤ 유학 준비를 위해 외국어 학원에서 강의를 듣는 학원생

15 어떤 상품을 30% 이상의 이익이 남게 정가를 정한 후 결국 할인을 20%해서 5,200원으로 판매하였다. 원가는 얼마인가?

① 3,000원   ② 4,000원
③ 5,000원   ④ 6,000원
⑤ 7,000원

16 다음 중 '미비'의 반의어는?

① 불비   ② 부족

③ 허비   ④ 완구

⑤ 완성

17 다음 (   ) 안에 들어갈 말을 순서대로 바르게 나열한 것은?

> (   ) : 시작 = 단초 : (   )

① 끝, 말단   ② 마무리, 단서

③ 개업, 시초   ④ 출발, 매듭

⑤ 개시, 실마리

18 다음 글의 사례와 유사한 것은?

> 20세기 초, 세계는 각 분야에서 놀랄 만한 변혁의 바람이 일었다. 산업화와 기계화의 영향은 인간의 내면이나 정신세계에도 큰 영향을 끼쳤다. 의학, 미술, 문학, 과학 등의 분야에서 일어난 변혁은 곧 건축에도 이어졌다. 단순히 '사람이 사는 집'에서 '더 많은 사람이 더 효율적인 공간에서 함께 살 수 있는 집'으로 건축 개념이 바뀐 것이다. 그 선두에 르 코르뷔지에(Le Corbusier, 1887.10.6~1965.8.27)가 있었다. 그는 단순히 아름다운 건축물을 남긴 건축가에 그치지 않고 기존의 건축 관념을 깨고, 오늘날 현대 건축에 적용되는 많은 이론을 만들어낸 건축 이론의 선구자이기도 했다.

① 올리브영은 한 곳에 매장 2개 이상 있는 편집샵이다.

② 30대 후반 수요자를 중심으로 땅콩주택이 인기를 끌고 있다.

③ CGV는 골드클래스를 통해 고객에게 특별함을 선사하고 있다.

④ 고급양복재단을 기본적인 디자인으로 바꾸었다.

⑤ 공공임대 아파트의 공급 수를 늘리고 있다.

19 노새와 당나귀가 당근을 먹으려고 한다. 이 때 노새가 "네가 나한테 당근을 하나 주면 내가 가진 당근 수가 너의 두 배가 되고, 내가 너한테 당근을 하나 주면 우리는 같은 수의 당근을 가진다."고 말하였다. 노새와 당나귀가 처음에 가지고 있던 당근 수의 합은?

① 9개

② 10개

③ 11개

④ 12개

⑤ 13개

20 다음 중 인천상륙작전 당시 시대 사건이 아닌 것은?

① 한국과 북한의 2차 한국전쟁이 발발하였다.

② 조선일보에 염상섭의 「삼대」가 연재되었다.

③ 프랑스의 로베르 쉬망이 유럽 석탄 철강 공동체 계획을 수립하였다.

④ 미국 공화당 출신 대통령 리차드 닉슨이 재선에 성공하였다.

⑤ 제4회 브라질 월드컵이 열렸다.

21 다음 글에서 궁극적으로 주장하는 것은?

시도 때도 없이 능률을 앞세운 짧게 줄인 말이 쓰이고 있다. 바쁜 세상에 일일이 격식을 갖추어 말끝을 늘일 필요가 어디에 있느냐는 듯하다. 특히 젊은 세대들에게는 이런 현상이 두드러진다. 언제부터인지 "잘 가, 또 만나."라고 말하면서 손을 흔들던 모습은 사라져 버렸고 "안녕."이라는 짧은 낱말이 헤어짐의 인사말을 대신하고 있다. 물론 그것은 만남의 인사말로도 쓰이는데 역시 '-하세요'가 생략된 '안녕'으로만 더 자주 쓰인다. 이러한 추세대로 나아간다면 조만간 '안녕'뿐만 아니라 '수고, 감사, 환영' 등 명사형(名詞形)만으로 완벽하고 정당한 인사말을 삼게 될 수 있을 것이다.

인사말은 사회적으로 공인된 관습적 표현이므로 그것이 명사형을 취한다 하여 좋다 나쁘다를 가름할 필요는 없을 것이다. 영어의 "굿 바이(Good bye)."만 해도 "하느님이 당신과 함께 하시기를(God be with you)."이라는 긴 말이 편한 대로 준 것이다. 그런데 이러한 말 줄임 현상의 문제점은 줄여서는 안 될 부분까지 과감하게 잘라 버리는 지경에 이르기까지 문제의 심각성을 의식하지 못했다는 점이다. 대개의 경우 이러한 말 줄임 현상은 그것을 결코 간과할 수 없는 지경에 이르렀다. '메이드 인 코리아(made in Korea)'를 '메이드 · 인', '오버코트(overcoat)'를 '오버'라고 줄여 말하고 있다. 게다가 '스테인리스 스틸(stainless steel : 변하지 않는 쇠, 녹슬지 않는 쇠붙이)'을 '스테인 (stain : 변색, 녹슬음)'이라 줄여 말하는 경우는 가리키는 내용이 무엇인지를 혼란스럽게 한다. 이러한 폐단의 근원은 근본적으로 경박한 일본의 언어 문화와 연결된다.

'가라오케'라는 기묘한 조어법에 따른 다국적(多國籍) 낱말이 있다. 굳이 우리말로 바꾸자면 '녹음반주(錄音伴奏)' 쯤으로 표현해야 할 이 '가라오케'는 '가라'와 '오케'의 복합어이다. '가라'는 '텅 빈[空]'이라는 의미의 일본말이요, '오케'는 '오케스트라(관현 악단)'의 줄임 말이다. 문자 그대로 공허한 음악이요, 가짜의 음악이다. 이 일본어와 영어의 복합축약형 낱말 '가라오케'는 그대로 우리의 허황된 사치 문화를 상징하는 것처럼 생각된다. 우리나라 문화의 상당 부분이 일본과 미국을 통하여 들어온 것이라는 점에서 그렇고, 그것이 술 마시고 노래하는 오락 취향이라는 점에서 그러하며, 또한 그것이 인스턴트(즉석 요리) 식품처럼 미리 짜 맞춘 대량 생산의 기성품이라는 점에서 그러하다. 언어 사용은 그 사회의 문화적 풍토를 반영한다. 미래의 문화 풍토가 '가라오케'와 같은 특성을 늘려 가는 것이 아닐까 하는 우려를 하게 된다.

① 오늘날 능률만을 앞세우는 언어 습관이 사회 문제이다.

② 잘못된 언어 사용은 바로 문화적 풍토의 문제점과 연관된다.

③ 인사말에서 명사형만을 취해 사용하는 것은 옳지 못한 습관이다.

④ 영어 표현을 말 줄임에 사용하면 의미의 혼란이 생겨날 가능성이 크다.

⑤ '가라오케'를 즐기는 것은 일본식 문화를 받아들이는 부끄러운 행위이다.

22 어떤 회사에 지원한 사원의 남녀 비율이 3 : 2인데 합격자의 수는 140명이고 그 남녀 비율은 5 : 2이다. 떨어진 사원의 남녀 비율이 1 : 1이라고 할 때, 총 지원한 사람의 수는 얼마인가?

① 100　　　　　　　　　　　　　② 200

③ 300　　　　　　　　　　　　　④ 400

⑤ 500

23 다음 글에서 설명하고 있는 것과 가장 거리가 먼 것은?

> 한국교통연구원이 지난 6월 말 전국 9,500가구에 전화설문조사를 실시한 결과, 올 여름 휴가를 가지 않겠다는 응답이 57.7%로 과반 이상을 차지했다. 휴가를 가지 않는 원인은 '생업(사업)상의 이유'(31.4%), '휴가비용의 부담'(23.8%) 등으로 나타났다.
> 또한 온라인 리서치회사인 마크로밀 엠브레인이 최근 성인 남녀 1,000명을 대상으로 실시한 설문조사에서 '여름 휴가에 여행을 가야 하는가'는 질문에 '가지 않아도 좋다'는 응답이 50.6%나 됐다.

① 스테이케이션　　　　　　　　　② 팜스테이

③ 홈캉스　　　　　　　　　　　　④ 신 코쿠닝

⑤ 호캉스

24 다음 (　) 안에 들어갈 숫자로 적절한 것은?

14　(　)　52　101　198　391

① 17　　　　　　　　　　　　　② 20

③ 23　　　　　　　　　　　　　④ 27

⑤ 31

25 다음은 CJ마트 2개 팀의 매출 실적에 관한 것이다. 이에 관한 설명으로 옳은 것은?

팀별/제품별 매출실적

구분	평균				종목별 총점
	A팀		B팀		
	남사원(20명)	여사원(10명)	남사원(15명)	여사원(15명)	
식료품	60	65	㉠	60	3,650
생활용품	㉡	55	50	60	3,200
가전제품	50	50	60	50	3,150

① ㉠은 65이다.

② ㉡은 50이다.

③ 식료품은 B팀 사원의 평균이 A팀 사원의 평균보다 높다.

④ 전체 남사원의 가전제품 매출 실적 평균은 전체 여사원의 가전제품 매출 실적 평균보다 낮다.

⑤ 3개 제품 전체 평균의 경우 A팀 여사원 평균이 A팀 남사원 평균보다 낮다.

26 8%의 소금물 250g이 있다. 몇 g의 물을 더 넣으면 5%의 소금물이 되겠는가?

① 125g

② 150g

③ 160g

④ 180g

⑤ 200g

27 제시된 두 도형을 결합했을 때 나타날 수 없는 형태는?

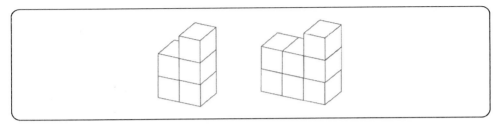

①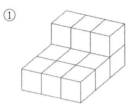

②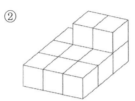

③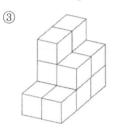

④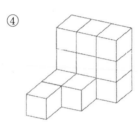

⑤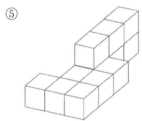

28 다음 ( ) 안에 들어갈 말을 순서대로 나열한 것은?

( ) : 소현세자 = ( ) : 사도세자

① 인조, 영조 ② 태조, 숙종
③ 영조, 정조 ④ 세종, 문종
⑤ 연산군, 광해군

29 다음 ( ) 안에 들어갈 숫자로 적절한 것은?

> 1 1 5 9 17 ( ) 49 81

① 29
② 30
③ 31
④ 32
⑤ 33

30 다음 상황과 관련된 사자성어는?

> 조개가 강변에 나와 입을 벌리고 햇볕을 쪼이고 있는데, 도요새가 날아오더니 조 갯살을 쪼아 먹으려 했다. 깜짝 놀란 조개가 입을 다물었고, 그 바람에 도요새 부리 는 조개 속에 끼고 말았다. 당황한 도요새는 조개에게 이대로 계속 있으면 햇볕에 바짝 말라 죽을 것이라고 하였고, 조개는 도요새에게 내가 놓아주지 않으면 굶어 죽 을 것이라고 말했다. 조개와 도요새가 서로 버티는 사이 어부가 이 광경을 보고 조 개와 도요새를 한꺼번에 잡아 갔다.

① 首丘初心
② 馬耳東風
③ 漁父之利
④ 刻舟求劍
⑤ 口蜜腹劍

31 다음 주어진 두 도형을 합쳐서 만든 모양이 될 수 없는 것은?

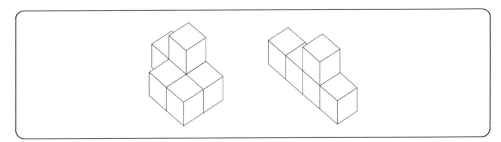

①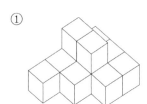

②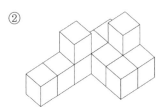

③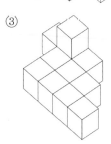

④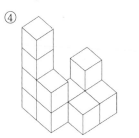

⑤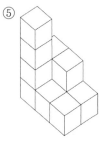

32 기업 사냥꾼들이 상당량의 주식을 확보한 후 M&A 대상기업의 경영층에 일정한 프리미엄을 얹어 주식을 되사줄 것을 요구하는 행위를 무엇이라 하는가?

① 그린메일 전략　　　　　　　　　② 분리설립 전략
③ 극약처방 전략　　　　　　　　　④ 황금낙하산 전략
⑤ 백기사 전략

33 가로의 길이가 132m, 세로의 길이가 96m인 직사각형 모양의 경작지를 한 변의 길이가 n인 정사각형 모양으로 나누려고 할 때, 나누어지는 정사각형의 개수의 최솟값을 구하면?

① 4　　　　　　　　　　　　　　② 6
③ 11　　　　　　　　　　　　　④ 46
⑤ 88

34 다음 조건을 읽고 옳은 것을 고르시오.

> • 정혁, 인국, 태주, 태하는 모두 열매를 좋아한다.
> • 지원이는 석현이를 좋아한다.
> • 열음이는 인국이를 좋아한다.
> • 열매는 태하를 좋아한다.

> A : 열매와 태하는 서로 좋아하는 사이다.
> B : 석현이는 지원이를 좋아한다.

① A만 옳다.
② B만 옳다.
③ A와 B 모두 옳다.
④ A와 B 모두 그르다.
⑤ A와 B 모두 옳은지 그른지 알 수 없다.

35 다음은 정보통신 기술분야 예산 신청금액과 확정금액에 대한 자료이다. 이에 대한 설명 중 옳은 것을 모두 고르면?

(단위 : 억 원)

기술분야 \ 연도	2008 신청	2008 확정	2009 신청	2009 확정	2010 신청	2010 확정
네트워크	1,179	1,112	1,098	1,082	1,524	950
이동통신	1,769	1,679	1,627	1,227	1,493	805
메모리반도체	652	478	723	409	746	371
방송장비	892	720	1,052	740	967	983
디스플레이	443	294	548	324	691	282
LED	602	217	602	356	584	256
차세대컴퓨팅	207	199	206	195	295	188
시스템반도체	233	146	319	185	463	183
RFID	226	125	276	145	348	133
3D 장비	115	54	113	62	136	149
전체	6,318	5,024	6,564	4,725	7,247	4,300

> ㉠ 2008년에 신청에 비해 확정된 금액이 절반 이상 감액된 분야는 2개이다.
> ㉡ 2008~2010년 동안 매년 다른 분야에 비해 이동통신 예산 확정금액이 가장 많다.
> ㉢ 2009년 메모리반도체 분야의 예산 확정금액은 전체에서 9% 이상의 비중을 차지한다.
> ㉣ 2010년 시스템반도체 분야는 차세대컴퓨팅 분야보다 확정금액이 신청금액보다 감액된 금액이 더 많다.

① ㉠, ㉡

② ㉠, ㉢

③ ㉠, ㉣

④ ㉡, ㉢

⑤ ㉡, ㉣

36 다음 ( ) 안에 들어갈 말을 순서대로 나열한 것은?

> ( ) : 사과 = 자동차 : ( )

① 포도, 택시　　　　　　　　　② 과일, 승용차

③ 과수원, 공장　　　　　　　　④ 나무, 바퀴

⑤ 농장, 배

37 다음 ( ) 안에 들어갈 숫자로 적절한 것은?

> 3　12　17　( )　77　85　76

① 11　　　　　　　　　　　　② 34

③ 57　　　　　　　　　　　　④ 68

⑤ 95

38 다음 글의 내용과 부합하는 것은?

> 희생제의란 신 혹은 초자연적 존재에게 제물을 바침으로써 인간 사회에서 발생하는 중요한 문제를 해결하려는 목적으로 이루어지는 의례를 의미한다. 이 제의에서는 제물이 가장 주요한 구성요소인데, 이때 제물은 제사를 올리는 인간들과 제사를 받는 대상 사이의 유대 관계를 맺게 해주어 상호 소통할 수 있도록 매개하는 역할을 수행한다.
>
> 희생제의의 제물, 즉 희생제물의 대명사로 우리는 '희생양'을 떠올린다. 이는 희생제물이 대개 동물일 것이라고 추정하게 하지만, 희생제물에는 인간도 포함된다. 인간 집단은 안위를 위협하는 심각한 위기 상황을 맞게 되면, 이를 극복하고 사회 안정을 회복하기 위해 처녀나 어린아이를 제물로 바쳤다. 이러한 사실은 인신공희(人身供犧) 설화를 통해 찾아볼 수 있다. 이러한 설화에서 인간들은 신이나 괴수에게 처녀나 어린아이를 희생제물로 바쳤다.
>
> 희생제의는 원시사회의 산물로 머문 것이 아니라 아주 오랫동안 동서양을 막론하고 여러 문화권에서 지속적으로 행해져 왔다. 이에 희생제의의 기원이나 형식을 밝히기 위한 종교현상학적 연구들이 시도되어 왔다. 그리고 인류학적 연구에서는 희생제의에 나타난 인간과 문화의 본질에 대한 탐색이 있어 왔다. 인류학적 관점의 대표적인 학자인 지라르는 「폭력과 성스러움」, 「희생양」 등을 통해 인간 사회의 특징, 사회 갈등과 그 해소 등의 문제를 '희생제의'와 '희생양'으로 설명했다.
>
> 인간은 끊임없이 타인과 경쟁하고 갈등하는 존재이다. 이러한 인간들 간의 갈등은 공동체 내에서 무차별적이면서도 심각한 갈등 양상으로 치닫게 되고 극도의 사회적 긴장 관계를 유발한다. 이때 다수의 사회 구성원들은 사회 갈등을 희생양에게 전이시켜 사회 갈등을 해소하고 안정을 되찾고자 하였다는 것이 지라르 논의의 핵심이다.
>
> 희생제의에서 희생제물로서 처녀나 어린아이가 선택되는 경우가 한국뿐 아니라 많은 나라에서도 발견된다. 처녀와 어린아이에게는 인간 사회의 세속적이고 부정적인 속성이 깃들지 않았다는 관념이 오래 전부터 지배적이었기 때문이다. 그러나 지라르는 근본적으로 이들이 희생제물로 선택된 이유를, 사회를 주도하는 주체인 성인 남성들이 스스로 일으킨 문제를 자신들이 해결하지 않고 사회적 역할 자원에서 자신들과 대척점에 있는 타자인 이들을 희생양으로 삼았기 때문인 것으로 설명하였다.

① 인신공희 설화에서 인간들은 신이나 괴수에게 동물만을 희생제물로 바쳤다.

② 희생제의는 원시사회 시대부터 쭉 행해져 온 동양만의 독특한 문화였다.

③ 지라르에 따르면, 사회 구성원들이 사회적인 안정을 추구하고자 희생양을 제물로 바쳤다.

④ 희생제의에서 처녀나 어린아이가 희생제물로 바쳐지는 문화는 한국에서만 발견된다.

⑤ 지라르는, 처녀나 어린아이가 제물로 바쳐진 이유를 사회의 주도자인 여성들이 스스로 제물이 되길 원했기 때문이라고 보고 있다.

39 형은 동생보다 5살 많고, 두 형제의 나이의 합은 47살이다. 동생의 나이는 몇 살인가?

① 16살

② 21살

③ 26살

④ 29살

⑤ 31살

40 다음 주어진 두 도형을 합쳐서 만든 모양이 될 수 없는 것은?

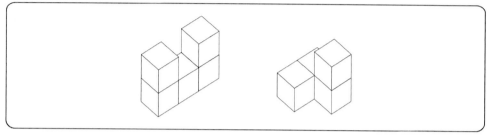

①
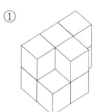

②

③
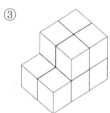

④
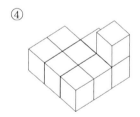

⑤

41 '옛 수학'과 '새로운 수학'의 특징을 바르게 짝지은 것은?

> 수학은 본래 자연에 대한 관찰과 경험을 통해 얻은 실용적인 사실들의 수집에서 출발했다. 그 후 고대 그리스 시대에 이르러 증명과 공리(公理)적 방법의 도입으로 확고한 체제를 갖추게 되었다. 여기에서 증명은 다른 사람을 설득하기 위한 논리적 설명이고, 공리적 방법은 증대된 수학 지식의 체계적인 정리라고 할 수 있다. 그러므로 증명이나 공리적 방법은 발견의 도구가 될 수는 없으며, 창의적 발상을 저해할 수도 있다. 그리스 시대 이후 오랫동안 정체의 늪에 빠져 있던 수학은, 저명한 수학자이며 과학자인 갈릴레오와 케플러의 놀라운 발견이 이루어진 후, 17세기에 새로운 힘을 얻게 되었다. 이들의 업적은 수학에 관한 기초적인 사실을 많이 발견했고, 케플러는 그 유명한 행성의 운동 법칙 세 가지 모두를 밝혀 냈다. 이들의 발견이 현대 동역학(動力學)과 현대 천체 역학으로 발전하는 과정에서 이러한 변화와 운동을 다룰 수 있는 새로운 수학 도구를 필요로 했기 때문이다.
>
> 이렇게 해서 미분 적분학이라는 새로운 형태의 수학이 탄생했다. <u>옛 수학</u>과 <u>새로운 수학</u>을 비교하면, 옛 것은 고정되고 유한한 대상을 고려하며 정적인 반면에, 새 것은 변화하고 무한한 대상을 연구하며 역동적이다. 이렇듯 수학은 자연에 발을 딛고 있을 때, 현대 동역학이나 현대 천체 역학과 같은 자연 과학의 발전에 공헌함은 물론 수학 자체의 지속적인 발전을 이루어 낼 수 있었다.

	<u>옛 수학</u>	<u>새로운 수학</u>
①	정적	역동적
②	분석적	종합적
③	구체적	관념적
④	비조직적	조직적
⑤	과학에 종속	과학에서 독립

42 물탱크에 물을 채우는데 A호스를 사용하면 8시간이 걸리고, B호스를 사용하면 12시간이 걸린다고 한다. 처음부터 일을 마치기 전 3시간까지는 A호스와 B호스를 동시에 사용하고, 나머지 3시간은 A호스만 사용하여 물을 다 채웠다. 물을 다 채우는데 걸린 시간은?

① 5시간   ② 6시간
③ 7시간   ④ 8시간
⑤ 9시간

43 다음에서 설명하는 SNS를 소재로 한 영화는?

> • 미국에서 가장 성공한 소셜 네트워크 서비스(Social Network Service, SNS) 웹사이트 중 하나이다.
> • 2004년 19살이었던 하버드대학교 학생 마크 저커버그(Mark Zuckerberg)가 학교 기숙사에서 사이트를 개설하며 창업하였고 처음에는 하버드 학생만 이용할 수 있도록 제한된 사이트였다.
> • 미국 나이를 기준으로 13세 이상이면 누구나 이름·이메일·생년월일·성별 기입만으로 간단하게 회원으로 가입할 수 있으며, '친구 맺기'를 통하여 많은 이들과 웹상에서 만나 각종 관심사와 정보를 교환하고, 다양한 자료를 공유할 수 있다.

① 손님   ② 은밀한 유혹
③ 좋아해줘   ④ 오늘의 연애
⑤ 뷰티풀 라이프

44 다음은 어느 나라의 성별 흡연율과 금연계획률에 관한 자료이다. 이에 대한 설명으로 옳은 것은?

〈표1〉 성별 흡연율

(단위 : %)

연도\성별	2007	2008	2009	2010	2011	2012	2013
남성	45.0	47.7	46.9	48.3	47.3	43.7	42.1
여성	5.3	7.4	7.1	6.3	6.8	7.9	6.1
전체	20.6	23.5	23.7	24.6	25.2	24.9	24.1

〈표2〉 금연계획률

(단위 : %)

연도\구분	2007	2008	2009	2010	2011	2012	2013
금연계획률	59.8	( )	57.4	53.5	(㉠)	55.2	56.5
단기 금연계획률	19.4	17.7	18.2	20.8	20.2	19.6	19.3
장기금연계획률	40.4	39.2	( )	32.7	36.1	35.6	37.2

※ 흡연율(%) $= \dfrac{\text{흡연자 수}}{\text{인구 수}} \times 100$

※ 금연계획률(%) $= \dfrac{\text{금연계획자 수}}{\text{흡연자 수}} \times 100 =$ 단기 금연계획률 + 장기 금연계획률

① 매년 전체 흡연율은 증가하고 있다.

② 매년 남성 흡연율은 여성 흡연율의 7배 이상이다.

③ 금연계획률은 매년 50% 이상이다.

④ 2009년 장기 금연계획률은 전년에 비해 증가하였다.

⑤ ㉠에 들어갈 수치는 55.3이다.

45 다음 조건을 읽고 옳은 설명을 고르시오.

> • 소희는 책 읽는 것을 좋아한다.
> • 책 읽는 것을 좋아하는 사람은 똑똑하다.
> • 현명한 사람은 똑똑하다.

> A : 소희는 똑똑하다.
> B : 소희는 현명하다.

① A만 옳다.

② B만 옳다.

③ A와 B 모두 옳다.

④ A와 B 모두 그르다.

⑤ A와 B 모두 옳은지 그른지 알 수 없다.

46 다음 주어진 두 도형을 합쳐서 만든 모양이 될 수 없는 것은?

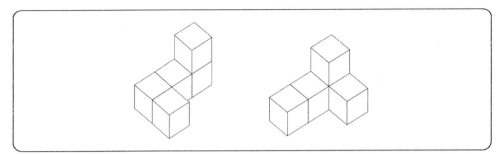

①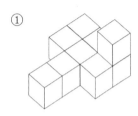

②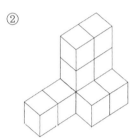

③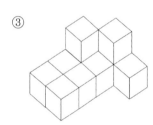

④

⑤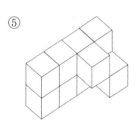

47   다음 글을 읽고 미루어 짐작할 수 있는 것은?

> 역설적이게도 오늘날 자연 선택 개념은 많은 경우 진화보다는 진화가 일어나지 않는 경우와 연관되어 인용된다. 주둥치*가 발광체를 갖게 된 것이 자연 선택 때문이라면, 자연 선택은 진화적 변화에 의해 그 발광체가 사라지지 않도록 방지하는 역할도 하고 있을 것이다. 살아 있는 생명체의 진화적 잠재력에 대한 풍부한 연구 덕분에 우리는 그들이 오늘날 보통 관찰되거나 화석 기록에 나타난 것보다도 훨씬 빠르게 진화할 수 있다는 사실을 알고 있다. 자연 선택이 주로 하는 일은 생명체가 지닌, 현재 최적의 상태로 발달되어 있는 형질들에서 이탈하는 것들을 추려내는 것이다.
>
> 예를 들어, 새들 중 어떤 종에서 평균 날개 길이가 20cm라면 19cm나 21cm의 날개를 가진 개체들은 다소 불리할 것이다. 그 개체들은 성체가 될 때까지 생존할 확률도 적고 그 후에도 낮은 번식률과 생존율을 보일 것이다. 야생에서 일어나는 자연 선택을 다룬 한 전형적인 연구가 그 증거를 정확하게 제시해 준다. 1899년 영국의 생물학자 허먼 캐리 범퍼스가 폭풍우에 죽은 참새들의 날개 길이를 재 보았다. 그 결과 폭풍 때 죽은 참새들에서 평균보다 현저하게 크거나 작은 날개를 지닌 개체들의 비율이 전체 참새 개체군에서보다 훨씬 크다는 사실을 알 수 있었다.
>
> 날개 길이나 인슐린 생산, 피부색 등의 형질은 중간 정도의 발달을 보이는 것이 유리하다는 이론을 안정화 선택 혹은 '최적화'라고 한다. 자연계에서 일어나는 선택은 대부분 이런 식으로, 세대를 거치며 평균값에서 눈에 띄게 변화하는 것보다는 평균값을 유지하려는 방향으로 일어난다고 여겨진다.
>
> 심지어 약한 방향성 선택도 일어나면 대개 시정된다. 자연선택이 간간이 일어나는 불리한 돌연변이나, 환경 조건이 다른 곳에서 이주해 온 개체에 의해 유입되는 지역적으로 부적응적인 유전자들을 솎아 내지 않는다면, 그 집단은 적응성이 낮아지는 쪽으로 진화할 것이다. 그래서 다윈이 진화의 주요 원인이라고 제안한 자연 선택 과정이, 오늘날에는 주로 진화를 방지하는 역할을 하고 있다고 생각된다.
>
> * 주둥치 : 난류성 물고기로 몸은 타원형에 가까운 나뭇잎 모양이며 옆으로 납작함. 북서태평양의 온대 해역에 분포함.

① 과거 새들의 날개는 현재보다 작았다.

② 진화의 속도가 수백 년 전보다 매우 느려졌다.

③ 주둥치의 발광체는 점점 더 밝은 빛을 낼 것이다.

④ 인슐린을 평균보다 많이 생산하는 개체가 유리할 것이다.

⑤ 자연 선택은 현재 상태를 유지하는 쪽으로 압력을 행사한다.

48 가로의 길이가 120cm, 세로의 길이가 104cm인 직사각형 모양의 벽에 가능한 큰 정사각형 모양의 타일을 빈틈없이 붙이려고 할 때, 타일의 한 변의 길이는 몇 cm인가?

① 6cm
② 7cm
③ 8cm
④ 9cm
⑤ 10cm

49 다음 ( ) 안에 들어갈 말을 순서대로 나열한 것은?

> 초콜릿 : ( ) = ( ) : 짜다

① 사탕, 설탕
② 딜다, 설탕
③ 사탕, 소금
④ 발렌타인데이, 화이트데이
⑤ 달다, 소금

50 다음 ( ) 안에 들어갈 숫자로 적절한 것은?

> 1 4 9 16 25 ( ) 49 64

① 27
② 30
③ 32
④ 36
⑤ 40

51 다음 글의 주제를 가장 잘 진술한 것은?

말이 생각의 그릇이라면 그 말을 아름답고 품위 있게 가꾸는 일은 인간의 행동을 바르게 가다듬는 교육의 첫걸음이다. 옛날 선조들이 말을 조심스럽게 가려 쓰는 것을 교육의 제 1과로 삼았던 것도 이 때문이다. 말이 거친 사람의 품성이 포악스럽고, 말을 가려 쓰는 사람의 행동거지가 분명하고 반듯한 것은 동서양을 막론한 고금의 진리이다.

5천 년 역사의 문화 민족이라는 긍지는 고유한 우리말과 이 말을 과학적으로 옮길 수 있는 문자를 가졌다는 자부심과 같은 맥락의 표현이다. 중국이나 만주, 일본 등 강성한 이웃 나라들 틈새에서 우리가 정치적 독립과 고유한 문화를 지키며 살 수 있었던 것은 우리의 말과 글의 힘이 밑받침이 되어 왔기 때문이란 주장은 과장이 아니다. 말이란 그 사회 공동체가 동질성을 가지게 하는 원천이다.

이러한 소중한 우리말 우리글은 예사로이 유지되고 발전되는 것이 아니다. 세종 대왕의 한글 창제는 말할 나위 없고 구한말 이래 나라가 존망의 위기에 처했을 때 말과 글을 지키기 위한 선각자들의 피나는 노력은 민족 수난의 극복이라는 투쟁의 한 단원으로 기록되어 있다. 일제 강점 때 조선어학회 사건으로 이희승, 최현배 등 수많은 학자들이 옥고를 치르고 이윤재, 한징 등이 옥사한 예는 다른 나라 역사에서는 찾기 어려운 우리의 자랑스러운 언어 수호 운동의 기록이다.

올해 문화의 달 10월에 '이 달의 문화 인물'로 환산 이윤재를 뽑은 것은 시사하는 바가 크다. 오늘날 우리 국민들의 나태하고 방만한 생활 중에는 언어 생활의 규범이 깨어져 고운말, 존댓말과 바른 어법이 실종된 현상을 첫손가락으로 꼽아야 한다. 외래어, 비속어가 남용되는가 하면 학교, 가정, 사회 어디서나 제대로 된 존댓말이나 바른 어법의 품위 있는 말솜씨를 찾아보기 어렵다. 이런 혼돈의 언어 생활이 국민 정서를 거칠게 하고, 특히 청소년들의 분별없고 경망스런 행동을 부추기는 원인이 된다.

더욱이 우리는 최근 자주 대하게 되는 북한 주민들이나 연변 동포의 말이 같은 우리말이면서도 심한 이질감을 느끼게 되는 데에 놀라고 있다. 북한은 오래 전부터 평양말을 문화어라 해서 표준말로 쓰고 있으며, 연변 동포들이 이를 따라 썼기 때문이다. 전체주의 체제가 언어의 경직화, 규격화를 가져왔고 그로 인해 그들의 말이 더욱 이질화되었던 것이다. 이런 상태로 통일이 이루어진다면 가장 심각한 남북간의 갈등은 바로 언어의 이질화일 가능성도 배제할 수 없다.

문화의 달에 특히 우리가 새겨야 할 것은 우리말 우리글을 소중하게 생각하고 이를 지키기 위해 애쓴 선열들의 노고에 감사하는 일이다. 그것은 가정, 학교, 사회에서 바르고 품의 있는 언어 생활을 가르쳐 온 국민들이 프랑스 국민처럼 우리말에 대한 자랑과 긍지를 갖게 하는 일이 될 것이다. 후세 국민들을 지혜롭고 예절 바르게 키우고 민족 통일을 대비하는 첫째 과제가 바른말 쓰기 운동의 시작임을 한글날을 기해 감히 제언한다.

① 고유한 언어와 문자를 가진 민족은 문화 민족이다.

② 우리말을 수호하기 위해 많은 선각자들이 희생되었다.

③ 통일에 대비하여 언어의 이질화를 막기 위한 노력이 필요하다.

④ 통일에 대비하고 후세를 바르게 키우려면 바른말 쓰기부터 가르쳐야 한다.

⑤ 국제적으로 어려운 시기에 우리말 우리글에 대한 자긍심은 크나큰 힘이 된다.

52 다음에서 제시된 두 도형을 결합하였을 때, 만들 수 있는 형태가 아닌 것은?

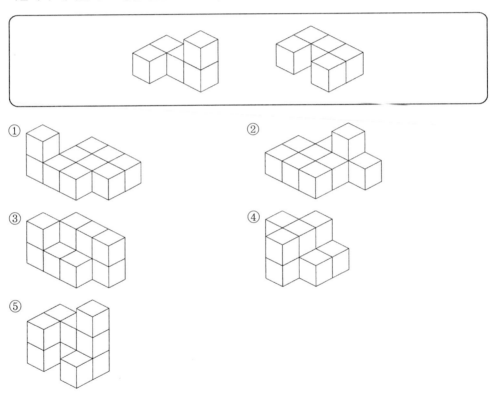

53 학생들에게 초콜릿을 나눠주는데 3개씩 나누면 나머지 없이 나눌 수 있고, 5개씩 나누면 70개가 부족하다고 한다. 초콜릿은 몇 개인가?

① 103개 ② 104개

③ 105개 ④ 106개

⑤ 107개

54 다음과 같이 주장한 학자가 저술한 책은?

> 　재물이란 우물의 물과 같다. 퍼내면 차게 마련이고 이용하지 않으면 말라 버린다. 그렇듯이 비단을 입지 않기 때문에 나라 안에 비단 짜는 사람이 없고, 그릇이 찌그러져도 개의치 않으며 정교한 기구를 애써 만들려 하지 않으니, 기술자나 질그릇 굽는 사람들이 없어져 각종 기술이 전해지지 않는다. 심지어 농업도 황폐해져 농사짓는 방법을 잊어버렸고, 장사를 해도 이익이 없어 생업을 포기하기에 이르렀다. 이렇듯 사민(四民)이 모두 가난하니 서로가 도울 길이 없다. 나라 안에 있는 보물도 이용하지 않아서 외국으로 흘러 들어가 버리는 실정이다. 그러니 남들이 부강해질수록 우리는 점점 가난해지는 것이다.

① 북학의 ② 열하일기

③ 의산문답 ④ 우서

⑤ 목민심서

55 342리터가 들어가는 물통에 1분에 19리터씩 물을 급수하면, 12분 후에는 물통에 몇 분의 몇 이상의 물이 채워지게 되는가?

① $\dfrac{1}{2}$ ② $\dfrac{1}{3}$

③ $\dfrac{2}{3}$ ④ $\dfrac{1}{4}$

⑤ $\dfrac{3}{4}$

56 다음은 패러디 광고와 모방 광고 및 일반 광고를 대상으로 하여 TV광고 제시 순서에 따라 광고 선호도 점수에서 차이를 나타내는지를 알아본 결과이다. 이에 대한 설명 중 옳은 것을 모두 고른 것은?

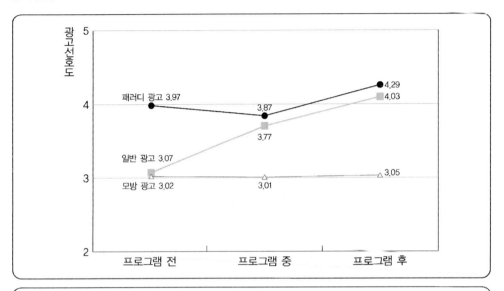

㉠ 패러디 광고의 경우 프로그램 후에 광고를 제시할 때 가장 효과적인 것으로 나타났다.
㉡ 모방 광고의 경우 다른 유형의 광고와 다르게 광고제시 순서에 따른 광고 선호도 차이가 거의 나타나지 않았다.
㉢ 일반 광고의 경우 프로그램 중간에 제시하는 것보다 프로그램 후에 제시하는 것이 효과적이다.
㉣ 패러디 광고와 일반 광고를 비교할 때 프로그램 전보다 프로그램 후의 광고 선호도 효과차이가 작다.

① ㉠, ㉡
② ㉠, ㉢
③ ㉠, ㉡, ㉣
④ ㉠, ㉢, ㉣
⑤ ㉠, ㉡, ㉢, ㉣

57 다음 글의 내용과 일치하지 않는 것은?

진화론이 흔히 일반 사회인의 관심이 되는 이유는 기독교적 창조론과 상호 이율 배반적인 이론으로 인식되고 있기 때문일 것이다. 즉 진화론은 신에 의한 생명체의 창조를 신앙으로 하는 기독교의 교리와 상반된다고 생각하는 것이다. 독실한 기독교적 신앙 속에서 자란 다윈이 진화론을 발견하면서 그의 신앙을 포기해야 할 시련을 겪었던 일도 같은 맥락에서 이해할 수 있다.

그러나 생물학적 지식인 생물 진화와 종교적 신앙인 창조는 우리가 단순하게 생각하는 것처럼 상반된 주제가 아니라 상호 공존할 수 있는, 하나의 주제에 대한 관점의 차이에서 비롯된 것이라고 할 수 있다. 신에 의한 생명체의 창조는 과학의 대상이 될 수 없으며 과학적인 지식으로 증명할 성질의 것이 아니기 때문이다. 구약 성서의 창세기에 기록된 생물과 인간의 창조 이야기는 절대자인 하나님에 의한 창조의 역사적 사실을 우리에게 알려 주는 일이지, 창조의 과정을 '과학적으로 서술한 기록'은 아니다. 또한 생물학에서 말하는 진화는 자연계에서 일어나는 현상을 우리가 이해할 수 있는 지식으로 설명한 것에 불과하다.

하나님이 우주와 생물을 창조한 구체적인 과정이 현대 생물학에서 이해하고 있는 그러한 과정을 거쳐서 이루어진 것인지 아닌지 우리는 알 길이 없다. 그러나 분명한 것은 생물학이 이해하고 있는 것과 마찬가지 과정을 거쳐서 하나님이 생명체를 창조하였다고 해도, 그것이 창조가 아니라고 말할 수는 없다는 점이다. 그러한 논의가 성서적인가 아닌가 하는 문제는 신학적으로 검토해야 할 별개의 과제이다.

우리들이 진화론과 창조론이 서로 이율 배반적이라고 생각하는 가장 큰 이유는 진화를 '우연'의 산물로 설명하려는 생물학적 생명관 때문이 아닐까 한다. 진화가 우연히 목적없이 일어나는 것인지, 우리가 아는 과학적인 지식을 가지고 그것을 설명할 수는 없다. 생명체의 출현이 '창조에 의한 것인가, 진화에 의한 것인가' 하는 문제와 마찬가지로 '신에 의한 유목적적인 진화냐, 목적없는 우연의 산물이냐' 하는 문제는 이미 과학의 영역 밖에 속한다. 따라서 이 논의에 대한 구체적인 해답은 과학이 아니라 각자가 지닌 신앙관에 의하여 다르게 나올 수밖에 없다.

우리는 이 주제에 대한 해답을 다음의 보기로 대신할 수 있다. 한 사람이 난치병에 걸려 죽게 되었는데 명의의 도움으로 생명을 건졌다고 할 때, 그가 종교인이었다면 열심히 기도하여 신의 구원을 빌었을 것이고 그 병의 나음이 신의 은총과 섭리 때문이라고 믿고 감사할 것이다. 그러나 만일 그가 무신론자라면 신이 고쳐 준 것이 아니라 현대 의학의 기술이 그 병을 낫게 하였다고 믿을 것이다. 물론 현대 과학은 이 두 생각의 옳고 그름을 판단할 위치에 있지 않다. 더욱이 신의 은총이 현대 의학이라는 수단을 통하여 표현되었다면, 우리는 이 두 관점을 서로 상반되는 것이 아니라 조화로운 것으로 이해할 수 있다.

다만 과학이 아는 것과 말할 수 있는 것은, 그 병을 치료할 때 실시한 각종 의술과 약이 어떤 생리적인 또는 물리 화학적인 반응을 거쳐서 병의 원인을 제거하고 건강을 회복할 수 있게 하였는지, 그 과정에 대한 설명을 인간의 지식이 미치는 범위 안에서 해 줄 수 있을 뿐이다. 진화론은 이와 같은 의미에서 과학 그 이상 그 이하도 아닌, 우리들의 소중한 자산이다.

① 진화의 과정도 신의 계획의 일부일 수 있다.
② 진화론 자체는 진화의 이유를 설명하지 못한다.
③ 창조론의 진위는 과학적 분석의 대상이 될 수 없다.
④ 과학은 현상에 바탕을 두지만 신앙은 현상과 무관할 수 있다.
⑤ 생명체의 출현에 대한 종교적 기술과 과학적 기술은 상반된다.

58 다음 ( ) 안에 들어갈 말을 순서대로 나열한 것은?

당근 : ( ) = ( ) : 재해

① 토끼, 쓰나미   ② 채찍, 폭설
③ 밭, 바다   ④ 야채, 가뭄
⑤ 비타민, 장마

59 다음 ( ) 안에 들어갈 숫자로 적절한 것은?

8   10   14   20   (   )   38   50   64   80

① 28   ② 27
③ 26   ④ 25
⑤ 24

60 다음 글의 글쓰기 전략으로 적절하지 않은 것은?

지구는 과거 수십만 년 동안 빙하기와 간빙기가 주기적으로 나타나는 기후 변화의 큰 틀 속에서 비교적 안정적인 기후 환경을 유지하여 왔다. 그렇지만 더 과거로 거슬러 올라가면, 공룡들이 활보하던 시기인 중생대에는 지금보다 기온이 더 높았고, 이산화탄소의 농도도 더 높았다.

지난 만 년 동안 대기 속 이산화탄소 농도는 약 280ppm으로 유지되었다. 그러나 18세기 중반 산업 혁명 이후 200년 동안 이산화탄소 농도는 10퍼센트 증가하였으며, 그 뒤 전 세계 화석 연료 사용량이 급증하면서 이산화탄소의 농도는 2005년 380ppm으로 빠르게 높아지고 있다. 2100년까지 이산화탄소의 농도는 1,000ppm 가까이 높아질 수도 있다. 지구 온난화 정도는 온실가스 농도가 얼마나 높아지느냐에 따라 결정된다. 이미 20세기 지구 평균 기온은 19세기에 비해 0.6℃ 상승하였고, 21세기에는 20세기 변화의 약 10배에 달하는 5.8℃까지 상승할 가능성이 있다.

온실 효과로 인한 기후 변화는 인간을 비롯한 지구 생명체의 생존을 위협하거나 생태계의 이상을 가져올 수 있다. 겨울이 따뜻해짐에 따라 소나무딱정벌레와 같은 해충은 겨울에 무사히 살아남아 여름에 기승을 부릴 수도 있다. 아열대 지방에서는 너무 온도가 높아서 벼 재배에 비상이 걸릴 수도 있다. 실생활에서도 여름 기온이 올라가 폭염이 자주 발생하고, 그에 따른 질병이나 열대성 전염병이 발생할 가능성도 높아질 것이다. 최근 백령도에서 아열대 나비종이 발견되었다고 보도되었다. 바다의 변화도 감지된다. 우리나라 근해에서 명태와 같은 한류성 어종보다 오징어 같은 난류성 어종이 더 많이 잡힌다. 자그마한 곤충이나 바다에 사는 물고기도 이미 기후 변화가 일어나고 있음을 증명하고 있다.

그러나 기온만 올라가는 것이 아니다. 지구의 대기 순환 흐름이 달라지면서 비가 오는 것도 달라질 수 있다. 기온이 올라가면 공기가 수증기를 포함할 수 있는 능력이 커져서 호우의 발생이 잦고 보다 강력한 태풍이 발생할 가능성도 높아진다. 해수면의 높이도 지금보다 높아져서 해발 고도가 낮은 네덜란드, 방글라데시와 같은 나라나 투발루 같은 작은 섬나라들의 피해가 커질 것이다.

① 현상의 변화 과정을 통시적으로 제시하고 있다.
② 객관적 수치를 제시하여 글의 신뢰성을 높이고 있다.
③ 구체적 사례를 통해 상황의 심각성을 부각하고 있다.
④ 예측할 수 있는 상황을 제시하여 문제를 환기하고 있다.
⑤ 물음과 대답의 형식으로 독자의 관심을 유도하고 있다.

61 다음 주어진 두 도형을 합쳐서 만든 모양이 될 수 없는 것은?

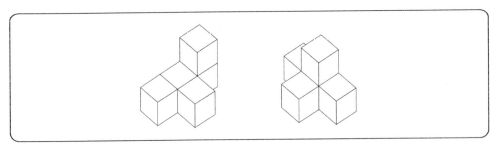

①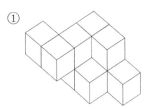

②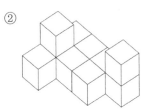

③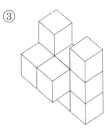

④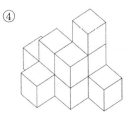

⑤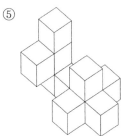

62 어떤 반에서 A, B 두 문제를 냈더니 A문제를 해결한 학생이 23명, B문제를 해결한 학생이 18명이 두 문제를 모두 해결한 학생이 10명이었다. 이때, 한 문제만 해결한 학생은 모두 몇 명인가?

① 18명   ② 21명

③ 23명   ④ 26명

⑤ 30명

63 다음에서 설명하는 뮤지컬은 무엇인가?

> 첫사랑을 소재로 한 뮤지컬로, 2016년 창작 10주년을 맞아 기념공연으로 돌아왔다. 오만석, 엄기준 등의 국내 실력파 뮤지컬 배우를 배출하여 스타등용문이라 불리기도 하며 2010년 영화로 제작될 뿐만 아니라 같은 해에 동명 소설로도 발간되어 원소스 멀티유즈의 대표작으로 자리매김하였다. 이 뮤지컬은 2006년 당시 제12회 한국 뮤지컬대상 2관왕을 달성하기도 하였다.

① 신데렐라   ② 김종욱 찾기

③ 달콤살벌한 연인   ④ 풍월주

⑤ 베르테르

64 다음 표는 대기업 A의 각 부서별 매년 매출결과를 기록한 표이다. 다음 표를 보고 바르게 해석한 것을 고르면?

(단위 : 억 원)

구분	2007	2008	2009	2010	2011	2012
건축부서	1,242	1,424	2,514	2,854	3,365	3,984
통신부서	2,154	2,321	2,412	2,541	2,645	2,745
전자부서	1,124	1,164	1,188	1,211	3,654	5,547
기계부서	845	994	1,090	1,112	1,214	1,412

> ㉠ 각 부서는 매년 꾸준히 성장되었음을 알 수 있다.
> ㉡ 통신부서는 2007년에 비해 2012년에 50% 이상 성장되었다.
> ㉢ 전자부서는 2011년에 급성장을 이루어 그해 최고의 부서가 되었다.
> ㉣ 기계부서는 매년 꾸준히 성장을 하여 다른 부서보다 월등한 성장률을 보여주고 있다.

① ㉠, ㉡   ② ㉠, ㉢

③ ㉠, ㉣   ④ ㉡, ㉣

⑤ ㉢, ㉣

65 다음 (   ) 안에 들어갈 말로 적절한 것은?

사람들은 일반적으로 감정을 느낌이라고 생각한다. 그리고 느낌이 우리 자신의 사적인 마음의 상태나 의식의 상태라고 생각하는 경향이 있다. 그래서 우리 자신만이 자신의 감정에 접근할 수 있다고 믿기도 한다. (   ) 감정은 느낌과 동일한 것은 아니다. 예를 들어 우리는 배고픔이나 갈증을 '느끼'는데, 이때 배고픔이나 갈증을 감정이라고 하지는 않는다. 그리고 사랑과 같은 감정을 떨리고 흥분되는 느낌과 동일시하는 것도 잘못된 것이다. 떨리고 흥분되는 느낌은 놀이공원에서 롤러코스터를 탈 때에도 가질 수 있기 때문이다.

① 또한   ② 예를 들어
③ 한편   ④ 그러나
⑤ 그리고

66 다음 조건을 읽고 옳은 것을 고르시오.

• 범인은 머리카락이 갈색이거나 키가 크다.
• 범인은 안경을 쓰거나 왼손잡이이다.
• 범인의 머리카락이 갈색이라면, 안경을 쓰지 않는다.
• 범인이 안경을 쓰지 않는다면, 키가 크지 않다.
• 범인의 머리카락은 갈색이 아니다.

A : 범인은 키가 크다.
B : 범인은 안경을 쓴다.

① A만 옳다.
② B만 옳다.
③ A와 B 모두 옳다.
④ A와 B 모두 그르다.
⑤ A와 B 모두 옳은지 그른지 알 수 없다.

67 다음 주어진 두 도형을 합쳐서 만든 모양이 될 수 없는 것은?

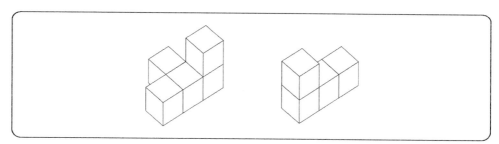

①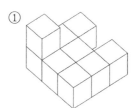

②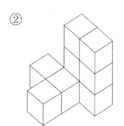

③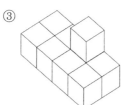

④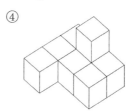

⑤

68 다음 글의 제목으로 가장 적절한 것은?

> 언제부터인기 이곳 속초 청호동은 본래의 지명보다 '아바이 마을'이라는 정겨운 이름으로 불리고 있다. 함경도식 먹을거리로 유명해진 곳이기도 하지만 그 사람들의 삶과 문화가 제대로 알려지지 않은 동네이기도 하다. 속초의 아바이 마을은 대한민국의 실향민 집단 정착촌을 대표하는 곳이다. 한국 전쟁이 한창이던 1951년 1·4 후퇴 당시, 함경도에서 남쪽으로 피난 왔던 사람들이 휴전과 함께 사람이 거의 살지 않던 이곳 청호동에 정착해 살기 시작했다. 동해는 사시사철 풍부한 어종이 잡히는 고마운 곳이다.
>
> 봄 바다를 가르며 달려 도착한 곳에서 고기가 다니는 길목에 설치한 '어울'을 끌어올려 보니, 속초의 봄 바다가 품고 있던 가자미들이 나온다. 다른 고기는 나오다 안 나오다 하지만 이 가자미는 일 년 열두 달 꾸준히 난다.
>
> 동해를 대표하는 어종 중에 명태는 12월에서 4월, 도루묵은 10월에서 12월, 오징어는 9월에서 12월까지 주로 잡힌다. 하지만 가자미는 사철 잡히는 생선으로, 어부들 말로는 그 자리를 지키고 있는 '자리고기'라 한다.
>
> 청호동에서 가자미식해를 담그는 광경은 이젠 낯선 일이 아니라 할 만큼 유명세를 탔다. 함경도 대표 음식인 가자미식해가 속초에서 유명하다는 것은 입맛이 정확하게 고향을 기억한다는 것과 상통한다. 속초에 새롭게 터전을 잡은 함경도 사람들은 고향 음식이 그리웠다. 가자미식해를 만들어 상에 올렸고, 이 밥상을 마주한 속초 사람들은 배타심이 아닌 호감으로 다가섰고, 또 판매를 권유하게 되면서 속초의 명물로 재탄생하게 된 것이다.

① 속초 자리고기의 유래
② 속초의 아바이 마을과 가자미식해
③ 아바이 마을의 밥상
④ 청호동 주민과 함경도 실향민의 화합
⑤ 속초 청호동의 특산물

69 다음 (   ) 안에 들어갈 말을 순서대로 나열한 것은?

> 혁신 : (   ) = 수고 : (   )

① 개화, 보수　　　　　　　　② 개혁, 노고

③ 보수, 충고　　　　　　　　④ 개변, 제고

⑤ 보수, 재고

70 다음 (   ) 안에 들어갈 숫자로 적절한 것은?

> 1　28　4　23　7　18　10　(　)

① 10　　　　　　　　　　　② 13

③ 16　　　　　　　　　　　④ 19

⑤ 21

71 A기업에서는 매년 9월에 정기 승진 시험이 있다. 시험을 응시한 사람이 남자사원, 여자사원을 합하여 총 100명이고 시험의 평균이 남자사원은 72점, 여자사원은 76점이며 남녀 전체평균은 73점일 때 시험을 응시한 여자사원의 수는?

① 25명　　　　　　　　　　② 30명

③ 35명　　　　　　　　　　④ 40명

⑤ 45명

72 다음의 ㉠을 적용하여 사물놀이와 풍물놀이의 나아갈 길을 제시한 의견으로 가장 적절한 것은?

전통 예술의 현대화나 민족 예술의 세계화라는 명제와 관련하여 흔히 사물놀이를 모범 사례로 든다. 전통의 풍물놀이(농악)를 무대 연주 음악으로 탈바꿈시킨 사물놀이는 짧은 역사에도 불구하고 한국 현대 예술에서 당당히 한 자리를 잡은 가운데 우리 전통 음악의 신명을 세계에 전하는 구실을 하고 있다. 그렇지만 사물놀이의 예술적 정체성 및 성과, 향후 전망에 대해서는 시각이 엇갈리고 있다.

사물놀이의 옹호자들은 사물놀이가 풍물이나 무악(巫樂)과 같은 전통 음악의 어법을 창조적으로 계승했음을 강조한다. 기본 장단의 구성이나 느린 박자에서 빠른 박자로 전개되는 점층적 가속의 구성 등을 이어받는 한편, '치고 달고 맺고 푸는' 일련의 과정에서의 극적 변화를 통하여 미적 감흥을 극대화하였다는 것이다. 징·꽹과리의 쇳소리와 북장구가 내는 가죽 소리의 절묘한 어울림을 통해 ㉠'음양조화의 원리'를 구현했다고도 한다. 사물(四物)의 가능성을 새롭게 발견한 결과이고 '음악'에 역량을 집중한 데 따른 성과이다.

춤과 발림, 소리가 한데 어우러지는 열린 마당에서 벗어나 무대에서의 '앉은 공연'을 선택한 결단 또한 성공적이었다고 평가된다. 현대적인 공연의 방식을 취함으로써 사물놀이는 무대 공연물 관람에 익숙한 대중들에게 효과적으로 다가설 수 있었다는 것이다. 그러한 변신은 사물놀이와 현대 음악의 만남의 길을 활짝 열어주는 효과를 낳기도 하였다.

그러나 문화계 일각에서는 사물놀이에 대한 비판적 관점도 제기되고 있다. 특히 전통 풍물을 살리기 위한 노력을 전개하는 쪽에서 적지 않은 우려를 나타내고 있다. 그들은 무엇보다도 사물놀이가 풍물놀이의 굿 정신을 잃었거나 또는 잃어가고 있다는 데 주목한다. 풍물놀이는 흔히 '풍물굿'으로 불리는 것으로서 모두가 마당에서 함께 어울리는 가운데 춤·기예와 더불어 신명나는 소리를 펼쳐 내는 것이 본질적 특성인데, 사물놀이는 리듬악이라는 좁은 세계에 안착함으로써 풍물놀이 본래의 예술적 다양성과 생동성을 약화시켰다는 것이다. 사물놀이에 의해 풍물놀이가 대체되는 흐름은 우리 민족 예술의 정체성 위기로까지도 이어질 수 있다는 의견이다.

① 풍물놀이와 사물놀이는 서양 음악과의 만남을 적극 시도해서 세계무대로 진출해야 한다고 봐.
② 사물놀이와 풍물놀이가 각기 정체성을 살리는 가운데 서로 도와서 함께 발전해 나가면 좋겠어.
③ 풍물놀이와 사물놀이를 절충한 새로운 공연물을 만들어서 둘의 장점을 살리는 게 좋겠어.
④ 풍물놀이는 사물놀이의 성과를 받아들여 현대적인 무대 예술로 나아가야 해.
⑤ 사물놀이는 '마당'으로 돌아와 풍물놀이처럼 대동적 신명을 살려내야 해.

73 서로 다른 두 개의 주사위를 동시에 던질 때, 적어도 한 개의 주사위에서 홀수의 눈이 나올 확률은?

① $\dfrac{1}{2}$

② $\dfrac{1}{4}$

③ $\dfrac{2}{4}$

④ $\dfrac{3}{4}$

⑤ $\dfrac{1}{6}$

74 다음 영화의 시대적 배경 이후에 일어난 일이 아닌 것은?

① 경인선 개통

② 홍경래의 난

③ 갑신정변

④ 갑오개혁

⑤ 임오군란

75 다음은 2010~2012년 세계 지역별 1인당 가용수자원량에 대한 표이다. 이에 대한 설명 중 옳지 않은 것을 모두 고르면?

(단위 : 천 m³/인)

대륙	지역	2010	2011	2012
유럽	북부	39.2	32.7	30.9
	중부	3.0	2.4	2.3
	남부	3.8	2.8	2.5
	동부	33.8	24.1	20.9
	영국	4.4	3.2	2.4
북미	캐나다	384.0	219.0	189.0
	미국	10.6	6.8	5.6
	중부 아메리카	22.7	9.4	7.1
남미	북부	179.0	72.9	37.4
	브라질	115.0	50.3	32.2
	서부	97.9	45.8	25.7
	중부	34.0	20.5	10.4
아프리카	북부	2.3	0.7	0.2
	남부	12.2	5.7	3.0
	동부	15.0	6.9	3.7
	서부	20.5	9.2	4.9
	중부	92.7	46.0	25.4
아시아	중국북부 및 몽골	3.8	1.9	1.2
	남부	4.1	2.1	1.1
	서부	6.3	2.3	1.3
	동북부	13.2	7.1	4.9
	중앙아시아	7.5	2.0	0.7
	시베리아	124.0	96.2	95.3

> ㉠ 모든 지역에서 1인당 가용수자원량이 점점 감소하고 있다.
> ㉡ 2010년에 1인당 가용수자원량이 두 번째로 많은 지역은 남미 북부이다.
> ㉢ 중앙아시아의 2011년 전년대비 1인당 가용수자원량의 감소율은 70% 이하이다.

① ㉠
② ㉡
③ ㉢
④ ㉠, ㉢
⑤ ㉡, ㉢

76 다음 조건을 읽고 옳은 설명을 고르시오.

> - 경력사원 4명(갑, 을, 병, 정)과 신입사원 4명(A, B, C, D) 중 네 명이 한 팀이 되어 신규 사업 프로젝트를 진행하려고 한다.
> - 각 팀은 경력사원 2명과 신입사원 2명으로 구성된다.
> - 정과 A는 한 팀이 될 수 없다.
> - 갑과 B는 한 팀이다.
> - 을과 병은 한 팀이 될 수 없다.

> A : 병과 B는 함께 정과 한 팀이 될 수 없다.
> B : 을과 정은 한 팀이 될 수 있다.

① A만 옳다.

② B만 옳다.

③ A와 B 모두 옳다.

④ A와 B 모두 그르다.

⑤ A와 B 모두 옳은지 그른지 알 수 없다.

77 다음 ( ) 안에 들어갈 말을 순서대로 나열한 것은?

> 도마뱀 : ( ) = 오리 : ( )

① 어류, 양서류

② 조류, 파충류

③ 파충류, 포유류

④ 파충류, 조류

⑤ 양서류, 조류

다음 글의 논지 전개 방식으로 적절한 것은?

　　과학주의를 믿는 사람들은 과학적인 지식은 귀납의 방법에 의해서 도달한 보편적인 지식이며, 또한 경험적인 기반 위에서 증명될 수 있는 지식이며, 개인의 주관에 의해서 좌우될 수 없는 객관적인 지식이며, 또한 필연적인 논리와 경험적인 연구를 통한 단계적인 발견에 의해서 무한히 확대될 수 있는 지식이라고 한다. 그래서 과학주의를 믿는 사람들은 과학적인 지식을 무비판적으로 절대화한다.

　　그런데 이러한 귀납법의 문제, 경험적 기반의 문제, 객관성의 문제, 그리고 발전의 논리 문제 등에는 현대 과학 철학에 의하면 심각한 문제들이 많다. 엄밀하게 분석해 보면 귀납법을 통하여 보편성에 도달한다는 것은 불가능한 일이다. 경험적인 사실들의 귀납은 우연성과 예외를 배제할 수 없기 때문이다. 그래서 러셀은 귀납법에 의해서 보편적 법칙에 도달한다는 것은 증명될 수 없는 논리라고 했다. 그럼에도 불구하고 과학은 귀납법에 의해서 보편적인 법칙을 발견하고 그 법칙에 의해서 예언을 하곤 한다. 따라서 그러한 예언은 절대적이 아니다.

　　과학주의를 믿는 사람들은 말하기를 과학의 열쇠는 '사실'을 통한 증명이라고 한다. 눈으로 보고, 귀로 듣고, 손으로 만질 수 있는 사실, 곧 감성적인 지각에 의한 사실을 기반으로 출발해서 감성적인 지각에 의한 사실로 돌아오는 것이 과학이라는 것이다. 그런데 인간의 감성적인 지각이라는 것은 과학적인 인식을 위한 독립된 객관적인 기초가 될 수는 없다. 모든 감각적인 지각들에는 이미 무의식적으로 일정한 '해석'이 들어 있다.

　　인간의 감성적인 지각이라는 것은 그 인간의 정서, 이성 등으로부터 아무런 영향을 안 받는 독립된 인식 기능이 아니라는 것이다. 그래서 신실증주의의 경향을 대표하는 칼 포퍼도 "과학은 부동(不動)의 기반 위에 서 있는 것이 아니다. 과학적인 이론의 거대한 구조는 물 위에 두둥실 떠 있는 것과 같다."라고 했다. 내가 무엇을 눈으로 보고 그것을 자각했을 때는 이미 나의 선입관, 나의 이해, 나의 해석이 함께 포함되어 있다.

　　과학주의를 믿는 사람들은 과학적 지식은 절대 객관적이라고 한다. 그러나 과학적 지식의 객관성이라는 것은 하나의 이념적인 요청이고 실제에 있어서는 인간의 주관이 어떤 형태로든지 개입하지 아니한 지식은 없다. 미시(微示)의 세계를 다루는 현대 물리학에 있어서는 이미 고전적 물리학이 내세웠던 객관성의 요청이 전연 다르게 이해될 수밖에 없게 되었다. 미시 세계의 현상은 과학적인 조작을 통해서만 드러나는데 그 조작이 대상에 미치는 영향은 매우 크기 때문이다. 그러므로 물리학자가 다루는 현상은 객관적인 물자체(物自體)의 현상이라기보다는 그가 조작해 낸 현상이라고 할 수 있다. 과학적인 지식이 완전히 객관적인 지식이라고 믿는 것은 이제는 무비판적인 환상이다.

과학적 지식은 과학주의를 믿는 사람들이 생각하는 것처럼 그렇게 보편타당하고 확고 부동하고 객관적이고 이른바 실증적 논리에 의해서 무한히 전진하는 것이 아니다. 따라서 과학적 지식은 절대화하면 미신이 된다. 그런데 이와 같이 그 본질에 있어서 절대적이 아닌 과학적인 지식이 변화하면서 늘 발전하고 폭발적으로 증대한다는 것이다. 그 발전이 우리 시대에 있어서는 너무나 놀랍고 폭발적이기 때문에 그러한 지식 앞에 일정한 한계를 설정하는 것은 매우 무모한 일이 것처럼 생각된다.

① 어떤 관점을 요약해서 제시하고, 그것을 반박하고 있다.
② 여러 주장들을 소개하고, 그것을 하나로 통합하고 있다.
③ 가설을 제시하고, 구체적 사례를 통해 이를 검증하고 있다.
④ 현실의 문제점을 지적하고, 그 해결 방안을 모색하고 있다.
⑤ 현상을 제시하고, 다양한 측면에서 그 원인을 분석하고 있다.

79 다음 (   ) 안에 들어갈 숫자로 적절한 것은?

| 8 (   ) 16 24 34 47 62 |

① 7   ② 9
③ 11   ④ 13
⑤ 15

80 다음에서 제시된 두 도형을 결합하였을 때, 만들 수 있는 형태가 아닌 것은?

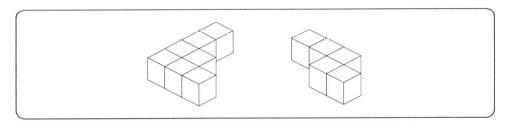

①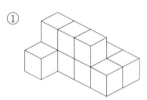

②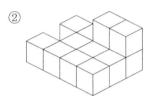

③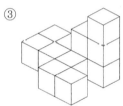

④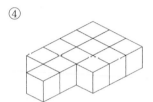

⑤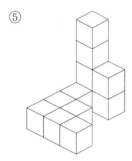

다음 밑줄 친 부분에 들어갈 말로 적절한 것은?

> 픽사(Pixar)社는 1995년 세계 최초로 '토이 스토리'라는 장편 애니메이션 영화를 내놓은 것을 필두로, 지난 15년 동안 8편의 애니메이션 영화를 성공시켰다. 그 과정 속에서 10여 개의 특허를 출원했으며, 중요한 것은 픽사에서 만든 모든 영화가 스토리, 배경, 캐릭터를 내부에서 직접 만들어낸 것이라는 점이다. 이를 통해 회사는 집단 창의성의 대명사로 알려지기 시작했다. 여기에는 픽사의 3가지 조직 운영 원칙을 눈 여겨 볼 필요가 있다. 첫째, "누구에게나 다른 사람들과 의견을 교환할 수 있는 자유가 있다." 둘째, "누구라도 자유롭게 아이디어를 제공할 수 있어야 한다." 셋째, "업계에서 일어나는 혁신 내용에 해박해야 한다." 이 세 가지 원칙을 토대로 회사는 지위고하를 막론하고 모든 직원이 서로를 돕는 독특한 협력 문화를 구축하고 있다. 모두가 '_____'라는 생각으로 일하면서 집단 창의성을 맘껏 발산하고 있다. 이런 픽사의 문화를 가장 잘 보여주는 것이 바로 '두뇌위원회'와 매일 진행되는 '리뷰회의'이다.

① 뭉치면 살고 흩어지면 죽는다.
② 공든 탑이 무너지랴.
③ 구르는 돌에는 이끼가 끼지 않는다.
④ 돌다리도 두들겨 보고 건너라.
⑤ 바늘 가는 데 실 간다.

82 중학교의 금년 남학생과 여학생 수는 작년에 비해 남학생은 8% 증가하고 여학생은 6% 감소했다. 작년에 전체 학생수가 500명인데 비하여 금년에는 작년보다 12명이 늘었다. 금년의 여학생 수를 구하면?

① 188명
② 200명
③ 216명
④ 288명
⑤ 312명

83 다음 제시된 지문과 가장 관련이 깊은 것을 고르면?

> A : 백성들이 글자를 안다면 배우고자 할 것이고, 잘 살 방법을 찾게 될 것이고, 그렇게 삶의 즐거움을 찾기 위해 살아서 '꿈틀' 댈 것이다.
>
> B : 예, 바로 그것. 바로 그 '꿈틀'이 신분질서를 무너뜨릴 것이옵니다.
>
> A : 어차피 언젠가는 무너진다. 영원한 것이 어디 있더냐? 전조 고려를 보아라. 고인채로 정체되어 썩다가 사대부들에 의해 귀족들은 멸했다.
>
> B : 지금의 조선은 고려와는 다르옵니다. 고려의 폐단을 반복하지 않기 위해 세습이 아니라 시험으로 관료를 뽑는 것이 아니옵니까.
>
> A : 아니, 그 시험은 무엇으로 보느냐. 너희만 아는 너희만 배울 수 있는 한자로 시험을 본다. 양인들도 시험을 통해 관리가 될 수 있다. 하지만, 정작 한자를 아는 사람들만 관리가 될 수 있는 것 아니냐 말이다. 이대로라면 백년 뒤에는 서인들의 과거가 금지될 것이고, 이백년이 지나면 양반들만 시험을 보게 될 것이고, 삼백년이 지나면 양반을 사고 파는 지경이 될 것이다.

① 홍문관
② 집현전
③ 사헌부
④ 의금부
⑤ 승정원

84 다음은 우리나라 연도별 성별 월급여액과 국제간 남녀 임금격차 비교표이다. 다음 표에 관해 옳게 해석한 것을 모두 고르면?

〈표1〉 성별 월급여액

(단위 : 천 원)

구분	2001	2002	2003	2004	2005	2006	2007
여자	1,015	1,112	1,207	1,286	1,396	1,497	1,582
남자	1,559	1,716	1,850	1,958	2,109	2,249	2,381

※ 남성 대비 여성 임금 비율 $= \dfrac{\text{여성월급여액}}{\text{남성월급여액}} \times 100$

〈표2〉 국제간 남성 대비 여성 임금 비율 비교

(단위 : %)

연도	프랑스	독일	일본	한국	영국	미국	OECD평균
1996	90	76	63	58	74	76	78
2006	88	77	67	62	79	81	82

> ㉠ 2006년 우리나라의 남녀 임금격차는 최고 수준이며, OECD국가 평균의 2배 이상이다.
> ㉡ 남성 근로자의 임금 대비 여성근로자의 임금 수준은 2001년에 비해 2007년 1.3%p 정도로 소폭 상승하였다.
> ㉢ 〈표2〉에서 남녀 임금격차가 가장 적은 나라는 프랑스이다.
> ㉣ OECD평균은 남녀임금격차가 줄어드는 추세이다.

① ㉠

② ㉠, ㉡

③ ㉠, ㉡, ㉢

④ ㉡, ㉢, ㉣

⑤ ㉠, ㉡, ㉢, ㉣

85 다음 조건을 읽고 옳은 것을 고르시오.

- C회사에서는 근무 연수가 많을수록 연봉이 많다.
- 태우는 수영이보다 연봉이 적다.
- 영진이는 수영이보다 1년 더 근무하였다.
- 지수는 영진이보다 1년 더 근무하였다.
- 수영이는 C회사에서 5년 근무하였다.

A : 네 사람 중에서 지수의 연봉이 가장 많다.
B : 태우의 근무 연수는 5년 미만이다.

① A만 옳다.
② B만 옳다.
③ A와 B 모두 옳다.
④ A와 B 모두 그르다.
⑤ A와 B 모두 옳은지 그른지 알 수 없다.

86 다음 글에서 언급하지 않은 내용은?

김치는 넓은 의미에서 소금, 초, 장 등에 '절인 채소'를 말한다. 김치의 어원인 '담채[沈菜]'도 '담근 채소'라는 뜻이다. 그러므로 깍두기, 오이지, 오이소박이, 단무지는 물론 장아찌까지도 김치류에 속한다고 볼 수 있다. 우리나라의 김치는 '지'라 불렸다. 그래서 짠지, 싱건지, 오이지 등의 김치에는 지금도 '지'가 붙는다. 초기의 김치는 단무지나 장아찌에 가까웠을 것이다.

처음에는 서양의 피클이나 일본의 쯔께모노와 비슷했던 김치가 이들과 전혀 다른 음식이 된 것은 젓갈과 고춧가루를 쓰기 시작하면서부터이다. 하지만 이때에도 김치의 주재료는 무나 오이였다. 우리가 지금 흔히 먹는 배추김치는 18세기 말 중국으로부터 크고 맛이 좋은 배추 품종을 들여온 뒤로 사람들이 널리 담그기 시작하였고, 20세기에 들어와서야 무김치를 능가하게 되었다.

김치와 관련하여 우리나라 향신료의 대명사로 쓰이는 고추는 생각만큼 오랜 역사를 갖고 있지 못하다. 중미 멕시코가 원산지인 고추는 '남만초'나 '왜겨자'라는 이름으로 16세기 말 조선에 전래되어 17세기부터 서서히 보급되다가 17세기 말부터 가루로 만들어 비로소 김치에 쓰이게 되었다. 조선 전기까지 주요 향신료는 후추, 천초 등이었고, 이 가운데 후추는 값이 비싸 쉽게 얻을 수 없었다. 19세기 무렵에 와서 고추는 향신료로서 압도적인 우위를 차지하게 되었다. 그 결과 후추는 더 이상 고가품이 아니게 되었으며 '산초'라고도 불리는 천초의 경우 지금에 와서는 간혹 추어탕에나 쓰일 정도로 되었다.

우리나라의 고추는 다른 나라의 고추 품종과 달리 매운 맛에 비해 단 맛 성분이 많고, 색소는 강렬하면서도 비타민C 함유량이 매우 많다. 더구나 고추는 소금이나 젓갈과 어우러져 몸에 좋은 효소를 만들어 낸다. 또 몸의 지방 성분을 산화시켜 열이 나게 함으로써 겨울의 추위를 이기게 하는 기능이 있다. 고추가 김장김치에 사용되기 시작한 것도 이 때문이라고 한다.

① 김치의 어원
② 배추김치가 무김치를 능가한 시기
③ 우리나라 고추의 역사
④ 조선 전기 향신료의 쓰임새
⑤ 고추가 김장김치에 사용된 이유

87 다음 ( ) 안에 들어갈 말을 순서대로 나열한 것은?

성스럽다 : 고결하다 = ( ) : ( )

① 연구, 강구
② 달다, 쓰다
③ 부지런하다, 게으르다
④ 확장, 축소
⑤ 무디다, 예리하다

88 다음 ( ) 안에 들어갈 숫자로 적절한 것은?

5 15 23 ( ) 39 47 53 63 71

① 3
② 17
③ 25
④ 27
⑤ 29

89 A, B, C, D, E 다섯 개 회사가 지난 해 사원들을 위해 쓴 복지비용 총액이 아래 표와 같을 때, 직원 1인당 복지비용을 가장 많이 지출한 회사는?

회사	A	B	C	D	E
복지비용(원)	2,000만	1,600만	600만	1,500만	2,000만
직원 수(명)	80	40	20	50	60

① A
② B
③ C
④ D
⑤ E

90 다음 〈표〉는 2008~2010년 동안 어느 지역의 용도별 물 사용량 현황을 나타낸 자료이다. 다음 표에 대한 설명으로 옳지 않은 것은?

(단위 : m³, %, 명)

용도 \ 연도 구분	2008 사용량	2008 비율	2009 사용량	2009 비율	2010 사용량	2010 비율
생활용수	136,762	56.2	162,790	56.2	182,490	56.1
가정용수	65,100	26.8	72,400	25.0	84,400	26.0
영업용수	11,000	4.5	19,930	6.9	23,100	7.1
업무용수	39,662	16.3	45,220	15.6	47,250	14.5
욕탕용수	21,000	8.6	25,240	8.7	27,740	8.5
농업용수	45,000	18.5	49,050	16.9	52,230	16.1
공업용수	61,500	25.3	77,900	26.9	90,300	27.8
총 사용량	243,262	100.0	289,740	100.0	325,020	100.0
사용인구	379,300		430,400		531,250	

※ 1명당 생활용수 사용량(m^3/명) = $\dfrac{\text{생활용수 총 사용량}}{\text{사용인구}}$

① 생활용수의 사용량은 계속 증가하고 있다.

② 2009년에는 생활용수의 사용량은 증가했지만 비율은 2008년과 같다.

③ 매년 생활용수 중 가장 비중이 높은 것은 가정용수이다.

④ 매년 생활용수의 비율은 농업용수와 공업용수의 비율을 합친 것보다 높다.

⑤ 욕탕용수의 비율은 매년 증가하고 있다.

91 다음 조건을 읽고 옳은 설명을 고르시오.

> • 호경이네 집 아파트 호수는 3자리이다.
> • 각 자리의 숫자의 합은 6이다.
> • 각 자리의 숫자의 곱은 6이다.
> • 아파트 호수는 짝수이다.
> • 아파트 호수는 11로 나누어 떨어진다.

> A : 호경이네는 132호이다.
> B : 호경이네는 123호이다.

① A만 옳다.
② B만 옳다.
③ A와 B 모두 옳다.
④ A와 B 모두 그르다.
⑤ A와 B 모두 옳은지 그른지 알 수 없다.

92 다음 글을 통해 알 수 있는 내용이 아닌 것은?

> 초기 구들은 고인돌처럼 돌 아래에 불을 피우는 외구들 형태를 띠었다. 이후 이런 외구들 여러 개를 길게 연결해 열기가 지나가는 길인 고래가 도입된 외고래 구들로 발전한다. 이로써 불 피우는 아궁이 쪽과 연기가 나가는 굴뚝 쪽이 분화된 것이다. 이후 이런 고래를 여러 개로 확장해 겹구들로 진화하면서 아궁이가 설치된다.
>
> 처음 이와 같은 구들은 실내에 있었다. 따라서 매연 배기가 원활하지 못했다. 이로 인해 결국에는 굴뚝이 개발되게 된다. 그리고 실내의 아궁이까지도 집 밖으로 나간다. 방 한 칸에 구들 한 개 구조를 갖추게 된 것이다. 마지막으로 장인의 오랜 경험적인 연구로 불목, 구들개자리, 고래개자리, 굴뚝개자리가 개발된다. 이로써 한민족의 전통 구들이 완성된다.
>
> 그런데 어떻게 구들은 오랫동안 연기를 보존할 수 있는 것일까. 아궁이에 불을 지피면 불로 인해 아궁이 안의 공기는 가열된다. 가열된 공기는 연기와 함께 아궁이 위쪽으로 빠르게 올라간다. 뜨거운 공기는 위로, 차가운 공기는 아래로 이동한다는 대류 현상이 일어난 것이다. 따라서 아궁이에서 지핀 불로 인해 데워진 열기는 밖으로 나가지 않고 구들 속에서 들어가게 되는 것이다.

올라간 열기는 불목의 좁은 통로를 만난다. 이때 열기의 이동 속력이 빨라지면서 불목에서의 열기의 압력은 낮아진다. 바로 여기서 베르누이의 정리를 확인할 수 있다. 즉, 공기나 액체와 같은 유체는 지나가는 길이 넓은 곳에서 좁은 곳으로 이동하게 되면 속력이 빨라지고 압력은 낮아진다. 그렇다면 불목을 넘어서 구들개자리로 들어간 열기에서는 어떤 일이 일어날까. 이때는 열기가 부뚜막에서 불목으로 이동할 때와는 반대 현상이 나타난다. 왜냐하면 불목의 좁은 통로에서 구들개자리의 넓은 통로로 열기가 이동하기 때문이다. 따라서 구들개자리에서 열기의 속력이 급격히 떨어지고 천천히 소용돌이 흐름이 생긴다. 한꺼번에 고래 쪽으로 이동하지 않고 구들개자리에서 한동안 머물게 되는 것이다.

고래로 넘어간 열기는 다시 고래 머리 부분의 넓은 공간을 만나게 된다. 여기서 또 한 번 열기의 이동 속력이 줄어들게 된다. 이곳의 열기 중 온도가 가장 높은 공기가 위로 올라가 구들장 바로 아래로 서서히 흘러가면서 구들장을 가열한다. 이로 인해 공기는 점점 냉각되어 결국 고래 바닥으로 내려오고 일부는 고래개자리로 흘러간다.

고래개자리로 넘어간 공기는 또다시 이동 속력이 줄어들게 된다. 여기서 여러 개의 각 고래에서 나오는 다른 온도의 공기가 한데 모여 고루 섞이게 된다. 그러면서 온도의 고저에 따라 공기는 위아래로 분포하게 된다. 이때 남아 있던 열기가 고래개자리 윗부분의 구들장을 가열하면서 서서히 실외 굴뚝개자리로 흘러가서 굴뚝을 통해 대기로 방출된다.

① 구들은 불꽃과는 관계없이 열기를 이용한 난방 장치이다.
② 구들은 규모는 물론 구조면에서도 큰 발전을 이루어 왔다.
③ 구들은 현대 물리학으로 설명할 수 있는 과학적 구조물이다.
④ 구들의 굴뚝은 매연 배기를 효과적으로 하기 위한 장치이다.
⑤ 구들의 고래가 경사진 까닭은 열기를 빨리 배출하기 위해서이다.

93 A전자는 작년에 매출액 대비 20%의 수익을 올렸고, 올해는 할인하여 30% 하락한 가격으로 제품을 판매하려 한다. 작년과 동일한 개수의 제품을 생산하고 판매한다고 할 때, 원가를 몇 % 절감해야 작년과 같은 수익을 낼 수 있는가?

① 20%   ② 27.5%

③ 37.5%   ④ 40%

⑤ 42.5%

94 다음 중 오스미 요시노리 교수가 설명한 공로를 인정받아 노벨생리의학상을 수상하게 한 것은 무엇인가?

① 아버맥틴   ② 오토파지

③ 위치세포   ④ 줄기세포

⑤ 바이오메탄

95 제시된 두 도형을 결합했을 때 나타날 수 없는 형태는?

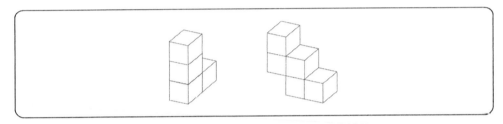

①
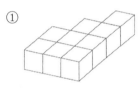

②
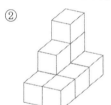

③
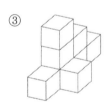

④
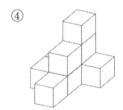

⑤
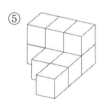

02 CJAT

270문항/ 45분

▌1~260▐ 다음 문장을 읽고 자신이 해당하는 정도를 표시하시오.

① 전혀 그렇지 않다.　　　② 그렇지 않다.　　　③ 보통이다.　　　④ 그렇다.　　　⑤ 매우 그렇다.

1. 조금이라도 나쁜 소식은 절망의 시작이라고 생각해버린다. ······················① ② ③ ④ ⑤

2. 언제나 실패가 걱정이 되어 어쩔 줄 모른다. ······················① ② ③ ④ ⑤

3. 다수결의 의견에 따르는 편이다. ······················① ② ③ ④ ⑤

4. 혼자서 식당에 들어가는 것은 전혀 두려운 일이 아니다. ······················① ② ③ ④ ⑤

5. 승부근성이 강하다. ······················① ② ③ ④ ⑤

6. 자주 흥분해서 침착하지 못하다. ······················① ② ③ ④ ⑤

7. 지금까지 살면서 타인에게 폐를 끼친 적이 없다. ······················① ② ③ ④ ⑤

8. 소곤소곤 이야기하는 것을 보면 자기에 대해 험담하고 있는 것으로 생각된다. ① ② ③ ④ ⑤

9. 무엇이든지 내가 잘못했다고 생각하는 편이다. ······················① ② ③ ④ ⑤

10. 자신을 변덕스러운 사람이라고 생각한다. ······················① ② ③ ④ ⑤

11. 고독을 즐기는 편이다. ······················① ② ③ ④ ⑤

12. 자존심이 강하다고 생각한다. ······················① ② ③ ④ ⑤

13. 금방 흥분하는 성격이다. ······················① ② ③ ④ ⑤

14. 거짓말을 한 적이 없다. ······················① ② ③ ④ ⑤

15. 신경질적인 편이다. ······················① ② ③ ④ ⑤

16. 끙끙대며 고민하는 타입이다. ······················① ② ③ ④ ⑤

17. 감정적인 사람이라고 생각한다. ······················① ② ③ ④ ⑤

18. 자신만의 신념을 가지고 있다. ······················① ② ③ ④ ⑤

19. 다른 사람을 바보 같다고 생각한 적이 있다. ······················① ② ③ ④ ⑤

20. 생각나는 대로 말해버리는 편이다. ······················① ② ③ ④ ⑤

21. 싫어하는 사람이 없다. ································· ① ② ③ ④ ⑤

22. 대재앙이 오지 않을까 항상 걱정을 한다. ··········· ① ② ③ ④ ⑤

23. 쓸데없는 고생을 하는 일이 많다. ················· ① ② ③ ④ ⑤

24. 자주 결정이 바뀌는 편이다. ····················· ① ② ③ ④ ⑤

25. 문제점을 해결하기 위해 여러 사람과 상의한다. ····· ① ② ③ ④ ⑤

26. 내 방식대로 일을 한다. ························· ① ② ③ ④ ⑤

27. 영화를 보고 운 적이 많다. ······················ ① ② ③ ④ ⑤

28. 어떤 것에 대해서도 화낸 적이 없다. ·············· ① ② ③ ④ ⑤

29. 사소한 충고에도 걱정을 한다. ··················· ① ② ③ ④ ⑤

30. 자신은 도움이 안 되는 사람이라고 생각한다. ······ ① ② ③ ④ ⑤

31. 금방 싫증을 내는 편이다. ······················ ① ② ③ ④ ⑤

32. 개성적인 사람이라고 생각한다. ·················· ① ② ③ ④ ⑤

33. 자기주장이 강한 편이다. ······················· ① ② ③ ④ ⑤

34. 정신없다는 말을 들은 적이 있다. ················· ① ② ③ ④ ⑤

35. 학교를 쉬고 싶다고 생각한 적이 한 번도 없다. ···· ① ② ③ ④ ⑤

36. 사람들과 관계 맺는 것을 잘하지 못한다. ·········· ① ② ③ ④ ⑤

37. 사려 깊은 편이다. ···························· ① ② ③ ④ ⑤

38. 몸을 움직이는 것을 좋아한다. ··················· ① ② ③ ④ ⑤

39. 끈기가 있는 편이다. ··························· ① ② ③ ④ ⑤

40. 신중한 편이라고 생각한다. ····················· ① ② ③ ④ ⑤

41. 인생의 목표는 큰 것이 좋다. ··················· ① ② ③ ④ ⑤

42. 어떤 일이라도 바로 시작하는 타입이다. ··········· ① ② ③ ④ ⑤

43. 낯가림이 심한 편이다. ························· ① ② ③ ④ ⑤

44. 생각하고 나서 행동하는 편이다. ················· ① ② ③ ④ ⑤

45. 쉬는 날은 밖으로 나가는 경우가 많다. ··········· ① ② ③ ④ ⑤

46. 시작한 일은 반드시 완성시킨다. ················· ① ② ③ ④ ⑤

47. 미리 계획을 세운 여행을 좋아한다. ·············· ① ② ③ ④ ⑤

48. 야망이 있는 편이라고 생각한다. ················· ① ② ③ ④ ⑤

49. 활동력이 있는 편이다. ································· ① ② ③ ④ ⑤

50. 많은 사람들과 왁자지껄하게 식사하는 것을 좋아하지 않는다. ····· ① ② ③ ④ ⑤

51. 돈을 허비한 적이 없다. ································· ① ② ③ ④ ⑤

52. 어릴 때 운동회를 아주 좋아하고 기대했다. ·········· ① ② ③ ④ ⑤

53. 하나의 취미에 열중하는 타입이다. ··················· ① ② ③ ④ ⑤

54. 모임에서 리더에 어울린다고 생각한다. ··············· ① ② ③ ④ ⑤

55. 입신출세의 성공이야기를 좋아한다. ················· ① ② ③ ④ ⑤

56. 어떠한 일도 의욕을 가지고 임하는 편이다. ·········· ① ② ③ ④ ⑤

57. 학급에서는 존재가 희미했다. ························· ① ② ③ ④ ⑤

58. 항상 무언가를 생각하고 있다. ························· ① ② ③ ④ ⑤

59. 스포츠는 보는 것보다 하는 게 좋다. ················· ① ② ③ ④ ⑤

60. 칭찬 듣는 것이 기쁘다. ································· ① ② ③ ④ ⑤

61. 흐린 날은 반드시 우산을 가지고 간다. ··············· ① ② ③ ④ ⑤

62. 주연상을 받을 수 있는 배우를 좋아한다. ············· ① ② ③ ④ ⑤

63. 공격적인 타입이라고 생각한다. ······················ ① ② ③ ④ ⑤

64. 리드를 받는 편이다. ··································· ① ② ③ ④ ⑤

65. 너무 신중해서 기회를 놓친 적이 있다. ··············· ① ② ③ ④ ⑤

66. 시원시원하게 움직이는 타입이다. ···················· ① ② ③ ④ ⑤

67. 야근을 해서라도 업무를 끝낸다. ····················· ① ② ③ ④ ⑤

68. 누군가를 방문할 때는 반드시 사전에 확인한다. ······· ① ② ③ ④ ⑤

69. 노력해도 결과가 따르지 않으면 의미가 없다. ········· ① ② ③ ④ ⑤

70. 가만히 앉아있는 것보다 활동적인 일이 더 좋다. ······ ① ② ③ ④ ⑤

71. 움직이는 것을 몹시 귀찮아하는 편이라고 생각한다. ··· ① ② ③ ④ ⑤

72. 특별히 소극적이라고 생각하지 않는다. ··············· ① ② ③ ④ ⑤

73. 이것저것 평하는 것이 싫다. ························· ① ② ③ ④ ⑤

74. 자신은 성급하지 않다고 생각한다. ··················· ① ② ③ ④ ⑤

75. 꾸준히 노력하는 것을 잘 하지 못한다. ··············· ① ② ③ ④ ⑤

76. 내일의 계획은 머릿속에 기억한다. ··················· ① ② ③ ④ ⑤

77. 협동성이 있는 사람이 되고 싶다. ································ ① ② ③ ④ ⑤

78. 열정적인 사람이라고 생각하지 않는다. ························ ① ② ③ ④ ⑤

79. 다른 사람 앞에서 이야기를 잘한다. ·························· ① ② ③ ④ ⑤

80. 행동력이 있는 편이다. ···································· ① ② ③ ④ ⑤

81. 엉덩이가 무거운 편이다. ·································· ① ② ③ ④ ⑤

82. 특별히 구애받는 것이 없다. ································ ① ② ③ ④ ⑤

83. 돌다리는 두들겨 보지 않고 건너도 된다. ···················· ① ② ③ ④ ⑤

84. 자신에게는 권력욕이 없다. ································ ① ② ③ ④ ⑤

85. 업무를 할당받으면 부담스럽다. ····························· ① ② ③ ④ ⑤

86. 활동적인 사람이라고 생각한다. ····························· ① ② ③ ④ ⑤

87. 비교적 보수적이다. ······································ ① ② ③ ④ ⑤

88. 어떤 일을 결정할 때 나에게 손해인지 이익인지로 징힐 때가 많다. ········ ① ② ③ ④ ⑤

89. 전통을 견실히 지키는 것이 적절하다. ·························· ① ② ③ ④ ⑤

90. 교제 범위가 넓은 편이다. ·································· ① ② ③ ④ ⑤

91. 상식적인 판단을 할 수 있는 타입이라고 생각한다. ·················· ① ② ③ ④ ⑤

92. 너무 객관적이어서 실패한다. ······························· ① ② ③ ④ ⑤

93. 보수적인 면을 추구한다. ·································· ① ② ③ ④ ⑤

94. 내가 누구의 팬인지 주변의 사람들이 안다. ······················ ① ② ③ ④ ⑤

95. 가능성보다 현실이다. ····································· ① ② ③ ④ ⑤

96. 그 사람이 필요한 것을 선물하고 싶다. ·························· ① ② ③ ④ ⑤

97. 여행은 계획적으로 하는 것이 좋다. ···························· ① ② ③ ④ ⑤

98. 구체적인 일에 관심이 있는 편이다. ···························· ① ② ③ ④ ⑤

99. 일은 착실히 하는 편이다. ·································· ① ② ③ ④ ⑤

100. 괴로워하는 사람을 보면 우선 이유를 생각한다. ···················· ① ② ③ ④ ⑤

101. 그다지 융통성이 있는 편이 아니다. ··························· ① ② ③ ④ ⑤

102. 다른 사람이 내 의견에 간섭하는 것이 싫다. ······················ ① ② ③ ④ ⑤

103. 낙천적인 편이다. ······································ ① ② ③ ④ ⑤

104. 숙제를 잊어버린 적이 한 번도 없다. ·························· ① ② ③ ④ ⑤

105. 밤길에는 발소리가 들리기만 해도 불안하다. ································ ① ② ③ ④ ⑤

106. 상냥하다는 말을 들은 적이 있다. ································ ① ② ③ ④ ⑤

107. 자신은 유치한 사람이다. ································ ① ② ③ ④ ⑤

108. 잡담을 하는 것보다 책을 읽는 게 낫다. ································ ① ② ③ ④ ⑤

109. 나는 영업에 적합한 타입이라고 생각한다. ································ ① ② ③ ④ ⑤

110. 술자리에서 술을 마시지 않아도 흥을 돋울 수 있다. ················ ① ② ③ ④ ⑤

111. 한 번도 병원에 간 적이 없다. ································ ① ② ③ ④ ⑤

112. 나쁜 일은 걱정이 되어서 어쩔 줄을 모른다. ···················· ① ② ③ ④ ⑤

113. 금세 무기력해지는 편이다. ································ ① ② ③ ④ ⑤

114. 비교적 고분고분한 편이라고 생각한다. ···················· ① ② ③ ④ ⑤

115. 독자적으로 행동하는 편이다. ································ ① ② ③ ④ ⑤

116. 적극적으로 행동하는 편이다. ································ ① ② ③ ④ ⑤

117. 금방 감격하는 편이다. ································ ① ② ③ ④ ⑤

118. 어떤 것에 대해서는 불만을 가진 적이 없다. ···················· ① ② ③ ④ ⑤

119. 밤에 못 잘 때가 많다. ································ ① ② ③ ④ ⑤

120. 자주 후회하는 편이다. ································ ① ② ③ ④ ⑤

121. 뜨거워지기 쉽고 식기 쉽다. ································ ① ② ③ ④ ⑤

122. 자신만의 세계를 가지고 있다. ································ ① ② ③ ④ ⑤

123. 많은 사람 앞에서도 긴장하는 일은 없다. ···················· ① ② ③ ④ ⑤

124. 말하는 것을 아주 좋아한다. ································ ① ② ③ ④ ⑤

125. 인생을 포기하는 마음을 가진 적이 한 번도 없다. ·············· ① ② ③ ④ ⑤

126. 어두운 성격이다. ································ ① ② ③ ④ ⑤

127. 금방 반성한다. ································ ① ② ③ ④ ⑤

128. 활동범위가 넓은 편이다. ································ ① ② ③ ④ ⑤

129. 자신을 끈기 있는 사람이라고 생각한다. ···················· ① ② ③ ④ ⑤

130. 좋다고 생각하더라도 좀 더 검토하고 나서 실행한다. ·········· ① ② ③ ④ ⑤

131. 위대한 인물이 되고 싶다. ································ ① ② ③ ④ ⑤

132. 한 번에 많은 일을 떠맡아도 힘들지 않다. ···················· ① ② ③ ④ ⑤

133. 사람과 만날 약속은 부담스럽다. ··································· ① ② ③ ④ ⑤

134. 질문을 받으면 충분히 생각하고 나서 대답하는 편이다. ·············· ① ② ③ ④ ⑤

135. 머리를 쓰는 것보다 땀을 흘리는 일이 좋다. ······················ ① ② ③ ④ ⑤

136. 결정한 것에는 철저히 구속받는다. ····························· ① ② ③ ④ ⑤

137. 외출 시 문을 잠갔는지 몇 번을 확인한다. ······················· ① ② ③ ④ ⑤

138. 이왕 할 거라면 일등이 되고 싶다. ····························· ① ② ③ ④ ⑤

139. 과감하게 도전하는 타입이다. ································· ① ② ③ ④ ⑤

140. 자신은 사교적이 아니라고 생각한다. ·························· ① ② ③ ④ ⑤

141. 무심코 도리에 대해서 말하고 싶어진다. ······················ ① ② ③ ④ ⑤

142. '항상 건강하네요'라는 말을 듣는다. ························· ① ② ③ ④ ⑤

143. 단념하면 끝이라고 생각한다. ································· ① ② ③ ④ ⑤

144. 예상하지 못한 일은 하고 싶지 않다. ·························· ① ② ③ ④ ⑤

145. 파란만장하더라도 성공하는 인생을 걷고 싶다. ················· ① ② ③ ④ ⑤

146. 활기찬 편이라고 생각한다. ································· ① ② ③ ④ ⑤

147. 소극적인 편이라고 생각한다. ································· ① ② ③ ④ ⑤

148. 무심코 평론가가 되어 버린다. ································· ① ② ③ ④ ⑤

149. 자신은 성급하다고 생각한다. ································· ① ② ③ ④ ⑤

150. 꾸준히 노력하는 타입이라고 생각한다. ······················ ① ② ③ ④ ⑤

151. 내일의 계획이라도 메모한다. ································· ① ② ③ ④ ⑤

152. 리더십이 있는 사람이 되고 싶다. ····························· ① ② ③ ④ ⑤

153. 열정적인 사람이라고 생각한다. ······························· ① ② ③ ④ ⑤

154. 다른 사람 앞에서 이야기를 잘 하지 못한다. ···················· ① ② ③ ④ ⑤

155. 통찰력이 있는 편이다. ····································· ① ② ③ ④ ⑤

156. 엉덩이가 가벼운 편이다. ···································· ① ② ③ ④ ⑤

157. 여러 가지로 구애됨이 있다. ································· ① ② ③ ④ ⑤

158. 돌다리도 두들겨 보고 건너는 쪽이 좋다. ······················ ① ② ③ ④ ⑤

159. 자신에게는 권력욕이 있다. ································· ① ② ③ ④ ⑤

160. 업무를 할당받으면 기쁘다. ································· ① ② ③ ④ ⑤)

161. 사색적인 사람이라고 생각한다. ┄┄┄┄┄┄┄┄┄┄┄┄┄┄ ① ② ③ ④ ⑤

162. 비교적 개혁적이다. ┄┄┄┄┄┄┄┄┄┄┄┄┄┄┄┄┄┄┄ ① ② ③ ④ ⑤

163. 좋고 싫음으로 정할 때가 많다. ┄┄┄┄┄┄┄┄┄┄┄┄ ① ② ③ ④ ⑤

164. 전통에 구애되는 것은 버리는 것이 적절하다. ┄┄┄┄┄ ① ② ③ ④ ⑤

165. 교제 범위가 좁은 편이다. ┄┄┄┄┄┄┄┄┄┄┄┄┄┄┄ ① ② ③ ④ ⑤

166. 발상의 전환을 할 수 있는 타입이라고 생각한다. ┄┄┄ ① ② ③ ④ ⑤

167. 너무 주관적이어서 실패한다. ┄┄┄┄┄┄┄┄┄┄┄┄┄ ① ② ③ ④ ⑤

168. 현실적이고 실용적인 면을 추구한다. ┄┄┄┄┄┄┄┄┄ ① ② ③ ④ ⑤

169. 내가 어떤 배우의 팬인지 아무도 모른다. ┄┄┄┄┄┄ ① ② ③ ④ ⑤

170. 현실보다 가능성이다. ┄┄┄┄┄┄┄┄┄┄┄┄┄┄┄┄┄ ① ② ③ ④ ⑤

171. 마음이 담겨 있으면 선물은 아무 것이나 좋다. ┄┄┄ ① ② ③ ④ ⑤

172. 여행은 마음대로 하는 것이 좋다. ┄┄┄┄┄┄┄┄┄┄ ① ② ③ ④ ⑤

173. 추상적인 일에 관심이 있는 편이다. ┄┄┄┄┄┄┄┄┄ ① ② ③ ④ ⑤

174. 일은 대담히 하는 편이다. ┄┄┄┄┄┄┄┄┄┄┄┄┄┄ ① ② ③ ④ ⑤

175. 괴로워하는 사람을 보면 우선 동정한다. ┄┄┄┄┄┄ ① ② ③ ④ ⑤

176. 가치기준은 자신의 안에 있다고 생각한다. ┄┄┄┄┄ ① ② ③ ④ ⑤

177. 조용하고 조심스러운 편이다. ┄┄┄┄┄┄┄┄┄┄┄┄┄ ① ② ③ ④ ⑤

178. 상상력이 풍부한 편이라고 생각한다. ┄┄┄┄┄┄┄┄ ① ② ③ ④ ⑤

179. 의리, 인정이 두터운 상사를 만나고 싶다. ┄┄┄┄┄ ① ② ③ ④ ⑤

180. 인생의 앞날을 알 수 없어 재미있다. ┄┄┄┄┄┄┄┄ ① ② ③ ④ ⑤

181. 밝은 성격이다. ┄┄┄┄┄┄┄┄┄┄┄┄┄┄┄┄┄┄┄┄ ① ② ③ ④ ⑤

182. 별로 반성하지 않는다. ┄┄┄┄┄┄┄┄┄┄┄┄┄┄┄┄ ① ② ③ ④ ⑤

183. 활동범위가 좁은 편이다. ┄┄┄┄┄┄┄┄┄┄┄┄┄┄┄ ① ② ③ ④ ⑤

184. 자신을 시원시원한 사람이라고 생각한다. ┄┄┄┄┄┄ ① ② ③ ④ ⑤

185. 좋다고 생각하면 바로 행동한다. ┄┄┄┄┄┄┄┄┄┄ ① ② ③ ④ ⑤

186. 좋은 사람이 되고 싶다. ┄┄┄┄┄┄┄┄┄┄┄┄┄┄┄ ① ② ③ ④ ⑤

187. 한 번에 많은 일을 떠맡는 것은 골칫거리라고 생각한다. ┄┄ ① ② ③ ④ ⑤

188. 사람과 만날 약속은 즐겁다. ┄┄┄┄┄┄┄┄┄┄┄┄┄ ① ② ③ ④ ⑤

189. 질문을 받으면 그때의 느낌으로 대답하는 편이다. ⋯⋯⋯⋯⋯⋯⋯⋯⋯⋯ ① ② ③ ④ ⑤

190. 땀을 흘리는 것보다 머리를 쓰는 일이 좋다. ⋯⋯⋯⋯⋯⋯⋯⋯⋯⋯⋯ ① ② ③ ④ ⑤

191. 결정한 것이라도 그다지 구속받지 않는다. ⋯⋯⋯⋯⋯⋯⋯⋯⋯⋯⋯ ① ② ③ ④ ⑤

192. 외출 시 문을 잠갔는지 별로 확인하지 않는다. ⋯⋯⋯⋯⋯⋯⋯⋯⋯ ① ② ③ ④ ⑤

193. 지위에 어울리면 된다. ⋯⋯⋯⋯⋯⋯⋯⋯⋯⋯⋯⋯⋯⋯⋯⋯⋯⋯⋯⋯ ① ② ③ ④ ⑤

194. 안전책을 고르는 타입이다. ⋯⋯⋯⋯⋯⋯⋯⋯⋯⋯⋯⋯⋯⋯⋯⋯⋯ ① ② ③ ④ ⑤

195. 자신은 사교적이라고 생각한다. ⋯⋯⋯⋯⋯⋯⋯⋯⋯⋯⋯⋯⋯⋯⋯ ① ② ③ ④ ⑤

196. 도리는 상관없다. ⋯⋯⋯⋯⋯⋯⋯⋯⋯⋯⋯⋯⋯⋯⋯⋯⋯⋯⋯⋯⋯ ① ② ③ ④ ⑤

197. '침착하네요'라는 말을 듣는다. ⋯⋯⋯⋯⋯⋯⋯⋯⋯⋯⋯⋯⋯⋯⋯ ① ② ③ ④ ⑤

198. 단념이 중요하다고 생각한다. ⋯⋯⋯⋯⋯⋯⋯⋯⋯⋯⋯⋯⋯⋯⋯ ① ② ③ ④ ⑤

199. 예상하지 못한 일도 해보고 싶다. ⋯⋯⋯⋯⋯⋯⋯⋯⋯⋯⋯⋯⋯ ① ② ③ ④ ⑤

200. 평범하고 평온하게 행복한 인생을 살고 싶다. ⋯⋯⋯⋯⋯⋯⋯⋯ ① ② ③ ④ ⑤

201. 몹시 귀찮아하는 편이라고 생각한다. ⋯⋯⋯⋯⋯⋯⋯⋯⋯⋯⋯ ① ② ③ ④ ⑤

202. 특별히 소극적이라고 생각하지 않는다. ⋯⋯⋯⋯⋯⋯⋯⋯⋯⋯ ① ② ③ ④ ⑤

203. 이것저것 평하는 것이 싫다. ⋯⋯⋯⋯⋯⋯⋯⋯⋯⋯⋯⋯⋯⋯⋯ ① ② ③ ④ ⑤

204. 자신은 성급하지 않다고 생각한다. ⋯⋯⋯⋯⋯⋯⋯⋯⋯⋯⋯ ① ② ③ ④ ⑤

205. 꾸준히 노력하는 것을 잘 하지 못한다. ⋯⋯⋯⋯⋯⋯⋯⋯⋯ ① ② ③ ④ ⑤

206. 내일의 계획은 머릿속에 기억한다. ⋯⋯⋯⋯⋯⋯⋯⋯⋯⋯⋯ ① ② ③ ④ ⑤

207. 협동성이 있는 사람이 되고 싶다. ⋯⋯⋯⋯⋯⋯⋯⋯⋯⋯⋯ ① ② ③ ④ ⑤

208. 열정적인 사람이라고 생각하지 않는다. ⋯⋯⋯⋯⋯⋯⋯⋯⋯ ① ② ③ ④ ⑤

209. 다른 사람 앞에서 이야기를 잘한다. ⋯⋯⋯⋯⋯⋯⋯⋯⋯⋯ ① ② ③ ④ ⑤

210. 행동력이 있는 편이다. ⋯⋯⋯⋯⋯⋯⋯⋯⋯⋯⋯⋯⋯⋯⋯⋯ ① ② ③ ④ ⑤

211. 엉덩이가 무거운 편이다. ⋯⋯⋯⋯⋯⋯⋯⋯⋯⋯⋯⋯⋯⋯⋯ ① ② ③ ④ ⑤

212. 특별히 구애받는 것이 없다. ⋯⋯⋯⋯⋯⋯⋯⋯⋯⋯⋯⋯⋯ ① ② ③ ④ ⑤

213. 돌다리는 두들겨 보지 않고 건너도 된다. ⋯⋯⋯⋯⋯⋯⋯ ① ② ③ ④ ⑤

214. 자신에게는 권력욕이 없다. ⋯⋯⋯⋯⋯⋯⋯⋯⋯⋯⋯⋯⋯ ① ② ③ ④ ⑤

215. 업무를 할당받으면 부담스럽다. ⋯⋯⋯⋯⋯⋯⋯⋯⋯⋯⋯ ① ② ③ ④ ⑤

216. 활동적인 사람이라고 생각한다. ⋯⋯⋯⋯⋯⋯⋯⋯⋯⋯⋯ ① ② ③ ④ ⑤

217. 비교적 보수적이다. ································· ① ② ③ ④ ⑤

218. 손해인지 이익인지로 정할 때가 많다. ················· ① ② ③ ④ ⑤

219. 전통을 견실히 지키는 것이 적절하다. ················· ① ② ③ ④ ⑤

220. 교제 범위가 넓은 편이다. ························· ① ② ③ ④ ⑤

221. 상식적인 판단을 할 수 있는 타입이라고 생각한다. ········· ① ② ③ ④ ⑤

222. 너무 객관적이어서 실패한다. ····················· ① ② ③ ④ ⑤

223. 보수적인 면을 추구한다. ························· ① ② ③ ④ ⑤

224. 내가 누구의 팬인지 주변의 사람들이 안다. ············· ① ② ③ ④ ⑤

225. 가능성보다 현실이다. ··························· ① ② ③ ④ ⑤

226. 그 사람이 필요한 것을 선물하고 싶다. ················· ① ② ③ ④ ⑤

227. 여행은 계획적으로 하는 것이 좋다. ·················· ① ② ③ ④ ⑤

228. 구체적인 일에 관심이 있는 편이다. ·················· ① ② ③ ④ ⑤

229. 일은 착실히 하는 편이다. ························· ① ② ③ ④ ⑤

230. 괴로워하는 사람을 보면 우선 이유를 생각한다. ··········· ① ② ③ ④ ⑤

231. 가치기준은 자신의 밖에 있다고 생각한다. ············· ① ② ③ ④ ⑤

232. 밝고 개방적인 편이다. ··························· ① ② ③ ④ ⑤

233. 현실 인식을 잘하는 편이라고 생각한다. ··············· ① ② ③ ④ ⑤

234. 공평하고 공적인 상사를 만나고 싶다. ················· ① ② ③ ④ ⑤

235. 시시해도 계획적인 인생이 좋다. ···················· ① ② ③ ④ ⑤

236. 적극적으로 사람들과 관계를 맺는 편이다. ············· ① ② ③ ④ ⑤

237. 활동적인 편이다. ······························· ① ② ③ ④ ⑤

238. 몸을 움직이는 것을 좋아하지 않는다. ················· ① ② ③ ④ ⑤

239. 쉽게 질리는 편이다. ····························· ① ② ③ ④ ⑤

240. 경솔한 편이라고 생각한다. ························· ① ② ③ ④ ⑤

241. 인생의 목표는 손이 닿을 정도면 된다. ················ ① ② ③ ④ ⑤

242. 무슨 일도 좀처럼 시작하지 못한다. ·················· ① ② ③ ④ ⑤

243. 초면인 사람과도 바로 친해질 수 있다. ················ ① ② ③ ④ ⑤

244. 행동하고 나서 생각하는 편이다. ···················· ① ② ③ ④ ⑤

245. 쉬는 날은 밖에 있는 경우가 많다. ──────────────① ② ③ ④ ⑤

246. 완성되기 전에 포기하는 경우가 많다. ──────────────① ② ③ ④ ⑤

247. 계획 없는 여행을 좋아한다. ──────────────① ② ③ ④ ⑤

248. 욕심이 없는 편이라고 생각한다. ──────────────① ② ③ ④ ⑤

249. 활동력이 별로 없다. ──────────────① ② ③ ④ ⑤

250. 많은 사람들과 왁자지껄하게 식사하는 것은 피곤하다. ──────────────① ② ③ ④ ⑤

251. 자주 우울하거나 슬프며 기운이 빠진다. ──────────────① ② ③ ④ ⑤

252. 미래에 대해 비관적이거나 자신감이 없다. ──────────────① ② ③ ④ ⑤

253. 현실적로 내 미래에는 희망이 별로 없다고 생각한다. ──────────────① ② ③ ④ ⑤

254. 한 사람의 인간으로서 실망스러운 사람이라고 생각한다. ──────────────① ② ③ ④ ⑤

255. 스스로에 대해 자부심이 들지 않는다. ──────────────① ② ③ ④ ⑤

256. 대부분의 시간이 만족스럽지 못하거나 지루하다. ──────────────① ② ③ ④ ⑤

257. 지금까지 인생을 살아온 방식이 마음에 들지 않다. ──────────────① ② ③ ④ ⑤

258. 기분이 나쁘거나 자신이 쓸모없게 느껴지는 경우가 많다. ──────────────① ② ③ ④ ⑤

259. 일이 현실적으로 잘못되면 스스로 자책하는 편이다. ──────────────① ② ③ ④ ⑤

260. 자해나 자살을 생각해본 일이 있다. ──────────────① ② ③ ④ ⑤

|261~270| 다음은 당신이 조직생활 및 업무환경에서 자주 겪을 수 있는 상황이 제시된 글이다. 각각의 상황을 읽고, 제시된 물음에 따라 답하시오.

261

이 대리는 한 달 동안의 잦은 철야와 야근으로 인해 몸이 몹시 지쳐 있다. 오늘은 금요일이며 모든 일이 다 마무리되었으므로 정시 퇴근이 가능할 것 같다. 그러나 퇴근시간이 지나도 아무도 퇴근을 하지 않고 있는 자기 자리에서 눈치만 보고 있는 상황이다. 이 대리는 '먼저 퇴근하겠습니다.'라고 하며 자리를 일어났다. 자신이 이 대리라면 위 상황처럼 가장 먼저 퇴근할 확률은?

① 0%
② 25%
③ 50%
④ 75%
⑤ 100%

262

정 대리는 사내에서 홍보팀 사원 J양과 열애중이다. 그러나 사내 규칙에 의해 사내 연애는 금지되어 있으며, 아무도 정 대리와 J양의 사이를 모른다. 그러던 어느 날 퇴근 후 한 뮤지컬 공연장에서 정 대리는 J양을 기다리던 중 같은 부서의 박 차장을 우연히 만나게 되었다. 박 차장과 같은 시간의 공연을 보게 된 것이다. 소극장이라 박 차장 눈에 쉽게 띌 수 있는 상황이다. 정 대리는 J양에게 전화를 걸어 뮤지컬을 취소하자고 하였다. 자신이 정 대리라면 박 차장에게 J양과의 연애 사실을 밝힐 확률은?

① 0%
② 25%
③ 50%
④ 75%
⑤ 100%

263

이 대리는 이 달의 우수사원으로 뽑히게 되었다. 우수사원은 평소 품행이 단정하고 업무 처리 능력이 탁월하여 팀의 성과에 공헌을 한 사람에게 주는 표창이다. 그러나 이 대리는 사치를 좋아하고 업무시간에 개인적인 일을 하다가 다른 사원들의 업무실적을 가로채는 등의 행동으로 우수사원이 된 사실을 부서 사람들은 알고 있다. 이 대리는 임원들에게 이 사실을 폭로하면 부서 직원 모두를 해고해 버리겠다고 협박을 하여 아직까지 임원진들은 이 사실을 모르고 있다. 자신이 이 대리라면 임원진들에게 사실을 말할 확률은?

① 0%   ② 25%

③ 50%   ④ 75%

⑤ 100%

264

귀하는 퇴근 후 마드에 들러 필요한 물건을 구입한 후 현금을 내고 거스름돈을 받고 집으로 돌아왔다. 집에 와서 물건을 정리한 다음 영수증으로 확인하여 보니 귀하가 받아야 할 거스름돈 보다 더 많이 거슬러 받아 온 것을 확인하게 되었다. 그러나 마트는 다시 갔다 오려면 왕복 1시간이 족히 걸리는 거리이다. 귀하가 다시 돌아가서 거스름돈 계산이 잘못되었음을 알리고 차액을 돌려줄 확률은?

① 0%   ② 25%

③ 50%   ④ 75%

⑤ 100%

265

김 차장은 간부회의에 참석하여 경영성과에 대한 브리핑을 하고 있다. 그런데 유 부장이 졸고 있는 것이 아니라 아예 자고 있는 것을 보게 되었다. 사장님도 참석하신 자리이며, PPT를 사용하기 때문에 조명이 어두워 자세하게 들여다보지 않으면 식별이 잘 안 되는 상황이다. 김 차장은 자신이 공들여 준비하고 발표하는 자리라 유 부장의 이러한 행동에 화가 났다. 김 차장은 유 부장이 자고 있으므로 브리핑을 잠시 쉬었다가 하겠다고 사장님께 말씀드렸다. 자신이 김 차장이라면 유 부장의 행동을 모른 척 할 확률은?

① 0%   ② 25%

③ 50%   ④ 75%

⑤ 100%

266

오 대리는 신입사원 교육을 목적으로 하는 사내 오리엔테이션 자리에 참석하였다. 그러나 오리엔테이션의 내용이 사실 위주가 아니라 신입사원들을 현혹시키기 위한 있지도 않은 복지 및 부풀린 급여와 회사경제상황 등을 모두 사실과 다른 말만 늘어놓고 있는 것이었다. 신입사원들이 이 내용이 사실이라고 믿고 근무를 하게 되면 3개월 내에 사실이 아님을 알게 되고 모두가 회사를 그만 둘 수도 있게 될 상황이 나올게 뻔하다. 오 대리는 회사와 신입사원들을 위하여 사실을 정확하게 알려야 한다고 교육을 중단시키고 있는 그대로의 사실만을 이야기해 주었다. 자신이 오 대리라면 신입사원들에게 사실을 말할 확률은?

① 0%   ② 25%

③ 50%   ④ 75%

⑤ 100%

267

새로운 경영전략으로 해외시장진출을 목표로 하는 자사는 중국과의 합작 사업 추진을 위하여 프로젝트팀을 구성하게 되었다. 이 차장은 이 팀의 리더로 선발되었으며, 2년 이상 중국에서 근무를 해야만 한다. 그러나 이 차장은 집안 사정 및 본인의 경력계획에 차질이 빚어진다는 이유로 중국 발령을 거부하였다. 그러자 회사는 이 차장에게 희망퇴직을 권유하였다. 자신이 이 차장이라면 중국 발령을 거부할 확률은?

① 0%   ② 25%

③ 50%   ④ 75%

⑤ 100%

268

이 대리는 부서에서 일을 가장 잘 하기로 소문이 자자하다. 유 부장은 자신의 개인적인 일로 인하여 본인의 업무가 많이 쌓여 있다. 다른 사원들도 모두 자신의 업무를 소화하는데 벅차 보인다. 그러니 이 대리는 본인의 업무를 다 처리하고 다른 사원의 업무도 도와주는 것을 유 부장이 보게 되었다. 유 부장은 이 대리에게 자신의 밀린 업무를 부탁하였다. 이 대리는 당연하듯이 유 부장의 업무를 대신 처리해 주었다. 자신이 이 대리라면 유 부장의 부탁을 거절할 확률은?

① 0%

② 25%

③ 50%

④ 75%

⑤ 100%

269

박 차장은 어제 오랜만의 동창모임에서 과음을 하여 아침부터 속이 좋지 않다. 점심시간까지 잘 버티어 해장국을 먹으려는 계획을 갖고 출근을 하였다. 점심시간이 거의 되었을 무렵 상사가 팀원들 모두 함께 청국장 집에서 식사를 하자고 한다. 박 차장은 뒤집어진 속을 달래고 싶다. 청국장을 먹으면 속이 더 안 좋을 것 같다. 박 차장은 상사에게 본인은 따로 먹겠다고 말을 하였다. 자신이 박 차장이라면 상사를 따라 청국장 집에 갈 확률은?

① 0%

② 25%

③ 50%

④ 75%

⑤ 100%

270

이제 갓 결혼한 지 일주일 밖에 안 된 김 대리는 퇴근시간이 가까워질 무렵 갑자기 부인이 교통사고를 당해 응급실에 있다는 연락을 받았다. 퇴근을 서둘러 부인에게 향하려던 그 때 상사인 김 부장의 모친 부고 소식을 접하게 되었다. 팀원들 모두 퇴근 후 김 부장 모친의 장례식장으로 간다고 한다. 김 부장이 내일이 발인이라 오늘 모두 함께 오라 했다고 한다. 김 대리는 부인이 있는 응급실이 아닌 김 부장 모친의 장례식장으로 팀원들과 함께 이동하였다. 자신이 김 대리라면 부인이 있는 응급실로 갈 확률은?

① 0%

② 25%

③ 50%

④ 75%

⑤ 100%

정답 및 해설

1 ②

㉠ $A = B+2$, $C = B-5$, $\dfrac{A+B+C}{3} = 21$

㉡ $\dfrac{(B+2)+B+(B-5)}{3} = \dfrac{3B-3}{3} = B-1 = 21$

㉢ $B = 22$, $A = B+2 = 24$, $C = B-5 = 17$

2 ③

현재 소득 수준에서 가장 높은 비율을 차지하는 취미 생활은 '다'이다.

$\dfrac{398}{1094} \times 100 ≒ 36.4(\%)$

3 ⑤

㉠ 소득이 2배가 되었을 때, '가'를 취미로 가지는 사람은 266명, 현재 소득 수준에서 '나'를 취미로 가지는 사람은 156명이므로 2배 이하이다.

4 ②

'숙면'은 '여러 번 보아서 낯이 익은 사람'의 뜻으로 '처음으로 대하는 얼굴'을 뜻하는 '초면'과 반의어 관계이며, '신선'은 '새롭고 산뜻함'의 뜻으로 '사상, 표현, 행동 따위가 낡아서 새롭지 못함'을 뜻하는 '진부'와 반의어 관계이다.

5 ②

나머지 10을 8로 나누면 나머지가 2가 된다.

6 ④

㉠ 주어진 조건을 정리하면 다음과 같다.

회사원	대중교통
A	버스(8), 지하철
B	지하철(2)
C	자가용
D	버스(8), 지하철(2)
E	지하철
F	버스
G	자가용

㉡ 이때, F는 20번 버스를 이용해야 하며, B와 E 중 한 명은 다른 지하철로 환승해야 한다. 따라서 A와 B 모두 그르다.

회사원	대중교통
A	버스(8), 지하철
B	지하철(2), 지하철
C	자가용
D	버스(8), 지하철(2)
E	지하철
F	버스(20)
G	자가용

회사원	대중교통
A	버스(8), 지하철
B	지하철(2)
C	자가용
D	버스(8), 지하철(2)
E	지하철, 지하철
F	버스(20)
G	자가용

7 ⑤

역사의 의미 변화에 일정한 기준이 없으면 역사의 해석은 일관성을 잃을 수 있으므로, ㉠에는 '이렇게도 저렇게도 둘러대기에 달렸다.'는 뜻으로 쓰이는 '귀에 걸면 귀걸이, 코에 걸면 코걸이'란 속담이 적절하다.

① 결국은 자기 자신에게 피해가 돌아온다는 말

② 근본적인 대책이 아닌 임시방편이라는 말

③ 얕은 꾀를 써서 속이려고 한다는 말

④ 가린다고 가렸으나 가려지지 아니한다는 말

8 ①

'적극적으로 나아가서 일을 이룩함'을 뜻하는 '진취'의 반의어는 '뒤로 물러나서 가만히 틀어박혀 있음'을 뜻하는 '퇴영'이다.

9 ②

배의 속도를 v, 강의 유속을 v'이라 하면,

내려갈 때, $48 = (v + v') \times 2$

올라올 때, $48 = (v - v') \times 3$

$v + v' = 24$, $v - v' = 16$

연립방정식을 풀면 $v = 20km/h$, $v' = 4km/h$

∴ 강의 유속은 $4km/h$이다.

10 ③

홀수 항은 +7, 짝수 항은 ×2의 규칙을 갖는다.

11 ③

③ 2010년부터 여성의 비율이 남성의 비율보다 커졌다.

12 ②

CSV는 기업이 수익을 만든 뒤에 사회 공헌 활동을 하는 CRS와 달리, 기업 활동 자체가 사회적 가치를 만들어 내는 동시에 기업에 경제적인 이익을 가져오는 행위를 말한다.

13 ④

$144 \div 0.4 = 360(개)$

14 ①

① '일을 실제로 담당하는 사람들과 전산 전문가 사이의 의사소통에 달려 있다.'에서 개인의 창조성과 기능 전문가 사이의 '커뮤니케이션'에 따라 좋은 결과가 나올 수 있다. 따라서 이와 가장 유사한 상황을 찾아야 한다.

15 ③

원가를 x라 하면,
$x \times (1+0.3) \times (1-0.2) = 5200$
$1.04x = 5200$
$x = 5,000$ 원

16 ④

'아직 다 갖추지 못한 상태에 있음'을 뜻하는 '미비'의 반의어는 '빠짐없이 완전히 갖춤'을 뜻하는 '완구'이다.

17 ⑤

'시작'은 '어떤 일이나 행동의 처음 단계를 이루거나 그렇게 하게 함'의 뜻으로 '개시'와 동의어이며, '단초'는 '일이나 사건을 풀어 나갈 수 있는 첫머리'의 뜻으로 '실마리'와 동의어이다.

18 ④

르 코르뷔지에는 아름다운 건축물을 만드는 것에 그치는 것이 아니라 '더 많은 사람이 더 효율적인 공간에서 함께 살 수 있는 집'을 짓고자 하였다. 따라서 이와 같은 사례는 ④이다.

19 ④

노새가 가진 당근의 수를 x, 당나귀가 가진 당근의 수를 y라 하면,
$x+1 = 2(y-1)$, $x-1 = y+1$
$x=7$, $y=5$이므로
$\therefore x+y = 12$

20 ②

인천상륙작전이 벌어진 시기는 1950년이다.
② 1931년에 연재되었다.

21 ②

② 글쓴이는 언어 사용과 그 사회의 문화적 풍토와의 상관관계, 곧 '잘못된 언어 사용은 바로 문화적 풍토의 문제점과 연관된다'는 점을 지적하고 있다고 할 수 있다.

22 ③

전체 인원을 x 라고 하면, 남자인원은 $\frac{3x}{5}$, 여자인원은 $\frac{2x}{5}$ 이다.

합격자 중 남자는 100명, 여자는 40명이다.

떨어진 남자와 여자는 같은 인원이므로,

$$\frac{3x}{5} - 100 = \frac{2x}{5} - 40$$

$$\therefore x = 300(명)$$

23 ②

② 농가에서 숙박을 하면서 농촌·영농 체험을 하는 등 농촌 문화를 즐길 수 있는 프로그램을 말한다. 관광지를 피하고 싶어하는 도시민들 사이에 인기가 높아지고 있으며, 인근 지역의 명소 관광도 즐길 수 있는 장점이 있다.

① 멀리 떠나지 않고 집이나 집 근처에서 휴식과 여가시간을 보내는 것을 말한다.

③ 북적대는 피서지 대신 집에서 편안하게 쉬는 사람을 뜻한다.

④ 누에고치를 뜻하는 코쿤에서 만들어진 용어이다. 집 안에서 다양한 활동을 즐기는 사람들이란 의미로 발전했다.

⑤ 가까운 호텔에서 휴가를 즐기는 것을 뜻한다.

24 ④

$\times 2 - 1$, $\times 2 - 2$, $\times 2 - 3$, …의 규칙을 갖는다.

25 ②

① $20 \times 60 + 10 \times 65 + 15 \times ㉠ + 15 \times 60 = 3,650$

㉠ 60

② $20 \times ㉡ + 10 \times 55 + 15 \times 50 + 15 \times 60 = 3,200$

㉡ 50

③ A팀 식료품 평균 62.5점, B팀 식료품 평균 60점

④ 남사원 가전제품 평균 55점,

여사원 가전제품 평균 50점

⑤ A팀 남사원 전체 평균 53.3점,
　A팀 여사원 전체 평균 56.6점

26 ②

8%의 소금물에 들어있는 소금의 양을 x라 하면,

$\dfrac{x}{250} \times 100 = 8$이므로 $x = 20$이다.

추가하는 물의 양을 y라 하면, $\dfrac{20}{250+y} \times 100 = 5$

$2,000 = 5(250+y)$

$5y = 750$

$\therefore y = 150$

27 ②

28 ①

부자 관계를 나타낸다. 소현세자는 인조의 아들이고, 사도세자는 영조의 아들이다.

29 ①

앞의 두 수를 더한 다음 3을 더해주는 규칙이다. 따라서 $9+17+3=29$이다.

30 ③

① 首丘初心(수구초심) : 여우가 죽을 때 제가 살던 굴이 있는 언덕 쪽으로 머리를 둔다는 뜻으로, 고향을 그리워하는 마음을 이르는 말

② 馬耳東風(마이동풍) : 말의 귀에 동풍이 불어도 말은 아랑곳하지 않는다는 뜻으로, '남의 말에 귀기울이지 않고 그냥 지나쳐 흘려 버림'을 이르는 말

④ 刻舟求劍(각주구검) : 배의 밖으로 칼을 떨어뜨린 사람이 나중에 그 칼을 찾기 위해 배가 움직이는 것도 생각하지 아니하고 칼을 떨어뜨린 뱃전에다 표시를 하였다는 뜻에서, 시세의 변천도 모르고 낡은 것만 고집하는 미련하고 어리석음을 비유적으로 이르는 말

⑤ 口蜜腹劍(구밀복검) : 입으로는 달콤함을 말하나 뱃속에는 칼을 감추고 있다는 뜻으로, 겉으로는

친절(親切)하나 마음속은 음흉한 것을 이르는 말

31 ④

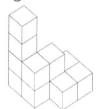

32 ①

그린메일(Green Mail) 전략 … 대상기업의 주식을 매수하여 경영권을 인수하는 것이 아니라 대상 기업에 위협을 가하여 높은 가격으로 주식을 되파는 행위를 말한다.

33 ⑤

132와 96의 최대공약수는 12이므로, 한 변의 길이가 12m인 정사각형의 모양으로 나눌 수 있다.

$132 \div 12 = 11$

$96 \div 12 = 8$

따라서 $11 \times 8 = 88$(개)가 된다.

34 ①

태하는 열매를 좋아하고, 열매도 태하를 좋아하기 때문에 A는 옳다. 지원이가 석현이를 좋아한다는 내용은 나와 있지만 석현이가 누굴 좋아하는지는 나와 있지 않다. 따라서 A만 옳다.

35 ③

ⓛ 2010년에는 방송장비 예산 확정금액이 가장 많다.

ⓒ 2009년 메모리반도체 분야 예산 확정금액의 비중

$: \dfrac{409}{4,725} \times 100 = 8.66\%$

36 ②

사과는 과일의 하의어이며, 승용차는 자동차의 하의어이다.

37 ①

$\times 4$, $+5$, -6, $\times 7$, $+8$, -9의 규칙을 갖는다.

38 ③

① 설화에서 인간들은 신이나 괴수에게 처녀나 어린아이를 희생제물로 바쳤다.

② 희생제의는 원시사회의 산물로 머문 것이 아니라 아주 오랫동안 동서양을 막론하고 여러 문화권에서 지속적으로 행해져 왔다.

④ 희생제의에서 희생제물로서 처녀나 어린아이가 선택되는 경우가 한국뿐 아니라 많은 나라에서도 발견된다.

⑤ 지라르는 근본적으로 이들이 희생제물로 선택된 이유를, 사회를 주도하는 주체인 성인 남성들이 스스로 일으킨 문제를 자신들이 해결하지 않고 사회적 역할 사원에서 자신들과 대척점에 있는 타자인 이들을 희생양으로 삼았기 때문인 것으로 설명하였다.

39 ②

동생의 나이를 x라 하면, 형의 나이는 $x+5$이다.

두 형제의 나이의 합은 47이므로 $x+x+5=47$

$2x=42$

$\therefore x=21$

40 ③

41 ①

둘째 문단의 둘째 문장에 '옛 수학'과 '새로운 수학'의 차이가 단적으로 대비되어 있으므로 그 내용을 인용하여 살펴보면, '옛 것은 고정되고 유한한 대상을 고려하며 정적인 반면에, 새 것은 변화하고 무한한 대상을 연구하여 역동적이다'라고 하였으므로 ①이 답이 된다.

42 ②

A호스가 1시간 동안 채우는 물의 양 : $\dfrac{1}{8}$

B호스가 1시간 동안 채우는 물의 양 : $\dfrac{1}{12}$

걸린 시간을 x라 하면

$(x-3) \times \left(\dfrac{1}{8} + \dfrac{1}{12} \right) + \dfrac{3}{8} = 1$

$\dfrac{5x-6}{24} = 1$

$5x = 30$

$\therefore \ x = 6$

43 ③

주어진 지문은 '페이스북'을 말하는 것으로, '좋아해줘'는 대책 없이 '좋아요'를 누르다가 진짜 좋아져 버린 로맨스를 다룬 작품이다.

44 ③

① 2012년과 2013년의 흡연율은 전년에 비해 감소하였다.

② 2007년, 2010년, 2011년만 7배 이상이다.

④ 2009년 장기 금연계획률은 39.2%로 전년과 같다.

⑤ ㉠에 들어갈 수치는 56.3이다.

45 ①

책 읽는 것을 좋아하므로 소희가 똑똑하다는 A는 옳은 설명이지만 B는 옳은지 그른지 알 수 없다.

46 ①

47 ⑤

현재 최적의 상태로 발달되어 있는 형질들에서 이탈하는 것을 추려낸다고 하였으므로 현 상태를 유지하는 쪽으로 압력을 행사한다고 할 수 있다.

48 ③

120과 104의 최대공약수는 8이다. 따라서 필요한 타일의 한 변의 길이는 8cm이다.

49 ⑤

초콜릿은 달고, 소금은 짜다.

50 ④

1×1, 2×2, 3×3, 4×4, 5×5, 6×6, 7×7, 8×8의 규칙을 갖는다.

51 ④

이 글의 핵심은 바른말 쓰기 운동의 제언이다. 바른말 쓰기 운동을 제언하는 것은 혼돈된 언어 생활을 바로잡고 남북 언어의 이질화를 최소화해 통일에 대비하기 위해서이다.

52 ②

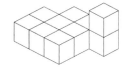

53 ③

학생의 수를 x라 하면 초콜릿 수는 같으므로

$3x = 5x - 70$

∴ 학생수는 35명

3개씩 나누면 나머지가 없다고 했으므로 초콜릿은 $35 \times 3 = 105$개

54 ①

박제가는 18세기 후기의 대표적인 조선 실학자로, 북학의를 저술하여 청나라 문물의 적극적 수용을 주장하였다. 또한 절약보다 소비를 권장하여 생산의 자극을 유도하였으며 수레와 선박의 이용, 상공업의 발달을 주장하였다.

② 박지원이 저술하였다.

③ 홍대용이 저술하였다.

④ 유수원이 저술하였다.

⑤ 정약용이 저술하였다.

55 ③

$19 \times 12 = 228$

$\dfrac{228}{342} = \dfrac{2}{3}$

56 ⑤

㉠㉡㉢㉣ 모두 옳다.

57 ⑤

글쓴이는 종교적 기술과 과학적 기술은 상반된 것이 아니라 상호 공존할 수 있는, 하나의 주제에 대한 관점의 차이에서 비롯된 것이라고 한다. 따라서 생명체의 출현에 대해서도 글쓴이는 관점의 차이일 뿐이지 상반된 것이 아니라고 하였다.

58 ④

당근은 야채에 속하고, 가뭄은 재해에 속한다.

59 ①

+2, +4, +6, +8로 숫자의 크기가 2씩 커지면서 더해지고 있다.

60 ⑤

과거로부터 현재의 이산화탄소 농도 변화 과정을 객관적 수치를 통해 제시하며(②) 통시적으로 전개하고 있다(①). 또한 온실 효과로 인해 발생할 수 있는 여러 문제들을 구체적 사례를 들어 심각성을 부각하여(③) 앞으로 일어날 수 있는 일들을 예측하게 해 문제를 환기하고 있다(④). 그러나 물음과 대답의 형식으로 독자의 관심을 유도하고 있는 것은 아니다.

61 ③

62 ②

$(23-10)+(18-10)=21\,(\text{명})$

63 ②

'김종욱 찾기'는 2006년 개막하여 2016년에 10주년을 맞이하게 되었다. 뮤지컬 '김종욱 찾기'는 첫사랑 찾기 주식회사를 운영하고 있는 남자에게 자신의 첫사랑인 김종욱을 찾아 달라고 의뢰하는 여자의 이야기이다.

64 ②

ⓒ 통신부서는 2007년에 비해 2012년에 50% 미만으로 성장하였다.
ⓔ 기계부서는 매년 꾸준히 성장하긴 하였으나, 매년 다른 부서보다 저조한 성장률을 보여주고 있다.

65 ④

사람들은 일반적으로 감정을 느낌이라고 생각한다는 내용과 반대되는 말이 (   ) 뒤에 나타나므로, 역접의 관계를 나타내는 '그러나'가 들어가는 것이 적절하다.

66 ③

범인의 머리카락이 갈색이 아니므로 첫 번째 조건에 의해서 범인은 키가 크다. 그리고 네 번째 조건에 의하여 범인은 안경을 쓴다. 따라서 A와 B 모두 옳다.

67 ④

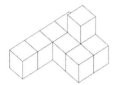

68 ②

속초 청호동이 '아바이 마을'로 불리게 된 이유와 가자미식해에 관련된 일화를 설명하고 있다. 따라서 ②가 글의 제목으로 적절하다.

69 ②

혁신의 동의어는 개혁, 개화, 개변 등이며, 수고의 동의어는 노고이다.

70 ②

홀수항은 +3을 하고 있고, 짝수항은 −5를 하고 있다. 따라서 18−5=13이다.

71 ①

시험을 응시한 여자사원의 수를 x라 하고, 여자사원의 총점 + 남자사원의 총점 = 전체 사원의 총점이므로
$76x + 72(100 - x) = 73 \times 100$
식을 간단히 하면 $4x = 100$, $x = 25$
∴ 여자사원은 25명이다.

72 ②

이 글에서는 사물놀이가 풍물놀이를 계승하여 대중성이나 현대 음악과의 협연에 있어서 성과를 거두었음에도 불구하고, 풍물놀이 본래의 정신을 약화시켰으며, 이는 민족 예술의 정체성 위기로까지도 이어질 것이라는 비판을 받고 있다고 하였다. 이러한 논지에 비추어 볼 때, 조화를 강조한 ㉠의 내용을 적용한 의견으로는, 사물놀이와 풍물놀이가 각자 고유의 특성을 살리면서 서로 도와 발전해야 한다는 ②가 적절하다.

73 ④

두 주사위 모두 짝수의 눈이 나올 확률 : $\dfrac{1}{2} \times \dfrac{1}{2} = \dfrac{1}{4}$

적어도 한 개의 주사위에서 홀수의 눈이 나올 확률

: $1 - \dfrac{1}{4} = \dfrac{3}{4}$

74 ②

도리화가는 1867년, 조선 최초 여류소리꾼 이야기를 담은 영화이다.

② 홍경래의 난(1811)

① 경인선 개통(1899)

③ 갑신정변(1884)

④ 갑오개혁(1894)

⑤ 임오군란(1882)

75 ③

ⓒ 중앙아시아의 2011년 전년대비 1인당 가용수자원량의 감소율 : $\dfrac{2.0 - 7.5}{7.5} \times 100 = -73.3\%$

76 ③

정과 한 팀이 될 수 있는 경력사원 구성은 (갑, 정), (을, 정), (병, 정) 세 가지 경우이다. 그러나 (갑, 정)이 한팀이 되면 (을, 병)이 한 팀이 되는데, 이는 마지막 조건에 위배된다. 따라서 정과 한 팀이 될 수 있는 경력사원 구성은 (을, 정), (병, 정)의 두 가지이다. 경력사원 구성과 신입사원 구성을 조합해 보면, (을, 정, C, D), (병, 정, C, D) 두 가지 경우가 생긴다.

따라서 A, B 둘 다 옳다.

77 ④

도마뱀은 파충류에 속하고, 오리는 조류에 속한다.

78 ①

과학주의를 믿는 사람들에 관해 요약해서 제시하고, 그에 따른 문제들을 제시하며 반박하고 있다.

79 ③

+3, +5, +8, +10, +13, +15로 더해진 숫자들 사이의 규칙을 보면, +2, +3이 반복되고 있다.

80 ②

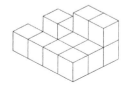

81 ①

밑줄 친 부분 앞의 내용을 보면, 서로를 돕는 독특한 협력 문화를 구축하고 있다고 했으므로, 협력을 강조하는 내용인 '뭉치면 살고 흩어지면 죽는다'가 들어가는 것이 적절하다.

② 공들여 쌓은 탑은 무너질 리 없다는 뜻으로, 힘을 다하고 정성을 다하여 한 일은 그 결과가 반드시 헛되지 아니함을 비유적으로 이르는 말이다.

③ 부지런하고 꾸준히 노력하는 사람은 침체되지 않고 계속 발전한다는 말이다.

④ 잘 아는 일이라도 세심하게 주의를 하라는 말이다.

⑤ 바늘이 가는 데 실이 항상 뒤따른다는 뜻으로, 사람의 긴밀한 관계를 비유적으로 이르는 말이다.

82 ①

작년 남학생의 수를 x라 하고, 여학생의 수를 y라 하면 전체 학생수는 500명이므로, $x+y=500$이 된다.

금년 남학생의 수는 $1.08x$, 금년 여학생의 수는 $0.94y$이므로 $1.08x+0.94y=512$이다.

$x+y=500$, $1.08x+0.94y=512$의 두 식을 연립하여 풀면, $x=300$, $y=200$이다.

금년 여학생의 수는 $0.94y$이므로 $0.94 \times 200 = 188$이 된다.

83 ②

훈민정음은 세종 28년에 창제한 글자이면서 집현전 학사들이 만든 한문해설서이기도 하다. 세종은 한자를 어려워하는 백성들을 위해 쉽게 글을 쓰고 읽을 수 있도록 한글을 만든 것이다.

84 ④

㉠ 주어진 표에서 2007년 우리나라의 남녀 임금격차가 최고 수준이고, 2006년 남성 대비 여성 임금 비율이 OECD국가 평균의 2배 이상은 아니다.

85 ③

'지수(7년) > 영진(6년) > 수영(5년) > 태우' 순이므로 A와 B 모두 옳다.

86 ④

④ 조선 전기의 주요 향신료가 후추, 전초 등이 있었다는 설명만 있을 뿐, 어떻게 쓰였는지는 언급되지 않았다.

87 ①

'성스럽다'와 '고결하다'는 유의어 관계이다. ①의 '연구'와 '강구'가 유의어 관계이고 나머지는 반의어 관계이다.

88 ⑤

+10, +8, +6이 반복해서 더해지고 있다.

89 ②

각 회사별로 직원 1인당 복지비용은 다음과 같다.

A : 2,000만÷80＝25만(원)

B : 1,600만÷40＝40만(원)

C : 600만÷20＝30만(원)

D : 1,500만÷50＝30만(원)

E : 2,000만÷60＝약 33만(원)

∴ 직원 1인당 복지비용을 가장 많이 지출한 회사는 B이다.

90 ⑤

⑤ 욕탕용수의 비율은 2010년에 하락했다.

91 ①

세 자리 숫자를 더해서 6, 곱해서 6이 나오려면 1, 2, 3이 필요하다.

짝수이면서 11로 나누어 떨어지므로 호경이네 집은 132호가 된다.

92 ⑤

⑤ 구들의 고래가 경사진 까닭은 공기의 대류를 원활히 하여 열기를 보존하려는 목적과 관련이 있다.

93 ③

매출액을 x라 하면, 매출 원가는 $0.8x$이고, 이익은 $0.2x$이다.

올해 판매가격은 $0.7x$이다. 동일한 이익 $0.2x$를 내기 위해서는 올해 매출 원가는 $0.5x$가 되어야 한다. 따라서 매출 원가가 $0.8x$에서 $0.5x$로 떨어져야 하므로 원가를 37.5% 절감해야 한다.

올해 원가를 a로 놓으면 작년 수익금액 = 올해 수익금액

$0.2x = 0.7x - a$

$a = 0.5x$

작년 대비 올해 원가

$$= \frac{\text{올해 원가} - \text{작년 원가}}{\text{작년 원가}} \times 100$$

$$= \frac{0.5x - 0.8x}{0.8x} \times 100 = -37.5\%$$

94 ②

② 오스미 요시노리 교수는 생물이 세포 내에서 단백질을 분해해 영양원으로 재이용하는 '오토파지' 현상을 밝혀낸 공로를 인정받았다. 오토파지 현상 발견에 따라 학계에서는 대표적인 신경퇴행성 질환인 파킨슨병의 예방 및 치료법 개발에도 도움이 될 것으로 기대하고 있다.

95 ③

PART

IV

면접

01 면접의 기본

1 면접준비

(1) 면접의 기본 원칙

① **면접의 의미** … 면접이란 다양한 면접기법을 활용하여 지원한 직무에 필요한 능력을 지원 자가 보유하고 있는지를 확인하는 절차라고 할 수 있다. 즉, 지원자의 입장에서는 채용 직무수행에 필요한 요건들과 관련하여 자신의 환경, 경험, 관심사, 성취 등에 대해 기업 에 직접 어필할 수 있는 기회를 제공받는 것이며, 기업의 입장에서는 서류전형만으로 알 수 없는 지원자에 대한 정보를 직접적으로 수집하고 평가하는 것이다.

② **면접의 특징** … 면접은 기업의 입장에서 서류전형이나 필기전형에서 드러나지 않는 지원자 의 능력이나 성향을 볼 수 있는 기회로, 면대면으로 이루어지며 즉흥적인 질문들이 포함 될 수 있기 때문에 지원자가 완벽하게 준비하기 어려운 부분이 있다. 하지만 지원자 입장 에서도 서류전형이나 필기전형에서 모두 보여주지 못한 자신의 능력 등을 기업의 인사담 당자에게 어필할 수 있는 추가적인 기회가 될 수도 있다.

[서류 · 필기전형과 차별화되는 면접의 특징]

- 직무수행과 관련된 다양한 지원자 행동에 대한 관찰이 가능하다.
- 면접관이 알고자 하는 정보를 심층적으로 파악할 수 있다.
- 서류상의 미비한 사항과 의심스러운 부분을 확인할 수 있다.
- 커뮤니케이션 능력, 대인관계 능력 등 행동 · 언어적 정보도 얻을 수 있다.

③ **면접의 유형**

㉠ **구조화 면접** : 구조화 면접은 사전에 계획을 세워 질문의 내용과 방법, 지원자의 답변 유형에 따른 추가 질문과 그에 대한 평가 역량이 정해져 있는 면접 방식으로 표준화 면접이라고도 한다.

- 표준화된 질문이나 평가요소가 면접 전 확정되며, 지원자는 편성된 조나 면접관에 영 향을 받지 않고 동일한 질문과 시간을 부여받을 수 있다.

- 조직 또는 직무별로 주요하게 도출된 역량을 기반으로 평가요소가 구성되어, 조직 또는 직무에서 필요한 역량을 가진 지원자를 선발할 수 있다.
- 표준화된 형식을 사용하는 특성 때문에 비구조화 면접에 비해 신뢰성과 타당성, 객관성이 높다.

ⓛ 비구조화 면접 : 비구조화 면접은 면접 계획을 세울 때 면접 목적만을 명시하고 내용이나 방법은 면접관에게 전적으로 일임하는 방식으로 비표준화 면접이라고도 한다.
- 표준화된 질문이나 평가요소 없이 면접이 진행되며, 편성된 조나 면접관에 따라 지원자에게 주어지는 질문이나 시간이 다르다.
- 면접관의 주관적인 판단에 따라 평가가 이루어져 평가 오류가 빈번히 일어난다.
- 상황 대처나 언변이 뛰어난 지원자에게 유리한 면접이 될 수 있다.

④ 경쟁력 있는 면접 요령

㉠ 면접 전에 준비하고 유념할 사항
- 예상 질문과 답변을 미리 작성한다.
- 작성한 내용을 문장으로 외우지 않고 키워드로 기억한다.
- 지원한 회사의 최근 기사를 검색하여 기억한다.
- 지원한 회사가 속한 산업군의 최근 기사를 검색하여 기억한다.
- 면접 전 1주일간 이슈가 되는 뉴스를 기억하고 자신의 생각을 반영하여 정리한다.
- 찬반토론에 대비한 주제를 목록으로 정리하여 자신의 논리를 내세운 예상답변을 작성한다.

㉡ 면접장에서 유념할 사항
- 질문의 의도 파악 : 답변을 할 때에는 질문 의도를 파악하고 그에 충실한 답변이 될 수 있도록 질문사항을 유념해야 한다. 많은 지원자가 하는 실수 중 하나로 답변을 하는 도중 자기 말에 심취되어 질문의 의도와 다른 답변을 하거나 자신이 알고 있는 지식만을 나열하는 경우가 있는데, 이럴 경우 의사소통능력이 부족한 사람으로 인식될 수 있으므로 주의하도록 한다.
- 답변은 두괄식 : 답변을 할 때에는 두괄식으로 결론을 먼저 말하고 그 이유를 설명하는 것이 좋다. 미괄식으로 답변을 할 경우 용두사미의 답변이 될 가능성이 높으며, 결론을 이끌어 내는 과정에서 논리성이 결여될 우려가 있다. 또한 면접관이 결론을 듣기 전에 말을 끊고 다른 질문을 추가하는 예상치 못한 상황이 발생될 수 있으므로 답변은 자신이 전달하고자 하는 바를 먼저 밝히고 그에 대한 설명을 하는 것이 좋다.

- 지원한 회사의 기업정신과 인재상을 기억 : 답변을 할 때에는 회사가 원하는 인재라는 인상을 심어주기 위해 지원한 회사의 기업정신과 인재상 등을 염두에 두고 답변을 하는 것이 좋다. 모든 회사에 해당되는 두루뭉술한 답변보다는 지원한 회사에 맞는 맞춤형 답변을 하는 것이 좋다.
- 나보다는 회사와 사회적 관점에서 답변 : 답변을 할 때에는 자기중심적인 관점을 피하고 좀 더 넓은 시각으로 회사와 국가, 사회적 입장까지 고려하는 인재임을 어필하는 것이 좋다. 자기중심적 시각을 바탕으로 자신의 출세만을 위해 회사에 입사하려는 인상을 심어줄 경우 면접에서 불이익을 받을 가능성이 높다.
- 난처한 질문은 정직한 답변 : 난처한 질문에 답변을 해야 할 때에는 피하기보다는 정면 돌파로 정직하고 솔직하게 답변하는 것이 좋다. 난처한 부분을 감추고 드러내지 않으려 회피하려는 지원자의 모습은 인사담당자에게 입사 후에도 비슷한 상황에 처했을 때 회피할 수도 있다는 우려를 심어줄 수 있다. 따라서 직장생활에 있어 중요한 덕목 중 하나인 정직을 바탕으로 솔직하게 답변을 하도록 한다.

(2) 면접의 종류 및 준비 전략

① 인성면접

　㉠ 면접 방식 및 판단기준

- 면접 방식 : 인성면접은 면접관이 가지고 있는 개인적 면접 노하우나 관심사에 의해 질문을 실시한다. 주로 입사지원서나 자기소개서의 내용을 토대로 지원동기, 과거의 경험, 미래 포부 등을 이야기하도록 하는 방식이다.
- 판단기준 : 면접관의 개인적 가치관과 경험, 해당 역량의 수준, 경험의 구체성·진실성 등

　㉡ 특징 : 인성면접은 그 방식으로 인해 역량과 무관한 질문들이 많고 지원자에게 주어지는 면접질문, 시간 등이 다를 수 있다. 또한 입사지원서나 자기소개서의 내용을 토대로 하기 때문에 지원자별 질문이 달라질 수 있다.

ⓒ 예시 문항 및 준비전략

• 예시 문항

> • 3분 동안 자기소개를 해 보십시오.
> • 자신의 장점과 단점을 말해 보십시오.
> • 학점이 좋지 않은데 그 이유가 무엇입니까?
> • 최근에 인상 깊게 읽은 책은 무엇입니까?
> • 회사를 선택할 때 중요시하는 것은 무엇입니까?
> • 일과 개인생활 중 어느 쪽을 중시합니까?
> • 10년 후 자신은 어떤 모습일 것이라고 생각합니까?
> • 휴학 기간 동안에는 무엇을 했습니까?

• 준비전략 : 인성면접은 입사지원서나 자기소개서의 내용을 바탕으로 하는 경우가 많으 므로 자신이 작성한 입사지원서와 자기소개서의 내용을 충분히 숙지하도록 한다. 또한 최근 사회적으로 이슈가 되고 있는 뉴스에 대한 견해를 묻거나 시사상식 등에 대한 질 문을 받을 수 있으므로 이에 대한 대비도 필요하다. 자칫 부담스러워 보이지 않는 질 문으로 가볍게 대답하지 않도록 주의하고 모든 질문에 입사 의지를 담아 성실하게 답 변하는 것이 중요하다.

② 발표면접

㉠ 면접 방식 및 판단기준

• 면접 방식 : 지원자가 특정 주제와 관련된 자료를 검토하고 그에 대한 자신의 생각을 면접관 앞에서 주어진 시간 동안 발표하고 추가 질의를 받는 방식으로 진행된다.
• 판단기준 : 지원자의 사고력, 논리력, 문제해결력 등

㉡ 특징 : 발표면접은 지원자에게 과제를 부여한 후, 과제를 수행하는 과정과 결과를 관 찰·평가한다. 따라서 과제수행 결과뿐 아니라 수행과정에서의 행동을 모두 평가할 수 있다.

ⓒ 예시 문항 및 준비전략

• 예시 문항

[신입사원 조기 이직 문제]

※ 지원자는 아래에 제시된 자료를 검토한 뒤, 신입사원 조기 이직의 원인을 크게 3가지로 정리하고 이에 대한 구체적인 개선안을 도출하여 발표해 주시기 바랍니다.

※ 본 과제에 정해진 정답은 없으나 논리적 근거를 들어 개선안을 작성해 주십시오.

- A기업은 동종업계 유사기업들과 비교해 볼 때, 비교적 높은 재무안정성을 유지하고 있으며 업무강도가 그리 높지 않은 것으로 외부에 알려져 있음.
- 최근 조사결과, 동종업계 유사기업들과 연봉을 비교해 보았을 때 연봉 수준도 그리 나쁘지 않은 편이라는 것이 확인되었음.
- 그러나 지난 3년간 1~2년차 직원들의 이직률이 계속해서 증가하고 있는 추세이며, 경영진 회의에서 최우선 해결과제 중 하나로 거론되었음.
- 이에 따라 인사팀에서 현재 1~2년차 사원들을 대상으로 개선되어야 하는 A기업의 조직문화에 대한 실문조사를 실시한 결과, '상명하복식의 의사소통'이 36.7%로 1위를 차지했음.
- 이러한 설문조사와 함께, 신입사원 조기 이직에 대한 원인을 분석한 결과 파랑새 증후군, 셀프홀릭 증후군, 피터팬 증후군 등 3가지로 분류할 수 있었음.

〈동종업계 유사기업들과의 연봉 비교〉　〈우리 회사 조직문화 중 개선되었으면 하는 것〉

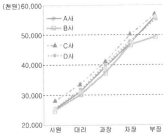

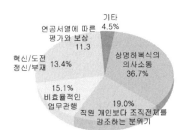

〈신입사원 조기 이직의 원인〉

- 파랑새 증후군
- 현재의 직장보다 더 좋은 직장이 있을 것이라는 막연한 기대감으로 끊임없이 새로운 직장을 탐색함.
- 학력 수준과 맞지 않는 '하향지원', 전공과 적성을 고려하지 않고 일단 취업하고 보자는 '묻지마 지원'이 파랑새 증후군을 초래함.
- 셀프홀릭 증후군
- 본인의 역량에 비해 가치가 낮은 일을 주로 하면서 갈등을 느낌.
- 피터팬 증후군
- 기성세대의 문화를 무조건 수용하기보다는 자유로움과 변화를 추구함.
- 상명하복, 엄격한 규율 등 기성세대가 당연시하는 관행에 거부감을 가지며 직장에 답답함을 느낌.

• 준비전략 : 발표면접의 시작은 과제 안내문과 과제 상황, 과제 자료 등을 정확하게 이해하는 것에서 출발한다. 과제 안내문을 침착하게 읽고 제시된 주제 및 문제와 관련된 상황의 맥락을 파악한 후 과제를 검토한다. 제시된 기사나 그래프 등을 충분히 활용하여 주어진 문제를 해결할 수 있는 해결책이나 대안을 제시하며, 발표를 할 때에는 명확하고 자신 있는 태도로 전달할 수 있도록 한다.

③ 토론면접

㉠ 면접 방식 및 판단기준

• 면접 방식 : 상호갈등적 요소를 가진 과제 또는 공통의 과제를 해결하는 내용의 토론 과제를 제시하고, 그 과정에서 개인 간의 상호작용 행동을 관찰하는 방식으로 면접이 진행된다.

• 판단기준 : 팀워크, 적극성, 갈등 조정, 의사소통능력, 문제해결능력 등

㉡ 특징 : 토론을 통해 도출해 낸 최종안의 타당성도 중요하지만, 결론을 도출해 내는 과정에서의 의사소통능력이나 갈등상황에서 의견을 조정하는 능력 등이 중요하게 평가되는 특징이 있다.

㉢ 예시 문항 및 준비전략

• 예시 문항

> • 군 가산점제 부활에 대한 찬반토론
> • 담뱃값 인상에 대한 찬반토론
> • 비정규직 철폐에 대한 찬반토론
> • 대학의 영어 강의 확대 찬반토론
> • 워크숍 장소 선정을 위한 토론

• 준비전략 : 토론면접은 무엇보다 팀워크와 적극성이 강조된다. 따라서 토론과정에 적극적으로 참여하며 자신의 의사를 분명하게 전달하며, 갈등상황에서 자신의 의견만 내세울 것이 아니라 다른 지원자의 의견을 경청하고 배려하는 모습도 중요하다. 갈등상황을 일목요연하게 정리하여 조정하는 등의 의사소통능력을 발휘하는 것도 좋은 전략이 될 수 있다.

④ 상황면접

㉠ 면접 방식 및 판단기준

• 면접 방식 : 상황면접은 직무 수행 시 접할 수 있는 상황들을 제시하고, 그러한 상황에서 어떻게 행동할 것인지를 이야기하는 방식으로 진행된다.

• 판단기준 : 해당 상황에 적절한 역량의 구현과 구체적 행동지표

ⓛ 특징 : 실제 직무 수행 시 접할 수 있는 상황들을 제시하므로 입사 이후 지원자의 업무수행능력을 평가하는 데 적절한 면접 방식이다. 또한 지원자의 가치관, 태도, 사고방식 등의 요소를 통합적으로 평가하는 데 용이하다.

ⓒ 예시 문항 및 준비전략

• 예시 문항

> 당신은 생산관리팀의 팀원으로, 생산팀이 기한에 맞춰 효율적으로 제품을 생산할 수 있도록 관리하는 역할을 맡고 있습니다. 3개월 뒤에 제품A를 정상적으로 출시하기 위해 생산팀의 생산 계획을 수립한 상황입니다. 그러나 원가가 곧 실적으로 이어지는 구매팀에서는 최대한 원가를 줄여 전반적 단가를 낮추려고 원가절감을 위한 제안을 하였으나, 연구개발팀에서는 구매팀이 제안한 방식으로 제품을 생산할 경우 대부분이 구매팀의 실적으로 산정될 것이므로 제대로 확인도 해보지 않은 채 적합하지 않은 방식이라고 판단하고 있습니다. 당신은 어떻게 하겠습니까?

• 준비전략 : 상황면접은 먼저 주어진 상황에서 핵심이 되는 문제가 무엇인지를 파악하는 것에서 시작한다. 주질문과 세부질문을 통하여 질문의 의도를 파악하였다면, 그에 대한 구체적인 행동이나 생각 등에 대해 응답할수록 높은 점수를 얻을 수 있다.

⑤ 역할면접

㉠ 면접 방식 및 판단기준

• 면접 방식 : 역할면접 또는 역할연기 면접은 기업 내 발생 가능한 상황에서 부딪히게 되는 문제와 역할을 가상적으로 설정하여 특정 역할을 맡은 사람과 상호작용하고 문제를 해결해 나가도록 하는 방식으로 진행된다. 역할연기 면접에서는 면접관이 직접 역할연기를 하면서 지원자를 관찰하기도 하지만, 역할연기 수행만 전문적으로 하는 사람을 투입할 수도 있다.

• 판단기준 : 대처능력, 대인관계능력, 의사소통능력 등

㉡ 특징 : 역할면접은 실제 상황과 유사한 가상 상황에서의 행동을 관찰함으로서 지원자의 성격이나 대처 행동 등을 관찰할 수 있다.

㉢ 예시 문항 및 준비전략

• 예시 문항

> **[금융권 역할면접의 예]**
> 당신은 ○○은행의 신입 텔러이다. 사람이 많은 월말 오전 한 할아버지(면접관 또는 역할담당자)께서 ○○은행을 사칭한 보이스피싱으로 500만 원을 피해 보았다며 소란을 일으키고 있다. 실제 업무상황이라고 생각하고 상황에 대처해 보시오.

- 준비전략 : 역할연기 면접에서 측정하는 역량은 주로 갈등의 원인이 되는 문제를 해결 하고 제시된 해결방안을 상대방에게 설득하는 것이다. 따라서 갈등해결, 문제해결, 조정 · 통합, 설득력과 같은 역량이 중요시된다. 또한 갈등을 해결하기 위해서 상대방에 대한 이해도 필수적인 요소이므로 고객 지향을 염두에 두고 상황에 맞게 대처해야 한다.

  역할면접에서는 변별력을 높이기 위해 면접관이 압박적인 분위기를 조성하는 경우가 많기 때문에 스트레스 상황에서 불안해하지 않고 유연하게 대처할 수 있도록 시간과 노력을 들여 충분히 연습하는 것이 좋다.

2 면접 이미지 메이킹

(1) 성공적인 이미지 메이킹 포인트

① 복장 및 스타일

　㉠ 남성

- 양복 : 양복은 단색으로 하며 넥타이나 셔츠로 포인트를 주는 것이 효과적이다. 짙은 회색이나 감청색이 가장 단정하고 품위 있는 인상을 준다.
- 셔츠 : 흰색이 가장 선호되나 자신의 피부색에 맞추는 것이 좋다. 푸른색이나 베이지색은 산뜻한 느낌을 줄 수 있다. 양복과의 배색도 고려하도록 한다.
- 넥타이 : 의상에 포인트를 줄 수 있는 아이템이지만 너무 화려한 것은 피한다. 지원자의 피부색은 물론, 정장과 셔츠의 색을 고려하며, 체격에 따라 넥타이 폭을 조절하는 것이 좋다.
- 구두 & 양말 : 구두는 검정색이나 짙은 갈색이 어느 양복에나 무난하게 어울리며 깔끔하게 닦아 준비한다. 양말은 정장과 동일한 색상이나 검정색을 착용한다.
- 헤어스타일 : 머리스타일은 단정한 느낌을 주는 짧은 헤어스타일이 좋으며 앞머리가 있다면 이마나 눈썹을 가리지 않는 선에서 정리하는 것이 좋다.

ⓛ 여성

- 의상 : 단정한 스커트 투피스 정장이나 슬랙스 슈트가 무난하다. 블랙이나 그레이, 네이비, 브라운 등 차분해 보이는 색상을 선택하는 것이 좋다.
- 소품 : 구두, 핸드백 등은 같은 계열로 코디하는 것이 좋으며 구두는 너무 화려한 디자인이나 굽이 높은 것을 피한다. 스타킹은 의상과 구두에 맞춰 단정한 것으로 선택한다.
- 액세서리 : 액세서리는 너무 크거나 화려한 것은 좋지 않으며 과하게 많이 하는 것도 좋은 인상을 주지 못한다. 착용하지 않거나 작고 깔끔한 디자인으로 포인트를 주는 정도가 적당하다.
- 메이크업 : 화장은 자연스럽고 밝은 이미지를 표현하는 것이 좋으며 진한 색조는 인상이 강해 보일 수 있으므로 피한다.
- 헤어스타일 : 커트나 단발처럼 짧은 머리는 활동적이면서도 단정한 이미지를 줄 수 있도록 정리한다. 긴 머리의 경우 하나로 묶거나 단정한 머리망으로 정리하는 것이 좋으며, 짙은 염색이나 화려한 웨이브는 피한다.

② 인사

ⓘ 인사의 의미 : 인사는 예의범절의 기본이며 상대방의 마음을 여는 기본적인 행동이라고 할 수 있다. 인사는 처음 만나는 면접관에게 호감을 살 수 있는 가장 쉬운 방법이 될 수 있기도 하지만 제대로 예의를 지키지 않으면 지원자의 인성 전반에 대한 평가로 이어질 수 있으므로 각별히 주의해야 한다.

ⓛ 인사의 핵심 포인트

- 인사말 : 인사말을 할 때에는 밝고 친근감 있는 목소리로 하며, 자신의 이름과 수험번호 등을 간략하게 소개한다.
- 시선 : 인사는 상대방의 눈을 보며 하는 것이 중요하며 너무 빤히 쳐다본다는 느낌이 들지 않도록 주의한다.
- 표정 : 인사는 마음에서 우러나오는 존경이나 반가움을 표현하고 예의를 차리는 것이므로 살짝 미소를 지으며 하는 것이 좋다.
- 자세 : 인사를 할 때에는 가볍게 목만 숙인다거나 흐트러진 상태에서 인사를 하지 않도록 주의하며 절도 있고 확실하게 하는 것이 좋다.

③ 시선처리와 표정, 목소리

  ㉠ 시선처리와 표정 : 표정은 면접에서 지원자의 첫인상을 결정하는 중요한 요소이다. 얼굴표정은 사람의 감정을 가장 잘 표현할 수 있는 의사소통 도구로 표정 하나로 상대방에게 호감을 주거나, 비호감을 사기도 한다. 호감이 가는 인상의 특징은 부드러운 눈썹, 자연스러운 미간, 적당히 볼록한 광대, 올라간 입 꼬리 등으로 가볍게 미소를 지을 때의 표정과 일치한다. 따라서 면접 중에는 밝은 표정으로 미소를 지어 호감을 형성할 수 있도록 한다. 시선은 면접관과 고르게 맞추되 생기 있는 눈빛을 띄도록 하며, 너무 빤히 쳐다본다는 인상을 주지 않도록 한다.

  ㉡ 목소리 : 면접은 주로 면접관과 지원자의 대화로 이루어지므로 목소리가 미치는 영향이 상당하다. 답변을 할 때에는 부드러우면서도 활기차고 생동감 있는 목소리로 하는 것이 면접관에게 호감을 줄 수 있으며 적당한 제스처가 더해진다면 상승효과를 얻을 수 있다. 그러나 적절한 답변을 하였음에도 불구하고 콧소리나 날카로운 목소리, 자신감 없는 작은 목소리는 답변의 신뢰성을 떨어뜨릴 수 있으므로 주의하도록 한다.

④ 자세

  ㉠ 걷는 자세
  • 면접장에 입실할 때에는 상체를 곧게 유지하고 발끝은 평행이 되게 하며 무릎을 스치듯 11자로 걷는다.
  • 시선은 정면을 향하고 턱은 가볍게 당기며 어깨나 엉덩이가 흔들리지 않도록 주의한다.
  • 발바닥 전체가 닿는 느낌으로 안정감 있게 걸으며 발소리가 나지 않도록 주의한다.
  • 보폭은 어깨넓이만큼이 적당하지만, 스커트를 착용했을 경우 보폭을 줄인다.
  • 걸을 때도 미소를 유지한다.

  ㉡ 서있는 자세
  • 몸 전체를 곧게 펴고 가슴을 자연스럽게 내민 후 등과 어깨에 힘을 주지 않는다.
  • 정면을 바라본 상태에서 턱을 약간 당기고 아랫배에 힘을 주어 당기며 바르게 선다.
  • 양 무릎과 발뒤꿈치는 붙이고 발끝은 11자 또는 V형을 취한다.
  • 남성의 경우 팔을 자연스럽게 내리고 양손을 가볍게 쥐어 바지 옆선에 붙이고, 여성의 경우 공수자세를 유지한다.

ⓒ 앉은 자세

• 남성

> • 의자 깊숙이 앉고 등받이와 등 사이에 주먹 1개 정도의 간격을 두며 기대듯 앉지 않도록 주의한다. (남녀 공통 사항)
> • 무릎 사이에 주먹 2개 정도의 간격을 유지하고 발끝은 11자를 취한다.
> • 시선은 정면을 바라보며 턱은 가볍게 당기고 미소를 짓는다. (남녀 공통 사항)
> • 양손은 가볍게 주먹을 쥐고 무릎 위에 올려놓는다.
> • 앉고 일어날 때에는 자세가 흐트러지지 않도록 주의한다. (남녀 공통 사항)

• 여성

> • 스커트를 입었을 경우 왼손으로 뒤쪽 스커트 자락을 누르고 오른손으로 앞쪽 자락을 누르며 의자에 앉는다.
> • 무릎은 붙이고 발끝을 가지런히 하며, 다리를 왼쪽으로 비스듬히 기울이면 여성스러워 보이는 효과가 있다.
> • 양손을 모아 무릎 위에 모아 놓으며 스커트를 입었을 경우 스커트 위를 가볍게 누르듯이 올려놓는다.

(2) 면접 예절

① 행동 관련 예절

　ⓖ 지각은 절대금물 : 시간을 지키는 것은 예절의 기본이다. 지각을 할 경우 면접에 응시할 수 없거나, 면접 기회가 주어지더라도 불이익을 받을 가능성이 높아진다. 따라서 면접장소가 결정되면 교통편과 소요시간을 확인하고 가능하다면 사전에 미리 방문해 보는 것도 좋다. 면접 당일에는 서둘러 출발하여 면접 시간 20~30분 전에 도착하여 회사를 둘러보고 환경에 익숙해지는 것도 성공적인 면접을 위한 요령이 될 수 있다.

　ⓛ 면접 대기 시간 : 지원자들은 대부분 면접장에서의 행동과 답변 등으로만 평가를 받는다고 생각하지만 그렇지 않다. 면접관이 아닌 면접진행자 역시 대부분 인사실무자이며 면접관이 면접 후 지원자에 대한 평가에 있어 확신을 위해 면접진행자의 의견을 구한다면 면접진행자의 의견이 당락에 영향을 줄 수 있다. 따라서 면접 대기 시간에도 행동과 말을 조심해야 하며, 면접을 마치고 돌아가는 순간까지도 긴장을 늦춰서는 안 된다. 면접 중 압박적인 질문에 답변을 잘 했지만, 면접장을 나와 흐트러진 모습을 보이거나 욕설을 한다면 면접 탈락의 요인이 될 수 있으므로 주의해야 한다.

ⓒ **입실 후 태도** : 본인의 차례가 되어 호명되면 또렷하게 대답하고 들어간다. 만약 면접장 문이 닫혀 있다면 상대에게 소리가 들릴 수 있을 정도로 노크를 두세 번 한 후 대답을 듣고 나서 들어가야 한다. 문을 여닫을 때에는 소리가 나지 않게 조용히 하며 공손한 자세로 인사한 후 성명과 수험번호를 말하고 면접관의 지시에 따라 자리에 앉는다. 이 경우 착석하라는 말이 없는데 먼저 의자에 앉으면 무례한 사람으로 보일 수 있으므로 주의한다. 의자에 앉을 때에는 끝에 앉지 말고 무릎 위에 양손을 가지런히 얹는 것이 예절이라고 할 수 있다.

ⓔ **옷매무새를 자주 고치지 마라.** : 일부 지원자의 경우 옷매무새 또는 헤어스타일을 자주 고치거나 확인하기도 하는데 이러한 모습은 과도하게 긴장한 것 같아 보이거나 면접에 집중하지 못하는 것으로 보일 수 있다. 남성 지원자의 경우 넥타이를 자꾸 고쳐 맨다거나 정장 상의 끝을 너무 자주 만지작거리지 않는다. 여성 지원자는 머리를 계속 쓸어 올리지 않고, 특히 짧은 치마를 입고서 신경이 쓰여 치마를 끌어 내리는 행동은 좋지 않다.

ⓜ **다리를 떨거나 산만한 시선은 면접 탈락의 지름길** : 자신도 모르게 다리를 떨거나 손가락을 만지는 등의 행동을 하는 지원자가 있는데, 이는 면접관의 주의를 끌 뿐만 아니라 불안하고 산만한 사람이라는 느낌을 주게 된다. 따라서 가능한 한 바른 자세로 앉아 있는 것이 좋다. 또한 면접관과 시선을 맞추지 못하고 여기저기 둘러보는 듯한 산만한 시선은 지원자가 거짓말을 하고 있다고 여겨지거나 신뢰할 수 없는 사람이라고 생각될 수 있다.

② **답변 관련 예절**

ⓐ **면접관이나 다른 지원자와 가치 논쟁을 하지 않는다.** : 질문을 받고 답변하는 과정에서 면접관 또는 다른 지원자의 의견과 다른 의견이 있을 수 있다. 특히 평소 지원자가 관심이 많은 문제이거나 잘 알고 있는 문제인 경우 자신과 다른 의견에 대해 이의가 있을 수 있다. 하지만 주의할 것은 면접에서 면접관이나 다른 지원자와 가치 논쟁을 할 필요는 없다는 것이며 오히려 불이익을 당할 수도 있다. 정답이 정해져 있지 않은 경우에는 가치관이나 성장배경에 따라 문제를 받아들이는 태도에서 답변까지 충분히 차이가 있을 수 있으므로 굳이 면접관이나 다른 지원자의 가치관을 지적하고 고치려 드는 것은 좋지 않다.

ⓛ 답변은 항상 정직해야 한다. : 면접이라는 것이 아무리 지원자의 장점을 부각시키고 단점을 축소시키는 것이라고 해도 절대로 거짓말을 해서는 안 된다. 거짓말을 하게 되면 지원자는 불안하거나 꺼림칙한 마음이 들게 되어 면접에 집중을 하지 못하게 되고 수많은 지원자를 상대하는 면접관은 그것을 놓치지 않는다. 거짓말은 그 지원자에 대한 신뢰성을 떨어뜨리며 이로 인해 다른 스펙이 아무리 훌륭하다고 해도 채용에서 탈락하게 될 수 있음을 명심하도록 한다.

ⓒ 경력직을 경우 전 직장에 대해 험담하지 않는다. : 지원자가 전 직장에서 무슨 업무를 담당했고 어떤 성과를 올렸는지는 면접관이 관심을 둘 사항일 수 있지만, 이전 직장의 기업문화나 상사들이 어땠는지는 그다지 궁금해 하는 사항이 아니다. 전 직장에 대해 험담을 늘어놓는다든가, 동료와 상사에 대한 악담을 하게 된다면 오히려 지원자에 대한 부정적인 이미지만 심어줄 수 있다. 만약 전 직장에 대한 말을 해야 할 경우가 생긴다면 가능한 한 객관적으로 이야기하는 것이 좋다.

ⓔ 자기 자신이나 배경에 대해 자랑하지 않는다. : 자신의 성취나 부모 형제 등 집안사람들이 사회·경제적으로 어떠한 위치에 있는지에 대한 자랑은 면접관으로 하여금 지원자에 대해 오만한 사람이거나 배경에 의존하려는 나약한 사람이라는 이미지를 갖게 할 수 있다. 따라서 자기 자신이나 배경에 대해 자랑하지 않도록 하고, 자신이 한 일에 대해서 너무 자세하게 얘기하지 않도록 주의해야 한다.

3 **면접 질문 및 답변 포인트**

(1) 가족 및 대인관계에 관한 질문

① 당신의 가정은 어떤 가정입니까?

면접관들은 지원자의 가정환경과 성장과정을 통해 지원자의 성향을 알고 싶어 이와 같은 질문을 한다. 비록 가정 일과 사회의 일이 완전히 일치하는 것은 아니지만 '가화만사성'이라는 말이 있듯이 가정이 화목해야 사회에서도 화목하게 지낼 수 있기 때문이다. 그러므로 답변 시에는 가족사항을 정확하게 설명하고 집안의 분위기와 특징에 대해 이야기하는 것이 좋다.

② 아버지의 직업은 무엇입니까?

아주 기본적인 질문이지만 지원자는 아버지의 직업과 내가 무슨 관련성이 있을까 생각하기 쉬워 포괄적인 답변을 하는 경우가 많다. 그러나 이는 바람직하지 않은 것으로 단답형으로 답변하면 세부적인 직종 및 근무연한 등을 물을 수 있으므로 모든 걸 한 번에 대답하는 것이 좋다.

③ 친구 관계에 대해 말해 보십시오.

지원자의 인간성을 판단하는 질문으로 교우관계를 통해 답변자의 성격과 대인관계능력을 파악할 수 있다. 새로운 환경에 적응을 잘하여 새로운 친구들이 많은 것도 좋지만, 깊고 오래 지속되어온 인간관계를 말하는 것이 더욱 바람직하다.

(2) 성격 및 가치관에 관한 질문

① 당신의 PR포인트를 말해 주십시오.

PR포인트를 말할 때에는 지나치게 겸손한 태도는 좋지 않으며 적극적으로 자기를 주장하는 것이 좋다. 앞으로 입사 후 하게 될 업무와 관련된 자기의 특성을 구체적인 일화를 더하여 이야기하도록 한다.

② 당신의 장·단점을 말해 보십시오.

지원자의 구체적인 장·단점을 알고자 하기 보다는 지원자가 자기 자신에 대해 얼마나 알고 있으며 어느 정도의 객관적인 분석을 하고 있나, 그리고 개선의 노력 등을 시도하는지를 파악하고자 하는 것이다. 따라서 장점을 말할 때는 업무와 관련된 장점을 뒷받침할 수 있는 근거와 함께 제시하며, 단점을 이야기할 때에는 극복을 위한 노력을 반드시 포함해야 한다.

③ 가장 존경하는 사람은 누구입니까?

존경하는 사람을 말하기 위해서는 우선 그 인물에 대해 알아야 한다. 잘 모르는 인물에 대해 존경한다고 말하는 것은 면접관에게 바로 지적당할 수 있으므로, 추상적이라도 좋으니 평소에 존경스럽다고 생각했던 사람에 대해 그 사람의 어떤 점이 좋고 존경스러운지 대답하도록 한다. 또한 자신에게 어떤 영향을 미쳤는지도 언급하면 좋다.

(3) 학교생활에 관한 질문

① 지금까지의 학교생활 중 가장 기억에 남는 일은 무엇입니까?

가급적 직장생활에 도움이 되는 경험을 이야기하는 것이 좋다. 또한 경험만을 간단하게 말하지 말고 그 경험을 통해서 얻을 수 있었던 교훈 등을 예시와 함께 이야기하는 것이 좋으나 너무 상투적인 답변이 되지 않도록 주의해야 한다.

② 성적은 좋은 편이었습니까?

면접관은 이미 서류심사를 통해 지원자의 성적을 알고 있다. 그럼에도 불구하고 이 질문을 하는 것은 지원자가 성적에 대해서 어떻게 인식하느냐를 알고자 하는 것이다. 성적이 나빴던 이유에 대해서 변명하려 하지 말고 담백하게 받아드리고 그것에 대한 개선노력을 했음을 밝히는 것이 적절하다.

③ 학창시절에 시위나 집회 등에 참여한 경험이 있습니까?

기업에서는 노사분규를 기업의 사활이 걸린 중대한 문제로 인식하고 거시적인 차원에서 접근한다. 이러한 기업문화를 제대로 인식하지 못하여 학창시절의 시위나 집회 침여 경험을 자랑스럽게 답변할 경우 감점요인이 되거나 심지어는 탈락할 수 있다는 사실에 주의한다. 시위나 집회에 참가한 경험을 말할 때에는 타당성과 정도에 유의하여 답변해야 한다.

(4) 지원동기 및 직업의식에 관한 질문

① 왜 우리 회사를 지원했습니까?

이 질문은 어느 회사나 가장 먼저 물어보고 싶은 것으로 지원자들은 기업의 이념, 대표의 경영능력, 재무구조, 복리후생 등 외적인 부분을 설명하는 경우가 많다. 이러한 답변도 적절하지만 지원 회사의 주력 상품에 관한 소비자의 인지도, 경쟁사 제품과의 시장점유율을 비교하면서 입사동기를 설명한다면 상당히 주목 받을 수 있을 것이다.

② 만약 이번 채용에 불합격하면 어떻게 하겠습니까?

불합격할 것을 가정하고 회사에 응시하는 지원자는 거의 없을 것이다. 이는 지원자를 궁지로 몰아넣고 어떻게 대응하는지를 살펴보며 입사 의지를 알아보려고 하는 것이다. 이 질문은 너무 깊이 들어가지 말고 침착하게 답변하는 것이 좋다.

③ 당신이 생각하는 바람직한 사원상은 무엇입니까?

직장인으로서 또는 조직의 일원으로서의 자세를 묻는 질문으로 지원하는 회사에서 어떤 인재상을 요구하는 가를 알아두는 것이 좋으며, 평소에 자신의 생각을 미리 정리해 두어 당황하지 않도록 한다.

④ 직무상의 적성과 보수의 많음 중 어느 것을 택하겠습니까?

이런 질문에서 회사 측에서 원하는 답변은 당연히 직무상의 적성에 비중을 둔다는 것이다. 그러나 적성만을 너무 강조하다 보면 오히려 솔직하지 못하다는 인상을 줄 수 있으므로 어느 한 쪽을 너무 강조하거나 경시하는 태도는 바람직하지 못하다.

⑤ 상사와 의견이 다를 때 어떻게 하겠습니까?

과거와 다르게 최근에는 상사의 명령에 무조건 따르겠다는 수동적인 자세는 바람직하지 않다. 회사에서는 때에 따라 자신이 판단하고 행동할 수 있는 직원을 원하기 때문이다. 그러나 지나치게 자신의 의견만을 고집한다면 이는 팀원 간의 불화를 야기할 수 있으며 팀 체제에 악영향을 미칠 수 있으므로 선호하지 않는다는 것에 유념하여 답해야 한다.

⑥ 근무지가 지방인데 근무가 가능합니까?

근무지가 지방 중에서도 특정 지역은 되고 다른 지역은 안 된다는 답변은 바람직하지 않다. 직장에서는 순환 근무라는 것이 있으므로 처음에 지방에서 근무를 시작했다고 해서 계속 지방에만 있는 것은 아님을 유의하고 답변하도록 한다.

(5) 여가 활용에 관한 질문

① 취미가 무엇입니까?

기초적인 질문이지만 특별한 취미가 없는 지원자의 경우 대답이 애매할 수밖에 없다. 그래서 가장 많이 대답하게 되는 것이 독서, 영화감상, 혹은 음악감상 등과 같은 흔한 취미를 말하게 되는데 이런 취미는 면접관의 주의를 끌기 어려우며 설사 정말 위와 같은 취미를 가지고 있다하더라도 제대로 답변하기는 힘든 것이 사실이다. 가능하면 독특한 취미를 말하는 것이 좋으며 이제 막 시작한 것이라도 열의를 가지고 있음을 설명할 수 있으면 그것을 취미로 답변하는 것도 좋다.

② 술자리를 좋아합니까?

이 질문은 정말로 술자리를 좋아하는 정도를 묻는 것이 아니다. 우리나라에서는 대부분 술자리가 친교의 자리로 인식되기 때문에 그것에 얼마나 적극적으로 참여할 수 있는 가를 우회적으로 묻는 것이다. 술자리를 싫어한다고 대답하게 되면 원만한 대인관계에 문제가 있을 수 있다고 평가될 수 있으므로 술을 잘 마시지 못하더라도 술자리의 분위기는 즐긴 다고 답변하는 것이 좋으며 주량에 대해서는 정확하게 말하는 것이 좋다.

(6) 여성 지원자들을 겨냥한 질문

① 결혼은 언제 할 생각입니까?

지원자가 결혼예정자일 경우 기업은 채용을 꺼리게 되는 경향이 있다. 업무를 어느 정도 인식하고 수행할 정도가 되면 퇴사하는 일이 흔하기 때문이다. 가능하면 향후 몇 년간은 결혼 계획이 없다고 답변하는 것이 현실적인 대처 요령이며, 덧붙여 결혼 후에도 일하고 자 하는 의지를 강하게 내보인다면 더욱 도움이 된다.

② 만약 결혼 후 남편이나 시댁에서 직장생활을 그만두라고 강요한다면 어떻게 하겠습니까?

결혼적령기의 여성 지원자들에게 빈번하게 묻는 질문으로 의견 대립이 생겼을 때 상대방 을 설득하고 타협하는 능력을 알아보고자 하는 것이다. 따라서 남편이나 시댁과 충분한 대화를 통해 설득하고 계속 근무하겠다는 의지를 밝히는 것이 좋다.

③ 여성의 취업을 어떻게 생각합니까?

여성 지원자들의 일에 대한 열의와 포부를 알고자 하는 질문이다. 많은 기업들이 여성들 의 섬세하고 꼼꼼한 업무능력과 감각을 높이 평가하고 있으며, 사회 전반적인 분위기 역 시 맞벌이를 이해하고 있으므로 자신의 의지를 당당하고 자신감 있게 밝히는 것이 좋다.

④ 커피나 복사 같은 잔심부름이 주어진다면 어떻게 하겠습니까?

여성 지원자들에게 가장 난감하고 자존심상하는 질문일 수 있다. 이 질문은 여성 지원자 에게 잔심부름을 시키겠다는 요구가 아니라 직장생활 중에서의 협동심이나 봉사정신, 직 업관을 알아보고자 하는 것이다. 또한 이 과정에서 압박기법을 사용해 비꼬는 투로 말하 는 수 있는데 이는 자존심이 상하거나 불쾌해질 때의 행동을 알아보려는 것이다. 이럴 경 우 흥분하여 과격하게 답변하면 탈락하게 되며, 무조건 열심히 하겠다는 대답도 신뢰성이 없는 답변이다. 직장생활을 위해 필요한 일이면 할 수 있다는 정도의 긍정적인 답변을 하 되, 한 사람의 사원으로서 당당함을 유지하는 것이 좋다.

(7) 지원자를 당황하게 하는 질문

① 성적이 좋지 않은데 이 정도의 성적으로 우리 회사에 입사할 수 있다고 생각합니까?

비록 자신의 성적이 좋지 않더라도 이미 서류심사에 통과하여 면접에 참여하였다면 기업에서는 지원자의 성적보다 성적 이외의 요소, 즉 성격 · 열정 등을 높이 평가했다는 것이라고 할 수 있다. 그러나 이런 질문을 받게 되면 지원자는 당황할 수 있으나 주눅 들지 말고 침착하게 대처하는 면모를 보인다면 더 좋은 인상을 남길 수 있다.

② 우리 회사 회장님 함자를 알고 있습니까?

회장이나 사장의 이름을 조사하는 것은 면접일을 통고받았을 때 이미 사전 조사되었어야 하는 사항이다. 단답형으로 이름만 말하기보다는 그 기업에 입사를 희망하는 지원자의 입장에서 답변하는 것이 좋다.

③ 당신은 이 회사에 적합하지 않은 것 같군요.

이 질문은 지원자의 입장에서 상당히 곤혹스러울 수밖에 없다. 질문을 듣는 순간 그렇다면 면접은 왜 참가시킨 것인가 하는 생각이 들 수도 있다. 하지만 당황하거나 흥분하지 말고 침착하게 자신의 어떤 면이 회사에 적당하지 않는지 겸손하게 물어보고 지적당한 부분에 대해서 고치겠다는 의지를 보인다면 오히려 자신의 능력을 어필할 수 있는 기회로 사용할 수도 있다.

④ 다시 공부할 계획이 있습니까?

이 질문은 지원자가 합격하여 직장을 다니다가 공부를 더 하기 위해 회사를 그만 두거나 학습에 더 관심을 두어 일에 대한 능률이 저하될 것을 우려하여 묻는 것이다. 이때에는 당연히 학습보다는 일을 강조해야 하며, 업무 수행에 필요한 학습이라면 업무에 지장이 없는 범위에서 야간학교를 다니거나 회사에서 제공하는 연수 프로그램 등을 활용하겠다고 답변하는 것이 적당하다.

⑤ 지원한 분야가 전공한 분야와 다른데 여기 일을 할 수 있겠습니까?

수험생의 입장에서 본다면 지원한 분야와 전공이 다르지만 서류전형과 필기전형에 합격하여 면접을 보게 된 경우라고 할 수 있다. 이는 결국 해당 회사의 채용 방침상 전공에 크게 영향을 받지 않는다는 것이므로 무엇보다 자신이 전공하지는 않았지만 어떤 업무도 적극적으로 임할 수 있다는 자신감과 능동적인 자세를 보여주도록 노력하는 것이 좋다.

02 면접기출

❄ 면접기출

① segmentation은 무엇이며 어떤 것이 그 기준이 될 수 있겠는가?

② 마케팅 프로세스에서 가장 오랜시간 동안 투자되는 것은 무엇이라고 생각하는가?

③ 살면서 성취감을 느꼈던 적이 있는가?

④ 인사담당자는 어떤 마음가짐을 가져야 하는가?

⑤ 살면서 힘들었던 경험이 있었다면?

⑥ 어려움을 극복하기 위해 한 노력은?

⑦ 창의력을 발휘한 경험이 있다면?

⑧ 프로젝트 경험과 본인의 역할은?

⑨ 조직생활에서 마찰이 있다면 어떻게 해결할 것인지?

⑩ 실패했던 경험이 있다면?

⑪ 직업이 있는가?

⑫ 직무 관련 활동 경험이 있는가?

⑬ 좋아하는 운동은 무엇인가?

⑭ 동료가 식품을 훔쳐가는 것을 보았을 때 어떻게 할 것인가?

⑮ 어느 파트에서 일해보고 싶은가?

⑯ 비트코인에 대해서 어떻게 생각하는가?

⑰ 요즘 식품사업의 트렌드는 무엇이라고 생각하는가?

⑱ 계절밥상 웨이팅을 단축시키기 위한 방법이 있다면?

⑲ 1코노미들을 겨냥해 제일제당 제품을 리뉴얼 한다면?

⑳ 자신이 생각하는 품질관리란 무엇인가?

㉑ 글로벌시장에 내놓기 위해 개발했으면 하는 제품은?

㉒ 주당 52시간 외 추가근무에 대한 생각은?

㉓ (여성지원자에게) 영업활동에 있어서 여자가 남자보다 유리한 이유를 말해보시오.
　(남성지원자에게) 방금 말한 여성지원자의 대답에 대해 반박해 보시오.
　(여성지원자에게) 방금 말한 남성지원자의 대답에 대해 반박해 보시오.

㉔ 지금부터 4~5명이 한 조를 이룬 후 영업사원이 되어 면접관을 상대로 영업활동을 해 보시오.(10~15분의 준비시간이 주어짐)

㉕ (심층면접) CJ그룹의 계열사로는 어떤 회사가 있으며 각 계열사는 CJ그룹과 어떤 관계를 맺고 있는지, 또한 각 계열사 간의 협력을 어떻게 이끌어 낼 것인지 말해 보시오.

㉖ (협상) 지금부터 갑(거래처)과 을(영업사원) 2개 팀으로 나눠 협상을 하시오.(A4 용지 4~5장 분량의 상황설명 자료 부여함, 10분의 준비시간이 주어짐. 총 2번의 미팅-각 15분 정도, 미팅 중간에 3분 정도 휴식시간 및 따로 팀별로 1분의 작전타임이 주어짐.)

MEMO

MEMO

서원각이 취업을 찍었다!

봉투모의고사 <u>찐!5회</u> 횟수로 플렉스해 버렸지 뭐야 ~

국민건강보험공단 봉투모의고사(행정직/기술직)

국민건강보험공단 봉투모의고사(요양직)

합격을 위한 준비
서원각 온라인강의

요점만 담은
알짜이론

믿고보는
교수진

www.sojungedu.co.kr